TED
falar, **convencer**, emocionar

Carmine Gallo

TED

falar,
convencer,
emocionar

Como se apresentar para grandes plateias

Tradução: Cristina Yamagami

Benvirá

Copyright © Carmine Gallo, 2014

Traduzido de *Talk like TED*, de Carmine Gallo.

Tradução autorizada da edição original em inglês publicada nos Estados Unidos pela St. Martin's Press.

Preparação Luciane Gomide
Revisão e diagramação Crayon Editorial
Capa Guilherme P. Pinto
Impressão e acabamento Ricargraf

Dados Internacionais de Catalogação na Publicação (CIP)
Angélica Ilacqua CRB-8/7057

Gallo, Carmine
    TED: falar, convencer, emocionar: como se apresentar para grandes plateias / Carmine Gallo; tradução de Cristina Yamagami. – São Paulo: Saraiva, 2014.
    288 p.

    ISBN 978-85-02-23040-8
    Título original: *Talk like TED*

    1. Apresentações empresariais 2. Fala em público
I. Título II. Yamagami, Cristina

14-0430   CDD 658.452

1ª edição, 2014 | 20ª tiragem, **dezembro** de 2023

Nenhuma parte desta publicação poderá ser reproduzida por qualquer meio ou forma sem a prévia autorização da Saraiva Educação. A violação dos direitos autorais é crime estabelecido na lei n. 9.610/98 e punido pelo art. 184 do Código Penal.

Todos os direitos reservados à Benvirá, um selo da Saraiva Educação.
Av. Paulista, 901, 4º andar
Bela Vista - São Paulo - SP - CEP: 01311-100

SAC: sac.sets@saraivaeducacao.com.br

CÓDIGO DA OBRA 13588   CL 650708   CAE 567878

Para Vanessa, com amor e gratidão.

SUMÁRIO

Introdução – As ideias são a moeda do século 21 . . . . **9**

PARTE I • APRESENTAÇÕES EMOCIONANTES **21**

1   Liberte o seu mestre interior **23**
2   Domine a arte do *storytelling* **53**
3   Converse com a plateia **91**

PARTE II • APRESENTAÇÕES ORIGINAIS. **129**

4   Quero aprender algo novo. **131**
5   Crie momentos surpreendentes **159**
6   Faça uma apresentação leve. **187**

PARTE III • APRESENTAÇÕES MEMORÁVEIS **211**

7   Atenha-se à regra dos 18 minutos **213**
8   Crie uma representação mental com experiências
      multissensoriais. **235**
9   Seja você mesmo. **273**

Observação do autor **283**
Agradecimentos **285**

INTRODUÇÃO

AS IDEIAS SÃO A MOEDA DO SÉCULO 21

Sou uma máquina de aprender e
este é o melhor lugar para aprender.
— TONY ROBBINS, TED, 2006

As ideias são a moeda do século 21. Algumas pessoas sabem comunicar suas ideias como ninguém, uma habilidade que eleva seu prestígio e intensifica sua influência na sociedade atual. Não há nada mais inspirador que uma ideia arrojada apresentada por um excelente orador. As ideias, quando embaladas e transmitidas com eficácia, têm o poder de mudar o mundo. Pensando assim, não seria incrível conhecer as técnicas exatas que os maiores comunicadores do mundo têm em comum, estudá-los fazendo apresentações admiráveis e aplicar esses segredos para encantar o seu público? Agora isso é possível, graças a uma conferência internacionalmente renomada que disponibiliza suas melhores apresentações de graça na internet – o TED (sigla de Tecnologia, Entretenimento e Design) As lições apresentadas neste livro resultam da análise científica de centenas de apresentações do TED, entrevistas pessoais com os seus palestrantes mais populares e os meus insights pessoais acumulados ao longo de anos orientando líderes inspiradores das marcas mais admiradas do mundo.

Este livro ajudará qualquer pessoa que queira fazer apresentações e dar palestras com mais confiança e autoridade. A leitura deste livro beneficiará qualquer um que faz apresentações, vende produtos e serviços ou lidera pessoas que precisam ser inspiradas. Se você tem ideias que merecem ser espalhadas, as técnicas apresentadas neste livro o ajudarão a lapidá-las e apresentá-las de maneira muito mais persuasiva do que você jamais imaginou.

Em março de 2012, o advogado especializado em Direito Civil, Bryan Stevenson, fez uma palestra para mil pessoas na conferência anual do TED em Long Beach, Califórnia. Ele recebeu a mais prolongada ovação da história do TED e sua apresentação foi vista quase dois milhões de vezes na internet. Durante 18 minutos, Stevenson manteve a plateia fascinada, envolvendo a mente e o coração dos ouvintes. A combinação foi um sucesso. Stevenson me contou que a plateia do TED naquele dia doou um milhão de dólares à sua ONG, a Equal Justice Initiative. Isso equivale a mais de 55 mil dólares por minuto de palestra.

Stevenson não fez uma apresentação de PowerPoint. Ele não usou recursos visuais, slides nem adereços cênicos. O grande sucesso de sua palestra resultou apenas do enorme poder de sua narrativa. Alguns dos melhores oradores do TED preferem usar o PowerPoint para reforçar o impacto de sua narrativa. Em março de 2011, o professor David Christian lançou um movimento para ensinar "A grande história" nas escolas depois de uma fascinante palestra de 18 minutos no TED, com a ajuda de slides visualmente atraentes e gráficos intrigantes. "A grande história" mostra como o mundo evoluiu e explora a existência humana no contexto do universo. A apresentação de Christian, que cobriu 13 bilhões de anos de história em 18 minutos, foi vista mais de um milhão de vezes.

AS IDEIAS SÃO A MOEDA DO SÉCULO 21

Christian e Stevenson têm estilos de apresentação aparentemente diferentes e explicarei os dois neste livro. Um deles conta histórias enquanto o outro apresenta montanhas de dados com slides ricos em imagens, mas ambos são cativantes, divertidos e inspiradores porque suas apresentações têm segredos em comum. Em outras palavras, esses dois palestrantes dominam a ciência e a arte da persuasão.

Depois de analisar mais de 500 apresentações do TED (mais de 150 horas) e conversar diretamente com palestrantes de grande sucesso, descobri que as apresentações mais populares do TED tinham nove elementos em comum. Também entrevistei alguns dos mais proeminentes neurocientistas, psicólogos e *experts* em comunicação do mundo para entender melhor por que os princípios que fundamentam esses elementos são tão eficazes. E, o melhor de tudo, uma vez que aprender os segredos que esses comunicadores têm em comum, você poderá aplicá-los e se destacar já na sua próxima apresentação. Você aprenderá técnicas que usei durante anos para orientar CEOs, empreendedores e líderes que inventaram produtos ou que comandam empresas todos os dias. Mesmo se você nunca tiver a chance de se apresentar em uma conferência do TED, se quiser ter sucesso nos negócios, só se beneficiará de ser capaz de fazer uma apresentação digna do TED. Esse tipo de palestra representa um estilo arrojado, original, contemporâneo e atraente que o ajudará a persuadir o seu público.

IDEIAS QUE MERECEM SER ESPALHADAS

RICHARD SAUL WURMAN criou o TED em 1984 sem a intenção de repetir a conferência. Seis anos depois, o evento foi reinventado como uma conferência de quatro dias, em Monterey, na Califórnia. Por 475 dólares, os participantes podiam assistir a uma variedade de palestras sobre temas relacionados com tecnologia, entretenimento e design.

TED: FALAR, CONVENCER, EMOCIONAR

Chris Anderson, então editor de uma revista de tecnologia, adquiriu a conferência em 2001 e a transferiu para Long Beach, na Califórnia, em 2009. O TED também foi levado a Vancouver, no Canadá, em 2014, refletindo seu crescente apelo internacional.

Até 2005, o TED foi um evento anual: quatro dias, 50 palestrantes e apresentações de 18 minutos. Naquele mesmo ano, Anderson incluiu uma conferência chamada TEDGlobal, objetivando atingir o público internacional. Em 2009, a organização passou a conceder licenças a terceiros para organizar os eventos, chamados de TEDx. Em três anos, mais de 16 mil palestras foram realizadas em TEDx ao redor do mundo. Atualmente, cinco TEDx são realizados em mais de 130 países – em 2014, uma no Rio de Janeiro, no Brasil.

Apesar do crescimento surpreendente do setor de conferências, os palestrantes do TED foram expostos a uma audiência global muito mais ampla com o lançamento do TED.com em junho de 2006. Inicialmente, o site postou apenas seis palestras para testar o mercado. Seis meses depois, o site só contava com cerca de 40 apresentações, mas já tinha atraído mais de três milhões de visualizações. Fica claro que o mundo estava – e ainda está – faminto de grandes ideias apresentadas de maneira atraente.

Em 13 de novembro de 2012, as apresentações do TED.com bateram a marca de *um bilhão* de visualizações e atualmente são vistas em média 1,5 milhão de vezes por dia. Os vídeos são traduzidos em até 90 idiomas e 17 novas visualizações das apresentações do TED são iniciadas a cada segundo todos os dias. De acordo com Chris Anderson, o TED costumava ser constituído de 800 pessoas se congregando uma vez por ano e agora envolve cerca de um milhão de pessoas por dia assistindo às palestras do TED na internet. Quando postamos algumas palestras para fazer um teste, o entusiasmo foi tamanho que virou a organização de cabeça para baixo e passamos a pensar no TED não tanto como uma conferência e mais como "ideias que merecem ser espalhadas", criando um grande website em torno

AS IDEIAS SÃO A MOEDA DO SÉCULO 21

do conceito. A conferência continua sendo o motor, mas o site é o amplificador que espalha as ideias pelo mundo.[1]

As seis primeiras apresentações do TED postadas na internet são consideradas verdadeiros clássicos entre os fãs, que deram a si mesmos o apelido carinhoso de "TEDsters". Os oradores incluíram Al Gore, Sir Ken Robinson e Tony Robbins. Alguns deles usaram slides tradicionais, outros não. De qualquer maneira, todos deram palestras emocionantes, originais e memoráveis. Hoje, o TED se tornou uma plataforma tão influente que atores e músicos famosos vão direto ao palco do TED quando têm ideias para divulgar. Poucos dias depois de aceitar o Oscar de melhor filme, Ben Affleck, diretor de *Argo*, apresentou-se no TED de Long Beach para falar sobre seu trabalho no Congo. Naquela mesma semana, Bono, vocalista do U2, fez uma apresentação sobre o sucesso das campanhas de combate à pobreza ao redor do mundo. Quando as celebridades querem ser levadas a sério, elas sobem ao palco do TED. Sheryl Sandberg, diretora de operações do Facebook, escreveu seu best-seller *Faça acontecer* depois que sua apresentação no TED sobre mulheres no trabalho se tornou um fenômeno viral no TED.com.

As apresentações do TED transformam a visão de mundo das pessoas e atuam como trampolins para lançar movimentos nas áreas das artes, design, negócios, educação, saúde, ciência, tecnologia e problemas globais. Daphne Zuniga, cineasta de documentários, compareceu à conferência de 2006 e a descreve como "um encontro em que os mais proeminentes empreendedores, designers, cientistas e artistas do mundo apresentam novas e surpreendentes ideias no que só pode ser descrito como um Cirque du Soleil para a mente".[2] Não existe nenhum outro evento parecido, afirma Zuniga. "São

---

1 COE, Julie. *TED's Chris Anderson*. Departures.com, mar./abr. 2012. Disponível em: <http://www.departures.com/articles/teds-chris-anderson>. Acesso em: 18 maio 2014.

2 ZUNIGA, Daphne. *The future we will create inside the world of TED*, documentário, New Video Group, Inc., 2007.

TED: FALAR, CONVENCER, EMOCIONAR

quatro dias de aprendizagem, paixão e inspiração... intelectualmente estimulante, mas nunca pensei que as ideias que ouvi lá também tocariam o meu coração". Oprah Winfrey deu uma descrição mais sucinta: "O TED é onde pessoas brilhantes vão ouvir outras pessoas brilhantes compartilhar suas ideias".

OS SEGREDOS DE APRESENTAÇÃO DE STEVE JOBS

GOSTO DE PENSAR que estou em uma posição privilegiada para analisar as apresentações do TED. Escrevi um livro intitulado *Faça como Steve Jobs: e realize apresentações incríveis em qualquer situação*, que veio a se tornar um best-seller internacional. CEOs famosos adotaram os princípios revelados no livro e centenas de milhares de profissionais por todo o mundo usam o método para transformar suas apresentações. Fiquei lisonjeado com toda a atenção, mas gostaria de tranquilizar os leitores e dizer que as técnicas que explorei naquele livro não são exclusivas de Steve Jobs. O cofundador da Apple e visionário do setor da tecnologia só era muito bom em aplicar todos esses segredos em um único pacote. Essas técnicas, a propósito, lembram o "estilo do TED".

O famoso discurso de Steve Jobs aos formandos da Stanford University, em 2005, foi um exemplo magnífico de sua capacidade de cativar o público. Curiosamente, aquele discurso também é um dos vídeos mais vistos no TED.com. Embora não seja oficialmente uma palestra do TED, ele contém os mesmos elementos das melhores apresentações do TED e foi visto mais de 15 milhões de vezes.

"O tempo de que vocês dispõem é limitado e por isso vocês não deveriam desperdiçá-lo vivendo a vida dos outros.[3] Não se deixem aprisionar por dogmas – isso significa viver sob os ditames do pensamento

---

3 Stanford University. *"You've got to find what you love"*, Jobs says. *Stanford Report*, 14 jun. 2005. Discurso de Steve Jobs aos formandos, conduzido em 12 jun. 2005. Disponível em: <http://news--service.stanford.edu/news/2005/june15/jobs-061505.html>. Acesso em: 18 maio 2014.

AS IDEIAS SÃO A MOEDA DO SÉCULO 21

alheio", Jobs aconselhou os formandos. "Não deixem que a cacofonia das vozes alheias supere o sussurro de sua voz interior. E, acima de tudo, tenham a coragem de seguir seu coração e suas intuições, porque eles de alguma maneira já sabem o que vocês realmente desejam se tornar." As palavras de Jobs atraíram o tipo de pessoa que costuma gostar das apresentações do TED. Elas são caçadoras de conhecimento. Têm fome de aprendizado. Não se contentam com as normas e convenções e estão à procura de ideias inspiradoras e inovadoras que ajudam a humanidade a progredir. Com Steve Jobs, você aprendeu as técnicas de um mestre; neste livro você aprenderá com todos os mestres.

DALE CARNEGIE PARA O SÉCULO 21

ESTE LIVRO SE APROFUNDA muito mais na ciência da comunicação do que praticamente qualquer outro livro no mercado. Aqui você conhecerá homens e mulheres – cientistas, autores, educadores, ambientalistas e líderes famosos – que elaboraram e deram a palestra da vida deles. Cada uma das mais de 1.500 apresentações disponíveis gratuitamente no site do TED tem algumas lições a ensinar sobre como falar em público.

Quando tive a ideia de escrever um livro sobre os segredos da oratória destilados das apresentações do TED, pensei no conceito como "O Dale Carnegie para o século 21". Carnegie escreveu o primeiro livro de autoajuda sobre a oratória voltado ao público geral em 1915, *Como falar em público e encantar as pessoas*. A intuição de Carnegie se revelou impecável. Ele recomendou que os oradores mantivessem as apresentações curtas. Disse que contar histórias era uma maneira bastante eficaz de se conectar emocionalmente com o público. Sugeriu a utilização de técnicas retóricas, como metáforas e analogias. Três quartos de século antes da invenção do PowerPoint, Carnegie já falava sobre a utilização de recursos visuais. Ele sabia muito bem da importância do entusiasmo, da prática e de uma sólida apresentação para envolver os ouvintes. Tudo o que Carnegie recomendou em 1915 continua até hoje sendo a base de uma comunicação eficaz.

Embora Carnegie tivesse acertado no conceito, ele não contava com a tecnologia disponível atualmente. Cientistas, utilizando estudos de fMRI (imagiologia por ressonância magnética funcional), são capazes de fazer uma varredura do cérebro das pessoas para ver exatamente quais áreas são ativadas ao realizar uma tarefa específica, como falar ou ouvir alguém. Essa tecnologia e outras ferramentas da ciência moderna levaram a uma avalanche de estudos na área da comunicação.

Os segredos revelados neste livro são embasados pelas mais recentes descobertas científicas apresentadas pelas mentes mais brilhantes do planeta... e funcionam. Será que a paixão é contagiante? Você vai descobrir aqui. Será que contar histórias pode "sincronizar" a sua mente com a mente dos seus ouvintes? Você vai saber a resposta aqui. Por que uma apresentação de 18 minutos é melhor que uma de 60 minutos? Por que o vídeo de Bill Gates soltando mosquitos na plateia virou um fenômeno viral? Você descobrirá neste livro a resposta para essa e outras perguntas intrigantes.

Carnegie também não tinha à disposição a ferramenta mais eficaz de todas para aprender a arte de falar em público: a internet, que só seria lançada 40 anos depois de sua morte. Hoje, graças à ampla disponibilidade da banda larga, as pessoas podem assistir a vídeos no TED.com e ver as mentes mais brilhantes do mundo fazendo suas melhores apresentações. Depois de aprender esses nove segredos, ler entrevistas com alguns dos melhores palestrantes do TED e aprender a ciência por trás de tudo isso, você ainda pode visitar o TED.com e ver os apresentadores em ação, colocando em prática as habilidades sobre as quais você acabou de ler.

HOJE, TODOS NÓS SOMOS VENDEDORES

OS PALESTRANTES MAIS populares do TED fazem apresentações que se destacam em um mar de ideias. Como Daniel Pink observa em seu

AS IDEIAS SÃO A MOEDA DO SÉCULO 21

livro *Saber vender é da natureza humana*: "Queiramos ou não, hoje em dia todos nós somos vendedores".[4] Se você foi convidado para dar uma palestra no TED, este livro que tem em mãos é a sua bíblia. Se você não foi convidado para dar uma palestra no TED e não tem intenção alguma de fazer isso, este volume ainda está entre os livros mais valiosos que vai ler, porque com ele vai aprender a vender a si mesmo e a suas ideias de uma maneira mais persuasiva do que jamais imaginou ser possível. Este livro vai ensiná-lo a incorporar os elementos que todas as apresentações inspiradoras têm em comum e lhe mostrar como se reinventar como um líder e um comunicador. Lembre que, se você não for capaz de inspirar ninguém com as suas ideias, não faz diferença se essas ideias são geniais ou medíocres. As ideias só são tão boas quanto as ações inspiradas pela comunicação dessas ideias.

Este livro é dividido em três partes e cada uma revela três componentes de uma apresentação inspiradora. As melhores apresentações são:

- EMOCIONANTES: elas tocam o coração.
- ORIGINAIS: elas me ensinam algo novo.
- MEMORÁVEIS: elas apresentam o conteúdo de um jeito que eu nunca vou esquecer.

EMOCIONANTES

OS MELHORES COMUNICADORES são capazes de entrar na sua cabeça e no seu coração. A maioria das pessoas que fazem uma apresentação se esquece do "coração". No Capítulo 1, você aprenderá a liberar o seu mestre interior, identificando as suas maiores paixões. Você lerá sobre pesquisas – ainda não divulgadas na mídia popular – que explicam por que a paixão é a chave para dominar uma habilidade como falar em público. O Capítulo 2 ensina a arte de contar histórias, o *storytelling*, e explica por que as histórias ajudam os ouvintes a se

---

4   PINK, Daniel. *To sell is human*. New York: Riverhead Books, 2012. p. 2. [*Saber vender é da natureza humana*. São Paulo: Leya, 2013.]

envolver emocionalmente com o conteúdo apresentado. Você lerá sobre novas pesquisas que demonstram como as histórias efetivamente "sincronizam" a sua mente com a mente do seu público, possibilitando a você criar conexões muito mais profundas do que outras modalidades de expressão. No Capítulo 3, verá como os apresentadores do TED exibem uma linguagem corporal e verbal autêntica e natural, quase como se estivessem batendo papo em vez de se dirigindo a um grande público. Você também conhecerá oradores que passaram 200 horas ensaiando uma apresentação e verá como eles praticaram. Você aprenderá técnicas para tornar a sua presença de palco e a sua apresentação mais descontraídas e impactantes.

ORIGINAIS

DE ACORDO COM os neurocientistas que entrevistei, a novidade é a maneira mais eficaz de prender a atenção dos ouvintes. Kevin Allocca, diretor de tendências do YouTube, contou a uma plateia do TED que, em um mundo no qual se faz o upload de dois dias de vídeo a cada minuto na internet, "só os verdadeiramente originais e inesperados podem se destacar". O cérebro não consegue ignorar a novidade e, quando você adotar as técnicas apresentadas nesta seção, o seu público não conseguirá ignorá-lo.

No Capítulo 4, exploraremos como os melhores apresentadores do TED envolvem o público com novas informações ou uma abordagem inusitada a um tema. O Capítulo 5 se concentra em criar momentos surpreendentes, com destaque para os palestrantes que forjam e apresentam meticulosa e conscientemente momentos surpreendentes que continuam dando o que falar até anos depois da apresentação. O Capítulo 6 aborda o elemento delicado, porém importante, do humor autêntico – quando usá-lo, como usá-lo e como ser engraçado sem contar piadas. O humor depende do apresentador e deve ser incorporado ao seu estilo pessoal de apresentação.

MEMORÁVEIS

VOCÊ ATÉ PODE ter ideias originais, mas, se o seu público não conseguir lembrar o que foi dito, essas ideias não farão diferença alguma. No Capítulo 7, veremos por que os 18 minutos das apresentações do TED são o tempo ideal para comunicar as suas ideias. E, sim, tudo isso tem um embasamento científico. O Capítulo 8 aborda a importância de criar experiências vívidas e multissensoriais para que o seu público possa se recordar do conteúdo. No Capítulo 9, enfatizo a importância de ser você mesmo, o fator fundamental para ser um orador sincero e autêntico que inspira confiança.

Cada capítulo apresenta uma técnica específica que os palestrantes mais populares do TED têm em comum, acompanhada de exemplos, insights e entrevistas com os palestrantes. Também incluí "Dicas do TED" ao longo de cada capítulo: dicas específicas que o ajudarão a aplicar os segredos na sua próxima apresentação. Em cada capítulo, também exploraremos a ciência por trás do segredo sendo analisado – por que a técnica é eficaz e como você pode aplicá-la para melhorar as suas apresentações. Nos últimos dez anos, descobrimos mais sobre a mente humana do que jamais soubemos. Você poderá começar a pôr essas descobertas em prática já na sua próxima apresentação.

APRENDA COM OS MESTRES

EM SEU LIVRO *MAESTRIA*, Robert Greene argumenta que todos nós temos capacidade de estender os limites do potencial humano. Poder, inteligência e criatividade são forças que podem ser desencadeadas com a atitude mental e as habilidades certas. As pessoas que dominam seu campo de atuação (por exemplo, artes, música, esportes, oratória) veem o mundo de um jeito diferente. Greene acredita que a palavra *gênio* deveria ser desmistificada porque hoje temos "acesso

TED: FALAR, CONVENCER, EMOCIONAR

a informações e conhecimento com os quais os mestres do passado só poderiam sonhar".[5]

O TED.com é uma verdadeira mina de ouro para aqueles que ambicionam dominar as áreas da comunicação, persuasão e oratória. A obra apresentará as ferramentas necessárias e vai ensinar você a usá-las para encontrar a sua própria voz e talvez até o seu destino.

Comunicadores acima da média, em geral, têm mais sucesso que os outros, mas os excelentes comunicadores têm o poder de lançar verdadeiros movimentos. Comunicadores como esses são lembrados e reverenciados só pelo sobrenome: Jefferson, Lincoln, Churchill, Kennedy, King, Reagan. A incapacidade de se comunicar bem no mundo dos negócios representa um rápido caminho para o fracasso. Startups deixam de ser financiadas, produtos não são vendidos, projetos não recebem apoio e carreiras jamais chegam a decolar. A capacidade de fazer uma apresentação digna do TED pode ser a diferença entre ser aplaudido de pé sob os holofotes e labutar na obscuridade. Você ainda está vivo, o que significa que sua vida tem um propósito. Você nasceu para a grandeza. Não sabote o seu potencial só por não saber comunicar as suas ideias.

No TED de 2006, o guru da motivação Tony Robbins declarou: "Os líderes eficazes são capazes de incitar a si mesmos e aos outros a agir porque conhecem as forças invisíveis que nos influenciam".[6] A comunicação apaixonada, incisiva e inspiradora é uma dessas forças que nos motivam e nos influenciam. Novas abordagens para resolver velhos problemas, histórias inspiradoras, maneiras intrigantes de comunicar informações e ovações de pé são chamadas de "momentos TED". Crie esses momentos. Cative o seu público. Inspire-os. Mude o mundo. Veja como...

---

5 GREENE. Robert. *Mastery.* New York: Viking, 2012. p. 12. [*Maestria*. Rio de Janeiro: Sextante, 2013.]

6 ROBBINS, Tony. Why we do what we do. TED.com, jun. 2006. Disponível em: <http://www.ted.com/talks/tony_robbins_asks_why_we_do_what_we_do.html>. Acesso em: 18 maio 2014.

PARTE I

APRESENTAÇÕES EMOCIONANTES

O elemento fundamental de uma apresentação do TED é seres humanos se conectando com outros seres humanos de maneira direta e quase vulnerável. Você fica, por assim dizer, nu no palco. As melhores palestras são aquelas nas quais pessoas realmente podem sentir esse fator humano. As emoções, os sonhos, a imaginação.

— CHRIS ANDERSON, Curador do TED

1

LIBERTE O SEU MESTRE INTERIOR

A paixão é o fator que o ajudará a criar a
mais elevada expressão dos seus talentos.

— LARRY SMITH, TEDx, novembro de 2011

Aimee Mullins tem 12 pares de pernas. Como a maioria das pessoas, ela nasceu com apenas um par, mas, ao contrário da maioria das pessoas, Mullins teve as duas pernas amputadas abaixo do joelho devido a problemas de saúde. Mullins viveu sem a parte inferior das pernas desde o seu primeiro ano de idade.

Ela cresceu em uma família de classe média em Allentown, uma cidade, também de classe média, do estado americano da Pensilvânia, mas suas conquistas estão longe de serem medianas. Os médicos de Mullins acreditavam que a amputação já na primeira infância daria à menina mais chances de desenvolver sua capacidade motora. Ainda um bebê, Mullins não teve como opinar na decisão, mas, enquanto crescia, ela se recusou a se ver como – um rótulo que a maioria das pessoas lhe atribuía – uma "deficiente". Em vez disso, ela decidiu que as próteses lhe dariam superpoderes com os quais os outros só poderiam sonhar.

23

Mullins redefine o significado de deficiente. Como contou ao comediante e apresentador de *talk show* Stephen Colbert, muitas atrizes têm mais material protético nos peitos do que ela tem no corpo todo "e ninguém diz que a metade de Hollywood é 'deficiente'". Mullins se aproveitou de seus superpoderes – suas pernas protéticas – para correr na Primeira Divisão da Associação de Atletismo Colegial dos Estados Unidos na Georgetown University. Ela quebrou três recordes mundiais do atletismo nos Jogos Paraolímpicos de 1996, tornou-se uma modelo de moda e atriz e ainda cavou um lugar na lista anual da revista *People* das 50 Pessoas Mais Bonitas.

Em 2009, Mullins, de 1,70 metro, subiu ao palco do TED com a altura de 1,85 metro que escolheu para o evento. Mullins escolhe pernas diferentes de acordo com a ocasião. Ela usa próteses mais funcionais para caminhar pelas ruas de Manhattan e próteses mais elegantes para festas sofisticadas.

"O TED foi o trampolim para a próxima década de exploração da minha vida", declarou.[1] Mullins acredita que sua apresentação no TED deu início a um diálogo que mudou profundamente a maneira como a sociedade vê os deficientes físicos. Inovadores, designers e artistas que normalmente não transitam pela comunidade médica protética convencional foram inspirados a ver que era possível fazer pernas criativas e realistas.

> O diálogo não é mais sobre a superação da deficiência. Agora o diálogo é sobre o potencial. Uma prótese deixou de representar a necessidade de substituir uma perda... Agora as pessoas que antes a sociedade considerava deficientes podem se tornar os arquitetos da própria identidade e continuar a transformar essa identidade por meio do design do próprio corpo... é a nossa humanidade, e todo o potencial dessa humanidade, que faz a nossa beleza.

---

1   MULLINS, Aimee. My 12 pairs of legs. TED.com, mar. 2009. Disponível em: <http://www.ted.com/talks/aimee_mullins_prosthetic_aesthetics.html>. Acesso em: 14 maio 2014.

1. LIBERTE O SEU MESTRE INTERIOR

A determinação de Mullins fez dela uma atleta de classe mundial e sua paixão conquistou o coração da plateia do TED.

SEGREDO Nº 1

LIBERTE O SEU MESTRE INTERIOR

Mergulhe fundo para descobrir a sua conexão, mais expressiva e sem igual, com o tema da sua apresentação. A paixão leva à maestria e a sua apresentação não será nada sem ela, mas mantenha em mente que a sua motivação pode não ser tão clara. Aimee Mullins não é apaixonada por próteses, mas por liberar o potencial humano.

A técnica funciona porque...: estudos científicos demonstraram que a paixão é contagiante, literalmente. Uma pessoa sem inspiração não consegue inspirar ninguém. Você tem muito mais chances de convencer e inspirar os seus ouvintes, se expressar uma conexão engajada, entusiasmada e especial com o seu tópico.

Em outubro de 2012, Cameron Russell disse à plateia do TEDx, "A aparência não diz tudo".[2] Ora, essa frase não passa de um grande clichê, não é mesmo? Sim, se tivesse sido pronunciada por qualquer outra pessoa. Russell, contudo, é uma modelo de enorme sucesso. Trinta segundos depois de subir ao palco, já tinha trocado de roupa. Ela cobriu seu vestido preto colado e revelador com uma saia, trocou seus saltos altos de 20 centímetros por sapatos baixos simples e vestiu uma blusa de gola alta.

"Então, por que eu fiz isso?", ela perguntou à plateia. "A imagem tem um grande poder, mas também é superficial. Acabei de transformar completamente o que vocês achavam de mim em seis segundos."

Russell explicou que é modelo de lingerie, percorre passarelas para a Victoria's Secret e é exibida em capas de revistas de moda.

---

2 RUSSELL, Cameron. Looks aren't everything. Believe me, I'm a model. TED.com, jan. 2013. Disponível em: <http://www.ted.com/talks/cameron_russell_looks_aren_t_everything_believe_me_i_m_a_model.html>. Acesso em: 14 maio 2014.

Embora Russell reconheça os benefícios da carreira de modelo – que pagou seus estudos –, ela também sabe muito bem que "ganhou na loteria genética". Russell mostrou à plateia uma série de fotos do tipo antes e depois. As fotos "antes" revelavam sua aparência antes de uma sessão fotográfica e as fotos "depois" mostravam o anúncio final. As duas, claro, não tinham nada a ver uma com a outra.

Em uma foto, Russell – então com 16 anos –, posava sedutoramente com um jovem cuja mão estava enfiada no bolso de trás do jeans dela (Russell nunca tinha namorado quando a foto foi tirada). "Espero que dê para ver que essas fotos não representam quem eu sou. Elas são construções criadas por um grupo de profissionais, por cabeleireiros, maquiadores, fotógrafos, estilistas, todos os assistentes e toda a pré-produção e pós-produção. Eles constroem isso. Essa não sou eu."

Ela é uma modelo que domina a sua arte. Mas ser modelo não é a sua paixão. O que a motiva é trabalhar para melhorar a autoestima das jovens e é por isso que ela consegue criar uma conexão tão poderosa com o público. A paixão é contagiante.

> Na verdade, tornei-me modelo porque ganhei na loteria genética e sou a beneficiária de um legado. Talvez vocês estejam se perguntando que legado é esse. Bem, nos últimos séculos, definimos a beleza não apenas como saúde, juventude e simetria que somos biologicamente programados para admirar, mas também em termos de porte esbelto e alto, feminilidade e pele branca. E esse é um legado que foi construído para mim e é um legado do qual venho me beneficiando.

A aparência de Russell fez dela uma modelo, mas foi sua paixão que fez dela uma boa oradora.

Mullins e Russell tiveram a chance de se expressar em uma plataforma como o TED por dominarem sua área, mas conseguem se conectar com o público por serem apaixonadas pelo tema. O que alimenta a

1. LIBERTE O SEU MESTRE INTERIOR

paixão de um orador nem sempre envolve seu trabalho no dia a dia. Russell não falou sobre posar para fotos e Mullins não falou sobre competições de atletismo. No entanto, as duas deram a palestra da vida delas.

Os oradores mais populares do TED têm um elemento em comum com os comunicadores mais envolventes de qualquer área: uma paixão, uma obsessão que eles se sentem impelidos a compartilhar com os outros. Os melhores palestrantes do TED não têm um "emprego". Eles têm uma paixão, uma obsessão, uma vocação, mas não um emprego. Eles têm a missão de compartilhar suas ideias.

As pessoas não têm como inspirar os outros se não forem, elas mesmas, inspiradas. "Na nossa cultura, tendemos a associar a capacidade mental e intelectual com sucesso e realização. Em muitos aspectos, contudo, é a qualidade emocional que separa os que dominam uma área dos muitos outros que se limitam a labutar em um emprego",[3] escreve Robert Greene em *Maestria*.

> Nosso nível de desejo, paciência, persistência e confiança acaba desempenhando um papel muito maior no sucesso do que a pura capacidade de raciocínio. Quando nos sentimos motivados e energizados, somos capazes de superar praticamente qualquer obstáculo. Quando estamos enfadados e agitados, a nossa mente fica paralisada e nos tornamos cada vez mais passivos.

Os palestrantes motivados e energizados são sempre mais interessantes e envolventes que os entediados e passivos. Muitas vezes sou solicitado a orientar CEOs em grandes lançamentos de produtos ou iniciativas, ajudando-os a contar a história da marca com mais eficácia e convicção. Viajo pelo mundo visitando marcas como a Intel, a Coca-Cola, a Chevron, a Pfizer e muitas outras empresas, atuando em praticamente todas as categorias de produto. Em qualquer idioma, em qualquer conti-

---

3 GREENE, Robert. *Mastery*. New York: Viking, 2012. p. 12. [*Maestria*. Rio de Janeiro: Sextante, 2013.]

nente, em qualquer país, os oradores que verdadeiramente expressam sua paixão e entusiasmo pelo tema são os que se destacam como líderes inspiradores. São com eles que os clientes querem fazer negócio.

Passei anos abrindo as minhas sessões de *coaching* com um cliente com a mesma pergunta: O que o entusiasma? Na fase inicial da elaboração de uma história, não me concentro tanto no produto, foco-me mais no que empolga o orador sobre o produto ou serviço. Uma vez, Howard Schultz, fundador da Starbucks, contou-me que não era tão apaixonado pelo café em si, mas sim por "criar um terceiro lugar entre o trabalho e o lar, um lugar onde os funcionários seriam tratados com respeito e ofereceriam um serviço excepcional ao cliente". O café é o produto, mas a Starbucks está no negócio de atendimento ao cliente. Tony Hsieh, fundador da varejista on-line Zappos, não é apaixonado por sapatos. Ele me disse que sua paixão é "entregar felicidade". As perguntas que ele faz a si mesmo são: Como posso deixar meus funcionários felizes? Como posso deixar meus clientes felizes? As perguntas que você faz levarão a resultados muito diferentes. Perguntar-se: "Qual é o meu produto?" está longe de ser tão eficaz quanto perguntar-se: "Em que negócio eu realmente estou? O que mais me empolga?".

Tony Hsieh é tão apaixonado pelo atendimento ao cliente e engajamento dos funcionários que é um palestrante requisitado em eventos e conferências no mundo todo (ele precisa recusar um número de convites muito maior do que consegue aceitar). Considerando que muitos palestrantes não têm nada a dizer por não se empolgarem com o tema, assistir a uma apresentação entusiasmada é tão revigorante quanto um copo de água gelada no deserto.

O QUE FAZ O SEU CORAÇÃO BATER MAIS FORTE?

RECENTEMENTE COMECEI A mudar a primeira pergunta que faço aos meus clientes executivos que desejam se tornar comunicadores melhores. Em sua última grande apresentação ao público, Steve Jobs declarou: "É

1. LIBERTE O SEU MESTRE INTERIOR

a intersecção entre a tecnologia e as artes que faz os nossos olhos brilharem". Dessa forma, passei a substituir a pergunta "O que o entusiasma" por "O que faz o seu coração bater mais forte?". A resposta à segunda pergunta é ainda mais profunda e empolgante que a primeira.

Por exemplo, trabalhei com um cliente da comunidade agrícola da Califórnia. Ele comandava uma associação de produtores de morango, um cultivo importante para o estado. Veja como ele respondeu às minhas perguntas:

- Pergunta 1: O que você faz? "Sou o presidente do Comitê de Produtores de Morango da Califórnia."
- Pergunta 2: O que o empolga? "Sou apaixonado por promover os morangos da Califórnia."
- Pergunta 3: O que, no setor, faz o seu coração bater mais forte? "O sonho americano. Meus pais foram imigrantes e trabalharam no campo. Depois de muito tempo, eles finalmente conseguiram comprar um acre de terra e cresceram a partir daí. O cultivo de morangos não requer muita terra e o lavrado não precisa ser o dono da terra, ele pode arrendá-la. É um trampolim para o sonho americano."

Tenho certeza de que você concorda que a resposta à terceira pergunta é muito mais interessante que as duas primeiras. O que faz o seu coração bater mais forte? Encontre esse elemento e compartilhe-o com os outros.

> **Dica do TED**
>
> O que faz o seu coração bater mais forte? Pergunte a si mesmo: "O que faz o meu coração bater mais forte?". A sua paixão não é um interesse passageiro nem um *hobby*. Uma paixão é algo extremamente importante e um elemento central da sua identidade. Depois de identificar a sua paixão, você consegue saber se ela influencia as suas atividades diárias? Você tem condições de incorporá-la às suas atividades profissionais? A

sua verdadeira paixão deve ser o tema das suas comunicações e servirá para verdadeiramente inspirar o seu público.

O HOMEM MAIS FELIZ DO MUNDO

MATTHIEU RICARD É o homem mais feliz do mundo... e não está feliz com isso. Em 2004, ele deixou temporariamente o mosteiro de Shechen em Katmandu para ensinar a uma plateia do TED em Monterey, na Califórnia, os hábitos da felicidade.

Segundo Ricard, a felicidade é um "profundo sentimento de serenidade e satisfação". Ricard deve saber. Ele não está apenas satisfeito com sua vida. Ele é muito, muito feliz. Cientificamente falando, ele é extraordinariamente feliz. Ricard se apresentou como um voluntário para um estudo da University of Wisconsin, em Madison. Os pesquisadores aplicaram 256 pequenos eletrodos em seu couro cabeludo para mensurar suas ondas cerebrais. O estudo foi conduzido em centenas de pessoas que praticam meditação e que foram avaliadas de acordo com uma escala de felicidade. Ricard não somente teve pontuações bem acima da média, como os pesquisadores não conseguiram encontrar nada parecido na literatura da neurociência. O escaneamento cerebral revelou uma "atividade excessiva do córtex pré-frontal esquerdo de seu cérebro em comparação com a região equivalente do lado direito, atribuindo-lhe uma capacidade anormalmente grande para a felicidade e uma propensão reduzida à negatividade".[4]

Ricard não está nem um pouco feliz em ser rotulado como o homem mais feliz do mundo. "Na verdade, qualquer um pode encontrar a felicidade se procurar no lugar certo",[5] afirmou. "A felicidade

---

4 *Daily News.* Buddhist monk is the world's happiest man, 29 out. 2012. Disponível em: <http://india.nydailynews.com/newsarticle/7b470adb0a9b6c32e19e16a08df13f3d/buddhist-monk-is-the-worlds-happiest-man#ixzz2ILd7tSGa>. Acesso em: 18 maio 2014.

5 RICARD, Matthieu. The happiest person in the world? Post do blog de Matthieu Ricard, 12 nov. 2012. Disponível em: <http://www.matthieuricard.org/en/index.php/blog/255_the_happiest_person_in_the_world/>. Acesso em: 18 maio 2014.

1. LIBERTE O SEU MESTRE INTERIOR

autêntica só pode resultar de um prolongado cultivo da sabedoria, altruísmo, compaixão e da completa erradicação de toxinas mentais, tais como o ódio, o apego e a ignorância."

A apresentação de Ricard, intitulada "Os hábitos da felicidade", atraiu mais de dois milhões de visualizações no TED.com. Acredito que a apresentação tenha sido tão bem recebida porque ele irradia a empolgação de uma pessoa profundamente comprometida com o tema. Com efeito, Ricard me contou:

> Prezo essas ideias não só porque elas me trouxeram uma grande satisfação, mas porque estou convencido de que elas podem trazer algo de bom para a sociedade. Tenho uma paixão especial por mostrar que o altruísmo e a compaixão não são itens supérfluos, mas necessidades essenciais para enfrentar os desafios do nosso mundo moderno. Assim, sempre que me pedem para participar de uma conferência, compareço com prazer, feliz com a chance de compartilhar minhas ideias.[6]

Os bons palestrantes mal podem esperar para compartilhar suas ideias. Eles têm carisma, e o carisma é diretamente associado ao nível de paixão do orador pelo conteúdo apresentado. Os palestrantes carismáticos irradiam entusiasmo e paixão; entusiasmo por compartilhar sua experiência e paixão pelo modo como as suas ideias, produtos ou serviços irão beneficiar o público. "Acredito que a melhor maneira de se comunicar com qualquer pessoa é primeiro verificar a qualidade da sua motivação: 'A minha motivação é egoísta ou altruísta? A minha benevolência se volta apenas a um punhado de pessoas ou a grandes multidões? Ela se volta aos benefícios de curto ou de longo prazo?'. Quando temos uma motivação clara, a comunicação flui mais fácil", explica Ricard.

Por incrível que pareça, se a sua motivação for compartilhar sua paixão com o seu público, é provável que você fique menos nervoso

---

6 Matthieu Ricard, monge budista, conversa com o autor, 16 mar. 2013.

falando em público ou fazendo uma apresentação importantíssima para o seu chefe. Perguntei como ele consegue se manter tão calmo e descontraído diante de grandes plateias. Ricard acredita que qualquer um pode se convencer a sentir alegria, júbilo e felicidade se quiser. Tudo depende da sua motivação. Se o seu único objetivo for fechar uma venda ou ganhar mais prestígio, você pode não conseguir se conectar com seu público (e tenderá a se pressionar muito).

Entretanto, se o seu objetivo for mais altruísta – como dar aos seus ouvintes informações para ajudá-los a levar uma vida melhor –, você conquistará uma conexão mais profunda e se sentirá mais à vontade na função. "Fico muito feliz em compartilhar ideias, mas, como indivíduo, não tenho nada a perder ou a ganhar", Ricard elucida. "Não me importo com a minha imagem, não tenho nenhum negócio para fechar e não estou tentando impressionar ninguém. Meu coração só se enche de alegria quando posso dizer algumas palavras sobre o fato de que subestimamos enormemente o poder de transformar a mente."

AS RAZÕES PELAS QUAIS VOCÊ NÃO VAI CONSEGUIR TER UMA CARREIRA ESPETACULAR

SE VOCÊ NÃO tiver um senso de satisfação e empolgação com o que faz, pode não conseguir ter uma carreira espetacular e, se você não se divertir na sua carreira espetacular, dificilmente alguém se empolgará nas suas apresentações. É por isso que a carreira, a felicidade e a capacidade de inspirar as pessoas são relacionadas.

Larry Smith, professor de economia da University of Waterloo, é obcecado pelo tema do sucesso profissional. Smith se frustra com os estudantes universitários de hoje. Ele se preocupa ao ver que a maioria deles segue carreiras específicas pelas razões erradas, como dinheiro, *status* etc. De acordo com Smith, esses jovens não conseguirão ter uma carreira espetacular. A única maneira de ter uma carreira espetacular, afirma Smith, é fazendo o que você adora fazer. Smith canalizou sua frustração

1. LIBERTE O SEU MESTRE INTERIOR

em uma palestra inspiradora, empolgada e divertida no TEDx, intitulada "Por que você vai falhar em ter uma carreira brilhante".

Conversei com ele sobre a popularidade de sua apresentação no TED, que, na ocasião da nossa conversa, tinha sido vista mais de dois milhões de vezes. A reação do público o surpreendeu. Smith concordou em fazer a palestra a pedido de seus alunos. Como suas aulas em geral têm três horas de duração, ele encarou como um desafio pessoal a tarefa de destilar suas ideias em 18 minutos. A apresentação teve o sucesso que teve porque o público viu um palestrante com uma paixão desenfreada e um senso de urgência, o que fez com que sua palestra fosse absolutamente fascinante. A apresentação de Smith basicamente representou 30 anos de frustração reprimida finalmente culminando no ponto de ebulição. "O talento desperdiçado é um desperdício que não suporto testemunhar",[7] Smith me contou. "Os meus alunos querem criar tecnologia. Eu não quero que eles criem uma tecnologia qualquer. Quero que eles criem uma tecnologia de arrasar. Quero que eles sejam apaixonados pelo que fazem."

A premissa de Smith é simples. O que não falta no mundo são empregos ruins, ele explica. Aqueles empregos de "alto estresse, sugadores de sangue e destruidores da alma". E, no outro extremo do espectro, há os excelentes trabalhos, mas não tem muita coisa entre esses dois extremos. Ele afirma que a maioria das pessoas não consegue ter um excelente emprego ou deixa de usufruir uma carreira espetacular por medo de seguir sua paixão. "Não importa quantas pessoas lhe dizem que, se você quiser uma carreira espetacular, deve seguir a sua paixão, buscar concretizar seus sonhos... mesmo assim você decide não fazer isso." Desculpas e justificativas, diz ele, refreiam as pessoas. O conselho de Smith? "Identifique e use a sua paixão e você terá uma carreira espetacular. Não faça isso e você não terá uma carreira espetacular".

---

7 Larry Smith, professor de economia da University of Waterloo, Canadá, conversa com o autor, 26 jun. 2012.

TED: FALAR, CONVENCER, EMOCIONAR

Smith foi um dos apresentadores do TED mais inspiradores que conheci e devo admitir que sou suspeito para falar. Afinal, venho pregando o mesmo evangelho desde o dia que larguei meus planos de ir para a faculdade de direito e me decidi pelo jornalismo. No começo eu não ganhava tanto quanto poderia ganhar na advocacia e tive as minhas dúvidas sobre a carreira escolhida. Seguir a sua paixão requer coragem, especialmente quando não vemos os resultados tão rapidamente quanto gostaríamos.

Hoje, a minha vida é muito diferente em comparação com o meu início de carreira e curto muito compartilhar as minhas ideias com pessoas ao redor do mundo. E, o melhor de tudo, eu não sinto que estou "trabalhando". Escrever estas palavras, assistir às apresentações, estudar a ciência por trás delas, entrevistar palestrantes famosos e compartilhar o que aprendi com os leitores me dá uma enorme satisfação. Acima de tudo, aprendi que as pessoas que trabalham com satisfação são os melhores comunicadores.

> "Você precisa seguir a sua paixão. Precisa descobrir o que você adora, quem você realmente é. E precisa ter a coragem de seguir essa paixão. Acredito que a única coragem que alguém precisa na vida é a coragem de seguir os próprios sonhos."
>
> — OPRAH WINFREY

Em sua palestra no TEDx, Smith mencionou o famoso discurso de Steve Jobs aos formandos da Stanford University em 2005, quando Jobs encorajou os estudantes a seguir o caminho da sua verdadeira paixão:

O trabalho ocupará uma parte importante da vida de vocês e o único jeito de ter a verdadeira satisfação é fazer o que vocês acreditam ser um excelente trabalho. E o único jeito de fazer um excelente trabalho é amar o que vocês fazem. Caso ainda não tenham encontrado,

1. LIBERTE O SEU MESTRE INTERIOR

continuem procurando. Não se acomodem. Como acontece com todos os assuntos do coração, quando encontrarem, vocês saberão. E, como qualquer excelente relacionamento, ele só melhora com o tempo. Então continuem procurando até encontrar. Não se acomodem.

Smith concorda com Jobs, mas acredita que, infelizmente, o conselho em geral entra por um ouvido e sai pelo outro. "Não importa quantas vezes vocês ouvem o discurso de Jobs para os formandos da Stanford, vocês continuam decidindo não fazer o que ele recomenda", Smith disse à plateia do TED. "Vocês têm medo de seguir a sua paixão. Vocês têm medo de fazer feio, de passar vergonha. Vocês têm medo de tentar. Vocês têm medo da possibilidade de fracassar."

Depois de passar um quarto de século no jornalismo, escrevendo, dando palestras e me comunicando, posso dizer sem hesitação que as apresentações mais inspiradoras são as feitas por pessoas como Larry Smith, Aimee Mullins e a maioria dos outros oradores que você conhecerá nos capítulos que se seguem. Eles têm em comum um poço profundo de experiências e um ardente compromisso para divulgar suas ideias e ajudar os outros a atingir o sucesso.

> **Dica do TED**
>
> A felicidade é uma escolha. Qual obstáculo você está enfrentando agora? Depois de identificar o obstáculo, relacione três razões pelas quais esse obstáculo representa uma oportunidade. A felicidade é uma escolha, uma atitude contagiante, e o seu estado de espírito fará com que os seus ouvintes o vejam com bons olhos. Como Matthieu Ricard me disse: "O estado natural da nossa mente, quando não estamos sob a influência do poder dos pensamentos negativos, é a perfeição. **É essencial inspirar esperança e confiança, o que mais nos falta e do que mais precisamos nos dias de hoje**".

A NOVA CIÊNCIA DA PAIXÃO E DA PERSUASÃO

PAIXÃO E ORATÓRIA são intimamente relacionadas. O filósofo francês Denis Diderot afirmou: "Só as paixões, as grandes paixões, podem elevar a alma à grandiosidade". Líderes de sucesso ao longo da história especularam que as paixões – as grandes paixões – de fato podem elevar a alma. Hoje, a ciência também vem corroborando essa hipótese. Neurocientistas descobriram – e conseguiram quantificar – por que as pessoas empolgadas, como os palestrantes do TED e os grandes líderes, são capazes de inspirar, energizar e influenciar as pessoas.

Antes de podermos elaborar e fazer apresentações mais empolgadas, precisamos saber o que é a paixão e por que ela é tão eficaz. Melissa Cardon, professora de administração da Pace University, passou dez anos fazendo da paixão a sua paixão. Em seu estudo revolucionário "The nature and experience of entrepreneurial passion" – algo como "A natureza e a experiência da paixão empresarial" –, Cardon e quatro colegas pesquisadores de proeminentes universidades descobriram que a paixão exerce um papel crucial no sucesso de um empreendedor. Para começar, a paixão mobiliza a energia da pessoa e reforça o seu compromisso com a missão. Mas a paixão faz muito mais que isso. De acordo com Cardon, "A paixão empresarial catalisa experiências emocionais completas, incluindo o engajamento do cérebro e as reações do corpo".[8]

Cardon começou suas pesquisas desenvolvendo uma definição para a *paixão empreendedora*. O modo como a paixão costuma ser definida simplesmente não se prestava às mensurações e aos estudos acadêmicos. Ela geralmente é considerada um "intenso sentimento amoroso" ou "desejo sexual", não exatamente o tipo de paixão que Cardon se interessava em estudar. No entanto, a palavra

---

[8] CARDON, Melissa S.; WINCENT, Joakim; SINGH, Jagdip; DRNOVSEK, Mateja. The Nature and Experience of Entrepreneurial Passion. *Academy of Management Review*, v. 34, n. 3, 2009, p. 511-532.

1. LIBERTE O SEU MESTRE INTERIOR

"paixão" costuma ser mencionada como um fator crucial do sucesso e, eu diria, de fato é um elemento fundamental de todas as apresentações inspiradoras.

O que exatamente significa ser apaixonado por algo e, o mais importante, como as pessoas podem canalizar sua paixão para aumentar suas chances de sucesso na vida pessoal, na vida profissional e na oratória? O desafio de Cardon foi identificar o significado da paixão, descobrir o que ela faz e encontrar maneiras de mensurá-la. No mundo acadêmico, se não conseguir mensurar algo, você não tem como quantificar o que esse algo realmente faz. Para instituir a paixão como uma robusta área de estudo, Cardon precisaria desenvolver uma definição com a qual a maioria dos acadêmicos concordaria. Hoje, a definição de paixão empreendedora (PE) de Cardon é amplamente aceita na literatura acadêmica: "Um intenso sentimento positivo por algo de extrema importância para você, como indivíduo".

Segundo Cardon, a paixão é um fator fundamental para a autoidentidade de alguém. Ela define a pessoa. Em outras palavras, as pessoas simplesmente não podem separar sua paixão de quem elas são. *A paixão é central para o ser de uma pessoa.* "Ela é despertada não porque alguns empreendedores são inerentemente predispostos a sentimentos como esses, mas sim porque eles se engajam em algo que diz respeito a uma autoidentidade importante e marcante para eles."

A análise de Cardon ajuda a explicar por que os palestrantes mais populares do TED conseguem se conectar com o público: eles falam sobre temas importantes para a autoidentidade deles. Vejamos o exemplo de Majora Carter, uma consultora ambiental urbana. O irmão mais velho de Carter serviu no Vietnã, mas foi morto a tiros perto da casa deles no bairro nova-iorquino do South Bronx. A pobreza, a desesperança e as divisões raciais fizeram de Carter quem ela é hoje: uma fervorosa defensora da revitalização urbana. Suas experiências definiram a ela e ao seu trabalho. Segundo o TED.com: "A confiança, a energia e o estilo intensamente tocante de Carter fazem de suas palestras uma verdadeira força da natureza". Para Majora Carter, dar esperança aos desesperançados é essencial para sua identidade.

Já para Sir Richard Branson, o fator essencial para sua identidade é o empreendedorismo. Em 2007, Branson declarou a uma plateia do TED: "Nas empresas, tudo se resume a encontrar as pessoas certas, inspirá-las e trazer à tona o melhor delas. Eu simplesmente adoro aprender, sou um cara extremamente curioso e adoro derrubar normas e convenções e tentar virar o *status quo* de cabeça para baixo".[9] Fundar empresas como a Virgin Atlantic, que questionam as tradições e convenções, é uma parte central de quem ele é.

Passei um dia com Richard Branson em 22 de abril de 2013. Fui convidado para acompanhá-lo no voo inaugural da nova rota da Virgin America, de Los Angeles a Las Vegas. No solo e no ar, Branson era todo sorrisos enquanto discorria com entusiasmo sobre atendimento ao cliente e como isso faz toda a diferença para o sucesso de sua marca.

Branson e Carter se envolvem em atividades fortemente associadas com sua identidade de uma maneira profundamente significativa. E, segundo Carson, é essa paixão que desempenha um papel crucial no sucesso profissional deles e em seu sucesso como comunicadores. "As pessoas verdadeiramente apaixonadas pelo tema são oradores mais eficazes. Elas inspiram o público de um jeito que pessoas pouco entusiásticas e de baixa energia não conseguem fazer", ele me explicou.

"Quando tem uma paixão, você não consegue parar de pensar e falar sobre ela, nem de fazer algo a respeito dela." Cardon diz que investidores, clientes e outros *stakeholders* são "consumidores

---

9 BRANSON, Richard. "Richard Branson: Life at 30,000 feet". TED.com, out. 2007. Disponível em: <http://www.ted.com/talks/richard_branson_s_life_at_30_000_feet.html>. Acesso em: 14 maio 2014.

1. LIBERTE O SEU MESTRE INTERIOR

inteligentes": eles sabem muito bem quando uma pessoa é verdadeiramente apaixonada e quando ela só está fingindo. É muito difícil, quase impossível, eletrizar uma plateia sem ter uma conexão intensa e especial com o conteúdo da sua apresentação.

POR QUE A PAIXÃO É TÃO IMPORTANTE

O PRÓXIMO PASSO de Cardon foi descobrir as razões pelas quais a paixão é tão importante. Ela descobriu que a paixão leva a importantes comportamentos e resultados. Cardon, com dezenas de outros cientistas da área, descobriu que os líderes empresariais efusivos são mais criativos, definem metas mais ambiciosas, são mais persistentes e possibilitam um melhor desempenho da empresa. Cardon e seus colegas também encontraram uma correlação direta entre a "paixão percebida" de um apresentador e a probabilidade de os investidores financiarem suas ideias.

Os professores Melissa Cardon, Cheryl Mitteness (da Northeastern University) e Richard Sudek (da Chapman University) realizaram um experimento notável e publicaram os resultados na edição de setembro de 2012 do *Journal of Business Venturing*. Os pesquisadores se propuseram a desvendar o papel desempenhado pela paixão no processo decisório dos investidores.

A apresentação de vendas é importantíssima no mundo dos negócios. Sem financiamento, a maioria dos empreendimentos jamais sairia do chão. Empresas como o Google e a Apple jamais teriam revolucionado a nossa vida não fosse por líderes carismáticos e empolgados que chamaram a atenção dos investidores. Será que a paixão foi o único critério que os investidores da Apple e do Google usaram para tomar sua decisão de financiamento? É claro que não. Será que a paixão dos fundadores (Steve Jobs, Steve Wozniak, Sergey Brin e Larry Page) afetou a decisão final de financiamento dos investidores? Sem dúvida alguma.

Cardon se pôs a estudar uma das maiores organizações de investidores-anjos da América, a Tech Coast Angels, sediada em Orange County, na Califórnia.[10] Desde 1997, o grupo investiu mais de US$ 100 milhões em cerca de 170 empresas. A amostra incluiu investidores que não investiam em grupo, mas tomavam suas decisões de forma independente.

De agosto de 2006 até julho de 2010, 64 investidores-anjos avaliaram 241 empresas. A seleção envolveu uma apresentação de PowerPoint de 15 minutos e uma sessão de perguntas e respostas também de 15 minutos (mais adiante veremos por que 15 a 20 minutos é o tempo ideal para vender uma ideia).

Foram financiadas 41 (17%) empresas. As startups foram classificadas em 16 categorias, inclusive software, produtos de consumo, dispositivos médicos e serviços empresariais. Usando uma escala de cinco pontos, os investidores-anjos foram solicitados a avaliar a paixão e o entusiasmo do apresentador, analisando dois critérios propostos: "O CEO é apaixonado pela empresa" e "O CEO é muito entusiástico". Os pesquisadores tomaram o cuidado de controlar para outros fatores, como a oportunidade de mercado, o risco relativo e o potencial de receita, isolando, dessa forma, a paixão como um fator na decisão de financiamento. Isolar a paixão possibilitou aos pesquisadores quantificar o papel desempenhado por ela e eles descobriram que a paixão de fato tinha um papel muito importante no sucesso de uma apresentação de vendas.

Os investidores basearam sua avaliação do potencial do empreendedor em 13 critérios e foram solicitados a classificar cada um deles em ordem de importância relativa à sua decisão final. A oportunidade e o empresário foram os critérios mais valorizados, ocupando a primeira e a segunda posição em uma lista. A "paixão

---

10 MITTENESS, Cheryl; SUDEK, Richard; CARDON, Melissa S. Angel investor characteristics that determine whether perceived passion leads to higher evaluations of funding potential. *Journal of Business Venturing*, v. 27, 2012, p. 592-606.

1. LIBERTE O SEU MESTRE INTERIOR

percebida" foi classificada em terceiro lugar, bem acima de critérios como grau de escolaridade, estilo, experiência com outras startups ou idade do empreendedor.

Os pesquisadores concluíram:

> Nossos resultados fornecem evidências de que a paixão percebida faz uma diferença quando os investidores-anjos avaliam o potencial de financiamento de novos empreendimentos... a paixão percebida envolve entusiasmo e empolgação, e é um critério distinto do nível de preparação ou comprometimento de um empreendedor com seu empreendimento... a paixão percebida de fato parece ser importante para os investidores.

A pesquisa de Cardon é essencial para nos ajudar a entender por que algumas apresentações do TED se transformam em verdadeiras sensações na internet e, o mais importante, para aprendermos como liberar o nosso próprio potencial de falar em público.

"Carmine, você conhece o velho adágio que dizemos aos estudantes universitários mas que eles nunca ouvem: 'Siga a sua paixão'? Bem, isso é uma grande verdade", Cardon explica. "Se você está abrindo uma empresa em uma área na qual espera enriquecer mas não gosta do produto, setor ou qualquer outro fator relacionado, isso será um erro." Ele acha também que é um erro acreditar ser possível influenciar e inspirar os outros falando sobre um tema pelo qual você não é apaixonado, que não é essencial para a sua identidade.

ASSISTINDO AO PRÓPRIO DERRAME DE CAMAROTE

POUCOS ORADORES DO TED têm uma conexão emocional tão profunda com o tema quanto a neuroanatomista e porta-voz do Harvard Brain Tissue Resource Center, Jill Bolte Taylor (a doutora Jill), o que explica em parte o fato de sua palestra ter sido uma das mais populares de todos os tempos do TED.

Certa manhã, a doutora Jill acordou com uma dor penetrante atrás do olho esquerdo, o tipo de dor de cabeça aguda que algumas pessoas podem sentir ao tomar sorvete. Se ao menos aquela dor tivesse sido causada por um inócuo sorvete gelado... A dor de cabeça piorou. A doutora Jill perdeu o equilíbrio e logo percebeu que seu braço direito estava completamente paralisado. Um vaso sanguíneo tinha rompido em sua cabeça. Ela estava tendo um derrame e os vasos sanguíneos no lado esquerdo de seu cérebro estavam literalmente explodindo.

Ela considerou o derrame um verdadeiro golpe de sorte. Afinal, ela é uma neuroanatomista, especializada na investigação *post mortem* do cérebro humano voltada a doenças mentais graves. "Eu me dei conta: 'Meu Deus! Estou tendo um AVC! Estou tendo um AVC!'. A próxima coisa que meu cérebro me diz é: 'Uau! Que legal! Quantos cientistas cerebrais têm a chance de estudar o próprio cérebro de dentro para fora?'",[11] ela contou a uma plateia do TED em março de 2008.

O acidente vascular cerebral da doutora Jill a transformou tanto física quanto espiritualmente. O derrame foi grave, deixando-a incapaz de falar ou se mover. Levou anos de reabilitação até ela conseguir se recuperar parcialmente. Ela só deu sua palestra no TED oito anos depois de sofrer o derrame.

O seu despertar espiritual foi profundo. Ela se conectou com o mundo – e com os outros – de uma forma que nunca tinha vivenciado antes em seu mundinho "do lado esquerdo do cérebro", no qual ela se via como algo separado do universo mais amplo. Sem a tagarelice do lado esquerdo de seu cérebro e incapaz de sentir onde seu corpo começava e onde terminava, seu "espírito flutuou, livre". Ela se sentiu uma parte de um universo em expansão. Em suma, atingiu o nirvana.

---

11 TAYLOR, Jill Bolte. Jill Bolte Taylor: my stroke of insight. TED.com, mar. 2008. Disponível em: <http://www.ted.com/talks/jill_bolte_taylor_s_powerful_stroke_of_insight.html>. Acesso em: 14 maio 2014.

1. LIBERTE O SEU MESTRE INTERIOR

"Lembro que pensei: 'Nunca mais vou conseguir espremer a imensidão de mim mesma de volta neste corpinho minúsculo'".

O AVC da doutora Jill mudou sua vida, bem como sua apresentação no TED. "A poderosa revelação pelo derrame", uma apresentação baseada em seu livro *A cientista que curou seu próprio cérebro*, publicado em 2008, teve mais de dez milhões de visualizações. Como um resultado direto da apresentação, a doutora Jill foi nomeada uma das 100 Pessoas Mais Influentes pela revista *Time* em 2008. Em janeiro de 2013, ela explicou o impacto transformador da palestra em um blog do Huffington Post.

> Em questão de semanas depois daquela palestra em 2008, a minha vida mudou e ainda sinto enormes e intensas repercussões na minha vida. Meu livro, *A cientista que curou seu próprio cérebro*, foi traduzido para 30 idiomas. Fui procurada pela *Time* e pela *Oprah's Soul Series*. Viajei para a Europa, a Ásia, a América do Sul, o Canadá e pelos Estados Unidos. E, em fevereiro de 2012, fiz uma viagem para a Antártica com o vice-presidente Al Gore, 20 cientistas e 125 líderes globais que se preocupam profundamente com as questões climáticas.[12]

A doutora Jill teve uma carreira espetacular, como Larry Smith diria, porque encontrou e buscou realizar a sua missão na vida muito antes do evento traumático que faria dela uma palestrante inspiradora. Ela se tornou uma cientista cerebral porque seu irmão tinha sido diagnosticado com esquizofrenia.

> Como irmã e, mais tarde, como cientista, eu queria entender como pegar os meus sonhos, conectá-los com a minha realidade e fazer com que eles se tornassem reais. O que acontece com o cérebro do meu ir-

---

[12] TAYLOR, Jill Bolte. "Does our planet need a stroke of insight?" *Huffington Post*, TED Weekends: Reset Your Brain, 4 jan. 2013. Disponível em: <http://www.huffingtonpost.com/dr-jill-boltetaylor/neuroscience_b_2404554.html>. Acesso em: 14 maio 2014.

mão e sua esquizofrenia que ele não consegue conectar seus sonhos a uma realidade comum e compartilhada, de modo que, em vez disso, esses sonhos se transformam em delírios?"

Conversei com a doutora Jill sobre seu estilo de apresentação – como ela cria a história, a pratica e a comunica. O conselho da doutora Jill aos educadores e comunicadores é: conte uma história para expressar a sua paixão. "Quando estava em Harvard, eu era aquela que ganhava os prêmios", ela me contou. "Eu não ganhava os prêmios porque a minha ciência era melhor que a dos outros. Eu ganhava os prêmios porque conseguia contar uma história interessante e fascinante, uma história que era minha até os últimos detalhes."

A profunda ligação da doutora Jill com o tema não pode ser separada de sua impressionante capacidade de se comunicar com paixão e, em consequência, alterar a visão de mundo de seus ouvintes. Se você considera o seu tema fascinante, interessante e maravilhoso, é mais do que provável que o seu público também se sentirá assim.

O SEU CÉREBRO NUNCA PARA DE CRESCER

GRAÇAS AO ESTUDO da neuroplasticidade, os cientistas estão descobrindo que o cérebro na verdade cresce e muda ao longo de toda a vida. A intensa repetição de uma tarefa cria novos e mais fortes caminhos neurais. À medida que uma pessoa se especializa em determinada área – música, esportes, oratória –, as regiões do cérebro associadas às habilidades efetivamente crescem.

"Todos nós melhoramos em uma tarefa se a realizamos repetidamente",[13] de acordo com Pascale Michelon, professor adjunto da Washington University em St. Louis. Michelon me contou sobre pesquisas que foram realizadas em pessoas com profissões tão diver-

---

[13] Pascal Michelon, professor-adjunto da Washington University em St. Louis, conversa com o autor, 22 jan. 2013.

1. LIBERTE O SEU MESTRE INTERIOR

sas quanto motoristas de táxi e músicos. Em comparação com os motoristas de ônibus, os taxistas de Londres tinham um hipocampo maior na região posterior do cérebro.

O hipocampo tem uma função especializada no desenvolvimento da habilidade utilizada para navegar em diferentes rotas, enquanto o hipocampo dos motoristas de ônibus era pouco estimulado já que eles percorriam a mesma rota dia após dia. Os cientistas também descobriram que a massa cinzenta envolvida na atividade de tocar música (as regiões motoras, a região parietal superior anterior e as áreas temporais inferiores) era mais desenvolvida em músicos profissionais que praticavam uma hora por dia, intermediária em músicos amadores e menos desenvolvida em não músicos. Aprender uma nova habilidade e repeti-la vez após vez cria novos caminhos no cérebro.

Michelon acredita que essas constatações também se aplicam a pessoas que falam repetidamente sobre temas que as empolgam.

> As áreas do cérebro envolvidas na linguagem – as que nos ajudam a falar e explicar as ideias mais claramente –, são mais ativadas e se tornam mais eficientes quanto mais a utilizamos. Quanto mais você falar em público, mais a sua estrutura cerebral muda. Se você falar muito em público, as áreas cerebrais da linguagem se tornam mais desenvolvidas.

Os bons comunicadores, como os apresentadores do TED que atraem o maior número de visualizações on-line, são mestres em um tema específico em virtude de toda a devoção, tempo e esforço inevitavelmente enormes investidos no tema e motivados principalmente por seu desmedido entusiasmo.

OS SEGREDOS DAS PERSONALIDADES CONTAGIANTES

O PSICÓLOGO HOWARD Friedman estuda a mais esquiva das qualidades: o carisma, um conceito intimamente vinculado à paixão. Em seu livro *O projeto longevidade*, ele revela os resultados surpreendentes de um estudo revolucionário sobre o tema.

Em primeiro lugar, Friedman concebeu um questionário destinado a categorizar pessoas de baixo e de alto carisma. O levantamento inclui perguntas como: "Quando ouço uma boa música meu corpo começa automaticamente a se movimentar acompanhando a batida"[14] ou "Nas festas, sou o centro das atenções" e "Sou apaixonado pelo meu trabalho". As opções de respostas variavam de "não muito verdadeiro" até "muito verdadeiro". A pontuação média foi de 71 pontos (as pontuações mais altas chegaram a aproximadamente 117 pontos). O estudo separou as personalidades magnéticas daqueles que costumam ficar esquecidos num canto nas festas. O levantamento é chamado de Teste de Comunicação Afetiva (TCA) e destinado a mensurar a extensão na qual as pessoas são capazes de comunicar seus sentimentos aos outros. Mas, ainda não satisfeito, Friedman resolveu estender ainda mais a avaliação.

Ele escolheu dezenas de entrevistados que tiveram uma pontuação muito elevada no teste e outros com pontuações extremamente baixas. Ele deu a essas pessoas um questionário perguntando, entre outras coisas, como elas estavam se sentindo naquele momento. Depois, aquelas com altas pontuações e aquelas com baixas pontuações foram colocadas juntas em uma sala. Elas ficaram dois minutos na sala sem poder conversar. Ao fim dos dois minutos, foram convidadas a preencher outro questionário para avaliar seu estado de espírito. Constatou-se que, sem dizer uma única palavra, os indivíduos altamente carismáticos foram capazes de afetar o estado de espírito dos pouco carismáticos.

Se a pessoa carismática estava feliz, a pessoa pouco carismática também relatava uma maior felicidade. Caso contrário, a pessoa de

---

[14] FRIEDMAN, Howard; MARTIN, Leslie. *The longevity project*: surprising discoveries for health and long life from the landmark eight-decade study. New York: Hudson Street Press, 2011. p. 28.

1. LIBERTE O SEU MESTRE INTERIOR

baixo carisma também se sentia menos feliz. As pessoas carismáticas sorriam mais e demonstravam mais energia na linguagem corporal não verbal. Elas irradiavam alegria e paixão.

O estudo de Friedman demonstrou que a paixão de fato contagia os outros. As pessoas que não se comunicavam emocionalmente (com pouco contato visual, rígidas, sem gesticular com as mãos) não eram tão capazes de influenciar e persuadir os outros quanto as pessoas altamente carismáticas.

A PAIXÃO É CONTAGIANTE, LITERALMENTE

RALPH WALDO EMERSON disse: "Nada grandioso jamais foi realizado sem entusiasmo". Os professores Joyce Bono, da University of Minnesota, e Remus Ilies, da Michigan State University, provaram que Emerson estava certo. Os professores de administração conduziram quatro estudos distintos com centenas de participantes para mensurar o carisma, as emoções positivas e o "contágio do estado de espírito".

Os pesquisadores descobriram que "os indivíduos com elevadas pontuações de carisma tendem a expressar mais emoções positivas em suas comunicações escritas e faladas".[15] As emoções positivas incluem paixão, entusiasmo, empolgação e otimismo. Bono e Ilies também descobriram que elas são contagiantes, melhorando o ânimo dos ouvintes. Os participantes que ouviram e assistiram a líderes positivos, pessoalmente e em vídeo, saíram com um estado de espírito melhor do que participantes que assistiram ou ouviram os líderes com baixa pontuação para emoções positivas. Além disso, os líderes positivos foram considerados mais eficazes e, portanto, mais capazes de convencer seus seguidores a fazer algo.

---

15 BONO, Joyce E.; ILIES, Remus. Charisma, positive emotions and mood contagion. *Science Direct*, The Leadership Quarterly, v. 17, 2006, p. 317-334.

Os resultados do nosso estudo indicam claramente que as expressões emocionais dos líderes exercem um papel importante na percepção dos seguidores em relação à eficácia do líder, em sua atração pelos líderes e em seu estado de espírito. Nossos resultados também sugerem que a liderança carismática é associada ao sucesso da organização, já que os líderes carismáticos possibilitam aos seus seguidores sentir emoções positivas. E, o mais importante, os nossos resultados indicam que o comportamento dos líderes pode afetar o nível de felicidade e bem-estar dos seguidores, influenciando sua vida emocional.

Dizem que o sucesso não leva à felicidade e que é a felicidade que leva ao sucesso. Os oradores mais populares do TED refletem a verdade desse aforismo. O modo como você pensa – a confiança que tem em seu conhecimento, a paixão que tem pelo tema – afeta diretamente a sua presença comunicativa. Os pensamentos alteram a química do cérebro, influenciando o que você diz e como você diz.

> "Quando você se sente inspirado por algum propósito elevado, algum projeto extraordinário, todos os seus pensamentos se desassociam. A sua mente transcende as limitações, sua consciência se expande em todas as direções e você se vê em um mundo novo, notável e maravilhoso. Forças, faculdades e talentos dormentes ganham vida e você se descobre uma pessoa muito maior do que você jamais poderia sonhar em ser."
>
> ─ **PATANJALI**,
> **professor indiano considerado por muitos o pai da ioga.**

Quando você se entusiasma pelo tema – obsessivamente –, sua energia e empolgação contagiarão seus ouvintes. Não tenha medo de se expressar, de expressar o seu eu autêntico. Se você se sentir inspirado como a doutora Jill, compartilhe a sua inspiração. Se você se

1. LIBERTE O SEU MESTRE INTERIOR

sentir frustrado como Larry Smith, comunique a sua frustração. Se você se sentir feliz como Matthieu Ricard, expresse a sua felicidade.

Dica do TED

Cerque-se de pessoas empolgadas. Howard Schultz, fundador da Starbucks, uma vez me disse: "Quando você está cercado de pessoas que compartilham uma paixão coletiva por um objetivo em comum, tudo é possível". Identificar a sua paixão é um passo do processo, mas você também deve compartilhá-la, expressá-la e falar sobre o que o motiva com os colegas, clientes e outras pessoas da sua vida. E, o mais importante, você deve se associar a outras pessoas que compartilham a sua paixão. Os líderes usam a paixão como um critério de contratação. Richard Branson contrata pessoas que demonstram a atitude da Virgin: elas sorriem muito, são positivas e entusiasmadas. Em consequência, elas se comunicam melhor. Não basta ser empolgado. Você também deve se cercar de pessoas que se empolgam com a sua organização e com o seu tema. O seu sucesso como líder e comunicador dependerá disso.

---

500 TEDSTERS NÃO PODEM ESTAR ERRADOS

RICHARD ST. JOHN estava em um avião a caminho de uma conferência do TED quando um adolescente sentado a seu lado, curioso sobre o trabalho dele, perguntou: "O que leva ao sucesso, de verdade?". St. John não tinha uma boa resposta para dar, mas teve uma boa ideia: ele perguntaria aos líderes de sucesso que compareceriam ao TED como ouvintes ou palestrantes. Ele passou a década seguinte entrevistando 500 TEDsters e identificou as características que os levaram a seu enorme sucesso. St. John revelou suas descobertas em uma apresentação de três minutos no TED Monterey de 2005.

Em uma palestra vista mais de quatro milhões de vezes, St. John apresentou "Os oito segredos do sucesso". Adivinhe qual é o "segredo" número um? Você acertou: a paixão. "Os TEDsters fazem o que fazem por amor, não por dinheiro",[16] afirmou St. John.

Em seu livro *Eight to be great*, St. John escreve sobre Mullins, com quem abri este capítulo, dizendo:

> A paixão possibilitou que Aimee Mullins quebrasse recordes de corrida mesmo sem ter dois membros essenciais para correr: as pernas... O nome dela lhe cai muito bem, já que "Aimee" vem da palavra francesa para "amor", que é uma grande razão de seu sucesso tanto nas pistas de corrida quanto na vida. Não é à toa que ela diz: "Se é a sua paixão, o sucesso será inevitável".

QUER AJUDAR ALGUÉM? CALE-SE E OUÇA

O DOUTOR ERNESTO Sirolli, fundador do Sirolli Institute e um especialista internacionalmente renomado de desenvolvimento econômico, aprendeu a duras penas que *nós* é uma palavra mais potente que *eu*. Sirolli, que começou sua carreira no desenvolvimento sustentável trabalhando em iniciativas de ajuda humanitária na África no início dos anos 1970, contou a uma plateia do TEDx em 2012 que aquilo que muitos "especialistas" sabiam – ou achavam que sabiam – sobre o desenvolvimento sustentável acabou se revelando equivocado.

Aos 21 anos, ele trabalhava em uma ONG italiana e "todos os projetos, sem exceção, que montamos na África fracassaram".[17] O primeiro projeto de Sirolli foi ensinar aldeões no sul da Zâmbia a cultivar tomates.

---

16 ST. JOHN, Richard. Richard St. John's 8 secrets of success. TED.com, dez. 2006. Disponível em: <http://www.ted.com/talks/richard_st_john_s_8_secrets_of_success.html>. Acesso em: 14 maio 2014.

17 SIROLLI, Ernesto. Ernesto Sirolli: want to help someone? Shut up and listen! TED.com, nov. 2012. Disponível em: <http://www.ted.com/talks/ernesto_sirolli_want_to_help_someone_shut_up_and_listen.html>. Acesso em: 14 maio 2014.

1. LIBERTE O SEU MESTRE INTERIOR

Tudo o que se plantava na África crescia que era uma beleza. Tínhamos aqueles tomates magníficos... e dizíamos aos zambianos: "Vejam só como a agricultura é fácil". Quando os tomates estavam lindos, maduros e vermelhos, no meio da noite, 200 hipopótamos saíram do rio e devoraram tudo. [Risos.] E nós dissemos aos zambienses, "Meu Deus, os hipopótamos!". E os zambienses explicaram: "Sim, é por isso que não temos agricultura aqui". [Risos.] "Por que você não nos contaram?!?" "Vocês nunca perguntaram".

Se você quer ajudar alguém, cale-se e ouça. Foi o que Sirolli aprendeu com suas primeiras experiências na agricultura sustentável. "Nunca se deve chegar a uma comunidade com ideias preconcebidas", ele explicou. Em vez disso, ele recomenda canalizar a paixão, a energia e a imaginação dos moradores dessa comunidade.

Como já vimos, a paixão é a base do sucesso nos negócios, do sucesso profissional e do sucesso na oratória. Acontece que a paixão também é o fator essencial de sucesso no trabalho de Sirolli.

Você pode dar uma ideia a alguém. Se a pessoa não quiser seguir essa ideia, o que você pode fazer? A paixão da pessoa pelo próprio crescimento é o fator mais importante. A paixão daquele homem pelo próprio crescimento pessoal é a coisa mais importante. Então nós os ajudamos a sair e encontrar o conhecimento, porque nenhuma pessoa no mundo pode ter sucesso sozinha. A pessoa que tem a ideia pode não ter o conhecimento, mas o conhecimento está por aí, disponível.

Você está lendo estas palavras porque tem uma paixão pelo crescimento pessoal. Você provavelmente já domina (ou está perto de dominar) o tema sobre o qual fala. Não tenha medo de compartilhar o seu entusiasmo. Ele contagiará o seu público.

"Pela nossa experiência, os melhores executivos são os mais apaixonados pelo que fazem".

— RON BARON,
investidor bilionário

SEGREDO Nº 1

LIBERTE O SEU MESTRE INTERIOR

Eu posso ensiná-lo a contar uma história. Eu posso ensiná-lo a criar um magnífico slide de PowerPoint. Eu posso até ensiná-lo a usar melhor a sua voz e o seu corpo. Histórias eficazes, slides e linguagem corporal são componentes importantes de uma boa apresentação, mas não ajudam muito se o palestrante não for apaixonado pelo tema. O primeiro passo para inspirar os outros é encontrar, você mesmo, a sua inspiração. A maneira mais simples de identificar a sua verdadeira paixão é responder à pergunta que propus antes, neste capítulo: "O que faz o meu coração bater mais forte?". Uma vez que descobrir o que faz o seu coração bater mais forte, as histórias que contar, os slides que usar e o seu estilo de transmitir o conteúdo ganharão vida. Você se conectará com as pessoas de uma maneira mais profunda do que jamais imaginou ser possível. Você terá a confiança de compartilhar o que aprendeu como um verdadeiro mestre. Então estará pronto para fazer a apresentação da sua vida.

2

DOMINE A ARTE
DO *STORYTELLING*

As histórias não passam de dados com alma.
— BRENÉ BROWN, TEDx Houston, 2010

A avó de Bryan Stevenson punha um fim a todas as brigas da família. E também começava muitas outras brigas! Acima de tudo, ela ensinou a Stevenson o poder da identidade. Stevenson é um advogado de direito civil e diretor-executivo da Equal Justice Initiative, um grupo sem fins lucrativos que presta serviços de representação jurídica a réus destituídos que são tratados injustamente pelo sistema de justiça criminal. Stevenson venceu um caso histórico na Suprema Corte dos Estados Unidos que vetou os estados americanos de impor sentenças de prisão perpétua sem liberdade condicional a menores condenados por um crime. Os juízes decidiram por cinco votos contra quatro que essas sentenças eram inconstitucionais, violando a proibição às "punições cruéis e incomuns" instituída pela Oitava Emenda da Constituição Americana.

Em setembro de 2011, o Roosevelt Institute agraciou Stevenson com a Medalha da Liberdade por seu trabalho na área da justiça

TED: FALAR, CONVENCER, EMOCIONAR

social. Um representante da conferência TED estava na plateia e pediu que Stevenson fizesse uma apresentação no evento de março de 2012, em Long Beach. Stevenson me contou que não sabia muito sobre o TED na época e pensou em recusar o convite porque tinha dois casos na Suprema Corte para defender no final de março. Sua equipe "pirou" e disse a Stevenson que ele tinha de se apresentar no TED. Stevenson não se arrepende ter aceitado o convite. A plateia do TED ficou tão inspirada com a sua apresentação que doou um total de US$ 1 milhão para a sua organização sem fins lucrativos.

Ao longo de 18 minutos, Stevenson manteve a plateia fascinada enquanto contava histórias de várias pessoas que influenciaram sua vida: sua avó, Rosa Parks e um zelador. Stevenson começou contando uma história sobre os pais de sua avó, que nasceram escravos, e sobre como a escravidão definiu a visão de mundo dela. Ela teve dez filhos e Stevenson tinha pouco tempo com ela. Um dia, quando tinha uns 8 ou 9 anos, sua avó entrou pela sala, o pegou pela mão e disse: "Vem cá, Bryan. Nós dois precisamos ter uma conversinha".[1] Stevenson contou que jamais se esquecerá da conversa que se seguiu.

> Ela me sentou, olhou para mim e disse: "Quero que você saiba que estou de olho em você". E ela disse: "Acho que você é especial". Ela disse: "Acho que você consegue fazer qualquer coisa que quiser". Eu nunca me esquecerei disso. E então ela disse: "Só preciso que você me prometa três coisas, Bryan". Eu disse: "Tudo bem, vovó". Ela disse: "A primeira coisa que quero que você me prometa é que você sempre vai amar a sua mãe". Ela disse: "Ela é a minha menininha e você tem que me prometer agora que vai cuidar dela sempre". Bom,

---

1 STEVENSON, Bryan. Bryan Stevenson: We need to talk about an injustice. TED.com, mar. 2012. Disponível em: <http://www.ted.com/talks/bryan_stevenson_we_need_to_talk_about_an_injustice.>. Acesso em: 14 maio 2014.

2. DOMINE A ARTE DO *STORYTELLING*

eu adorava a minha mãe de paixão, então eu disse: "Tudo bem, vovó. Eu vou fazer isso". Depois ela disse: "A segunda coisa que eu quero que você me prometa é que você sempre vai fazer a coisa certa, mesmo se a coisa certa for a coisa mais difícil". Pensei a respeito e disse: "Tudo bem, vovó. Eu vou fazer isso". Então, por fim, ela disse: "A terceira coisa que eu quero que você me prometa é que você nunca vai beber". Bom, eu tinha só 9 anos, então disse: "Sim, vovó. Eu vou fazer isso". [Risos.]

Alguns anos depois, Stevenson estava na roça perto de sua casa com dois de seus irmãos insistindo para ele tomar um gole de cerveja. Stevenson se recusou terminantemente afirmando que achava isso errado.

De repente, meu irmão começou a me encarar. Ele disse: "Qual é o seu problema? Tome um pouco da cerveja". Então ele olhou no fundo dos

FIGURA 2.1: Bryan Stevenson em sua apresentação em 2012

Fonte: Cortesia de James Duncan Davidson/TED (http://duncandavidson.com).

meus olhos e disse: "Ah, não vai me dizer que você ainda está com a conversa da vovó na cabeça". Quando perguntei do que ele estava falando, ele respondeu: "Ah, a vovó diz para todos os netos que eles são especiais". (Risos.)

Fiquei desolado. (Mais risos).

Stevenson baixou a voz e disse:

Vou contar a vocês uma coisa que eu provavelmente não deveria contar. Sei que muita gente pode ver esta palestra. Mas tenho 52 anos e devo admitir para vocês que nunca tomei uma única gota de álcool. Não digo isso por achar que seja uma virtude. Digo isso para demonstrar o poder da identidade. Quando criamos o tipo certo de identidade, podemos dizer às pessoas coisas que elas não acreditam que fazem sentido. Podemos convencê-las a fazer coisas que elas não acreditam que são capazes de fazer.

A plateia, que em grande parte vinha rindo da história de Stevenson sobre sua avó, de repente caiu em silêncio enquanto absorvia suas palavras. Ele estava tocando a mente dos ouvintes, mas só pôde fazer isso depois de tocar seu coração.

SEGREDO Nº 2
DOMINE A ARTE DO *STORYTELLING*
Conte histórias para tocar o coração e a mente das pessoas.

A técnica funciona porque...: Bryan Stevenson, palestrante que recebeu a mais longa ovação em pé da história do TED, passou 65% de sua apresentação contando histórias. Estudos de varreduras cerebrais revelam que as histórias estimulam e engajam o cérebro humano, ajudando o orador a se conectar com a plateia e aumentando as chances de ela concordar com o ponto de vista do orador.

2. DOMINE A ARTE DO *STORYTELLING*

DERRUBE FRONTEIRAS COM HISTÓRIAS

STEVENSON FALOU POR cinco minutos antes de apresentar as primeiras estatísticas sobre o número de pessoas encarceradas em prisões norte-americanas e a porcentagem dessas pessoas que são pobres e/ou afro-americanas. Os dados corroboram sua tese, mas uma história ocupou o primeiro terço de sua apresentação. E não foi uma história qualquer. Stevenson optou deliberadamente por contar uma história que ajudou a plateia a se conectar com ele em um nível pessoal e emocional.

Stevenson me explicou:

> Você tem de convencer as pessoas a confiar em você. Se você começar com alguma coisa esotérica demais e desconectada da vida cotidiana das pessoas, fica mais difícil para elas se engajarem. Costumo falar sobre a minha família porque a maioria de nós tem familiares com quem nos relacionamos. Eu falo sobre crianças e pessoas vulneráveis ou que passam por dificuldades. Todas essas narrativas são criadas para ajudar a entender os problemas.[2]

Stevenson fala com muitas pessoas decididas a discordar dele antes mesmo de ele dizer uma única palavra. As narrativas, também chamadas de *storytelling*, podem ajudar a derrubar o muro que o separa das pessoas que ele precisa convencer. Stevenson diz que conta histórias para engajar juízes, jurados e outros tomadores de decisão inclinados a discordar de seu ponto de vista. Ele descobriu que a narrativa é a melhor maneira de romper a resistência.

A palestra de Stevenson no TED é um exemplo brilhante de *storytelling* porque ele vinculou cada história ao tema central da "identidade". Sua última história envolveu um zelador que ele conheceu a caminho de um compromisso no tribunal. Quando

---

2 Bryan Stevenson, fundador e diretor da Equal Justice Initiative, conversa com o autor, 17 dez. 2012.

chegou lá, sua conversa com o juiz ficou especialmente acalorada. Stevenson conta a história:

Pelo canto do olho, pude ver o zelador andando de um lado para o outro. Ele continuou andando para lá e para cá. E, finalmente, aquele senhor negro, com uma expressão bastante preocupada no rosto, entrou na sala do tribunal e sentou-se atrás de mim, bem perto da mesa do conselho. Uns dez minutos depois, o juiz anunciou um intervalo. Durante o intervalo, um guarda se declarou ofendido com o zelador entrando no tribunal. O guarda se levantou rapidamente e correu até o senhor negro. Ele disse: "Jimmy, o que você acha que está fazendo neste tribunal?".

E aquele senhor negro levantou-se, olhou para o guarda, olhou para mim e disse: "Vim a este tribunal para dizer a esse jovem para seguir em frente e não tirar os olhos da linha de chegada".

Ben Affleck: notas do diretor

O ator e diretor Ben Affleck considera a palestra de Stevenson uma de suas apresentações preferidas do TED. Affleck viu muitas palestras e discursos sobre justiça social, mas foi a conversa de Stevenson – foi mais uma conversa do que uma apresentação formal – que deixou uma impressão indelével em Affleck. "O advogado dos direitos humanos Bryan Stevenson revela algumas duras verdades sobre o sistema judiciário dos Estados Unidos... esses problemas que ficam ocultos no meio da história não examinada da América raramente são discutidos com esse nível de honestidade, entendimento e persuasão."[3]

....

— BEN AFFLECK

Stevenson concluiu a apresentação dizendo à plateia do TED que eles não podem se considerar seres humanos plenamente evo-

---

3 AFFLECK, Ben. Ben Affleck: 8 talks that amazed me. TED.com. Disponível em: <http://www.ted.com/playlists/32/ben_affleck_8_talks_that_amaz.html>. Acesso em: 14 maio 2014.

2. DOMINE A ARTE DO *STORYTELLING*

luídos enquanto não se preocuparem com os direitos humanos e a dignidade básica.

> As nossas visões relativas à tecnologia, ao design, ao entretenimento e à criatividade precisam ser vinculadas às nossas visões de humanidade, compaixão e justiça. E, mais do que qualquer outra coisa, para aqueles de vocês que acreditam nisso, eu só vim lhes dizer para seguir em frente sem tirar os olhos da linha de chegada.

Os ouvintes de Stevenson aplaudiram de pé, engajados com as histórias que ele contou. Ele tocou a alma das pessoas.

Quando conversei com Stevenson, disse: "O seu tema é delicado, controverso e complexo" e perguntei: "Quanto do seu sucesso você acha que se deve à comunicação eficaz da sua história?"

> Quase tudo. Há tantos pressupostos que levam a condenar os meus clientes que a minha tarefa é superar as narrativas que se desenvolveram. Quase tudo o que estamos tentando fazer depende de uma comunicação eficaz. Você precisa de dados, fatos e análises para questionar as pessoas, mas também precisa de uma narrativa para deixar as pessoas à vontade a ponto de se interessarem pela comunidade que você está defendendo. O seu público tem de estar disposto a partir com você em uma jornada.

Na minha entrevista com Stevenson, ele confirmou o conceito central do meu *coaching* de comunicação: contar histórias é a melhor ferramenta de persuasão. Tanto empresas quanto pessoas que contam histórias – comoventes e autênticas – se conectam com seus clientes e plateias de um jeito muito mais profundo e expressivo que os concorrentes. A recomendação de Stevenson também deve nos dar mais confiança. Muitos profissionais no mundo dos negócios ficam intimidados em contar histórias pessoais em uma apresentação de PowerPoint, especialmente se o conteúdo incluir dados, tabelas e gráficos. Mas, se Stevenson, um orador que defende casos diante de juízes da Suprema Corte dos Estados Unidos, consegue explorar o poder das histórias, todos nós temos uma lição a aprender com a experiência dele.

O PODER DO PÁTHOS

STEVENSON TEM PÁTHOS. Eu explico: o filósofo grego Aristóteles foi um dos fundadores da teoria da comunicação. Ele acreditava que a persuasão ocorre na presença de três fatores: etos, logos e páthos. O etos representa a credibilidade. Tendemos a concordar com as pessoas que respeitamos por suas conquistas, títulos, experiência etc. O logos é a persuasão por meio da lógica, dados e estatísticas. Já o páthos é o ato de recorrer às emoções.

FIGURA 2.2: Porcentagem de etos, logos e páthos da apresentação de Bryan Stevenson, no TED de 2012

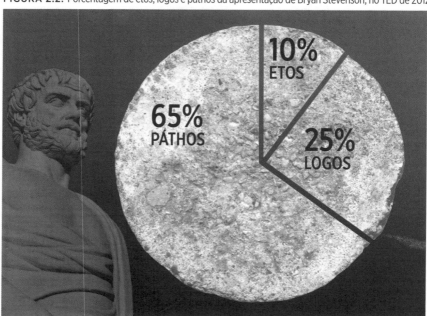

Fonte: Criada pela Empowered Presentations @empoweredpres.

2. DOMINE A ARTE DO *STORYTELLING*

A apresentação de Bryan Stevenson teve 4.057 palavras. Analisei essas palavras e as classifiquei de acordo com essas três categorias. Quando Stevenson falou sobre o seu trabalho nas prisões, atribuí a frase ou o parágrafo à categoria etos. Quando Stevenson apresentou estatísticas, incluí as frases na categoria logos. E, quando ele contou uma história, coloquei o conteúdo na categoria páthos. Os resultados são mostrados no gráfico de pizza apresentado na Figura 2.2.

Como podemos ver, o etos constituiu apenas 10% do conteúdo e o logos, somente 25%. Já o páthos representou um total de 65% da palestra de Stevenson. E o interessante é que a palestra de Stevenson foi nomeada uma das mais "persuasivas" do TED.com. A palavra "persuadir" é definida como influenciar alguém para agir, recorrendo à razão. As emoções não são incluídas na definição, mas, sem o impacto emocional das histórias, a palestra de Stevenson não teria a influência que teve.

É simplesmente impossível persuadir só com a lógica. Quem disse isso? Algumas das mentes mais lógicas do mundo.

Dica do TED

Como você pode aplicar os componentes da persuasão de Aristóteles? Pegue uma das suas últimas apresentações e classifique o conteúdo nas três categorias que acabamos de analisar: etos (credibilidade), logos (evidências e dados) e páthos (apelo emocional). Como o seu páthos se compara com o resto? Se o seu apelo emocional é mínimo, será interessante repensar o seu conteúdo antes de voltar a dar essa apresentação – por exemplo, incluindo mais histórias, casos curiosos e percepções pessoais.

O SEU CÉREBRO EM HISTÓRIAS

DALE CARNEGIE ACREDITAVA no poder das histórias para inspirar as pessoas. "Em geral, as grandes verdades do mundo são expressas em histórias fascinantes", ele escreveu. Em outra ocasião, declarou:

"As ideias que defendo não são minhas. Eu as peguei emprestadas de Sócrates. Eu as roubei de Chesterfield. Eu me inspirei em Jesus. E coloquei todas essas ideias em um livro. Se não gosta das regras deles, você usaria as regras de quem?".

Muitas das ideias apresentadas neste livro não me pertencem. Elas não pertencem ao TED. Elas não pertencem aos oradores impressionantes que fizeram as apresentações. As técnicas funcionam porque se baseiam no funcionamento da mente humana, no modo como a mente processa e recorda informações e como essas informações são gravadas no nosso cérebro. Carnegie fundamentou seus conselhos na intuição. Hoje, temos varreduras cerebrais para provar que ele estava certo. Cientistas utilizando imagens de ressonância magnética funcional se dedicam a estudar a atividade cerebral monitorando alterações no fluxo sanguíneo. Nos últimos dez anos, descobrimos mais sobre o cérebro humano do que em todos os anos combinados em que os seres humanos caminharam sobre a Terra, e grande parte dessas pesquisas tem implicações diretas para aqueles que buscam a excelência na oratória e na comunicação.

AS HISTÓRIAS PLANTAM IDEIAS E EMOÇÕES NO CÉREBRO DOS OUVINTES

EM UMA SALA de conferências escurecida no campus da Princeton University, participantes de um estudo assistem a um filme de Charlie Chaplin para aprofundar a nossa compreensão da maneira como o cérebro processa informações. Uri Hasson, professor assistente de psicologia da universidade, é o psicólogo que conduz o experimento para o Princeton Neuroscience Institute.

Os experimentos de Hasson incluem atividades como assistir a filmes ou ouvir histórias com os participantes ligados a aparelhos de ressonância magnética funcional para analisar suas ondas cerebrais. Hasson quer saber como o cérebro processa informações complexas.

2. DOMINE A ARTE DO *STORYTELLING*

Ele e seus colegas descobriram que as histórias pessoais de fato sincronizam o cérebro tanto do narrador quanto do ouvinte. Uso o termo "sincronizar", mas Hasson chama o processo de "acoplamento cérebro a cérebro".

Hasson e seus colegas registraram a atividade cerebral de um orador contando histórias não ensaiadas. Em seguida, eles mensuraram a atividade cerebral do ouvinte da história e pediram que ele respondesse um questionário detalhado para testar a compreensão. Os resultados estão entre os primeiros do gênero na área da neurociência. Os pesquisadores descobriram que o cérebro do ouvinte e do orador "exibiu padrões de resposta articulados, temporalmente acoplados".[4] Em resumo, "As reações cerebrais do ouvinte espelharam as reações do cérebro do falante". Em outras palavras, um elo mental foi efetivamente criado entre os dois.

Ele escolheu Lauren Silbert, uma estudante de pós-graduação, para ser a oradora. Lauren contou uma história pessoal sobre sua formatura. Os pesquisadores escanearam o cérebro dela e dos 11 estudantes que ouviam a história. As mesmas partes do cérebro de todos foram ativadas, apontando para uma profunda conexão entre o falante e os ouvintes. Os resultados também sugeriram que todas as pessoas na sala – todos os ouvintes – estavam tendo uma reação semelhante! O "acoplamento" não ocorreu quando os ouvintes ouviram a história em russo, uma língua que eles desconheciam.

Hasson relata:

> Quando a mulher falou em inglês, os voluntários entenderam a história e o cérebro deles se sincronizaram. Quando ela exibiu atividade na ínsula, região do cérebro responsável pelas emoções, os ouvintes exibiram atividade na mesma região. Quando o córtex frontal dela se

---

4 HASSON, Uri; GHAZANFAR, Asif A.; GALANTUCCI, Bruno; GARROD, Simon; KEYSERS, Christian. Brain-to-brain coupling: A mechanism for creating and sharing a social world. Neuroscience Institute, Princeton University, 2012. Disponível em: <http://psych.princeton.edu/psychology/research/hasson/pubs/Hasson_et_al_ TiCS_2012.pdf>. Acesso em: 14 maio 2014.

iluminou, o mesmo aconteceu com o dos ouvintes. Com o simples ato de contar uma história, a estudante pôde plantar ideias, pensamentos e emoções no cérebro dos ouvintes.[5]

Os pesquisadores descobriram que o nosso cérebro é mais ativo quando ouvimos histórias. Um slide de PowerPoint prolixo, cheio de bullets, ativa o centro cerebral de processamento da linguagem, onde damos sentido às palavras. As histórias, por outro lado, vão muito além, usando o cérebro inteiro e ativando, além da área da linguagem, as áreas sensoriais, visuais e motoras.

As descobertas de Hassan têm profundas implicações para qualquer pessoa que queira fazer uma apresentação com a intenção de influenciar o comportamento dos ouvintes. Se as histórias acionam o "acoplamento cérebro a cérebro", parte da solução para convencer as pessoas do seu argumento é contar mais histórias.

AS HISTÓRIAS NÃO PASSAM DE DADOS COM ALMA

EM JUNHO DE 2010, Brené Brown apresentou a palestra intitulada "O poder da vulnerabilidade" no TEDx Houston. Professora e pesquisadora da University of Houston, Brown estuda vulnerabilidade, coragem, autenticidade e vergonha. Não é fácil espremer uma área de estudo tão extensa em 18 minutos, mas ela fez isso tão bem que sua palestra foi vista mais de sete milhões de vezes. Brown abriu sua apresentação com uma breve anedota.

Um ou dois anos atrás, uma organizadora de eventos me ligou porque eu daria uma palestra em um evento. Ela me ligou e disse: "Não estou conseguindo decidir o que escrever sobre você no folheto". E

---

5 STEPHENS, Greg J.; SILBERT, Lauren J.; HASSON, Uri. *Speaker-listener neural coupling underlies successful communication*. Proceedings of the national academy of sciences of the United States of America, 26 jul. 2010. Disponível em: <http://www.ncbi.nlm.nih.gov/pmc/articles/PMC2922522/>. Acesso em: 14 maio 2014.

2. DOMINE A ARTE DO *STORYTELLING*

eu pensei: "Bem, qual é a dúvida?". E ela explicou: "Então, vi uma das suas palestras e acho que posso dizer que você é uma pesquisadora, mas tenho medo de que, se eu escrever que você é uma pesquisadora, ninguém queira ir à sua palestra porque todo mundo vai pensar que você é chata e irrelevante". E eu pensei "Certo...". E ela disse: "Mas o que mais gostei da sua palestra é que você é uma contadora de histórias. Então acho que o que eu vou fazer é apresentá-la como uma contadora de histórias".[6]

Brown contou que a parte "insegura" dela hesitou em adotar o título, porque ela era uma pesquisadora acadêmica séria. No entanto, acabou gostando da ideia. "Eu pensei, quer saber?, sou uma contadora de histórias. Sou uma pesquisadora qualitativa. Eu coleto histórias. É o que eu faço. Talvez as histórias não passem de dados com alma. E talvez eu seja apenas uma contadora de histórias." Como Brown sugere, todos nós somos contadores de histórias. Você conta histórias todos os dias. Em uma apresentação de negócios, você conta a história da sua campanha, da sua empresa ou do seu produto. Em uma entrevista de emprego, você conta a história da sua marca pessoal. Em uma apresentação de marketing, você conta a história da sua ideia. Sim, todos nós somos contadores de histórias e contamos histórias todo dia no trabalho.

Nunca vou esquecer o dia em que levei uma bronca do meu professor da Faculdade de Jornalismo da Northwestern. Eu tinha retornado de uma missão de mãos vazias. "Não encontrei história alguma", declarei ao meu professor. Ele ficou tão furioso que achei que uma veia explodiria em sua testa. "Sempre tem uma história!", ele berrou. Sempre me lembro daquele encontro quando ouço alguém dizer: "Eu não tenho uma história para contar". Acredita em mim: você tem uma história. Sempre tem uma história. Tudo o que você precisa

---

6 BROWN, Brené. Brené Brown: The power of vulnerability. TED.com, dez. 2010. Disponível em: <http://www.ted.com/talks/brene_brown_on_vulnerability.html>. Acesso em: 14 maio 2014.

TED: FALAR, CONVENCER, EMOCIONAR

fazer é procurar, empenhando-se e usando a cabeça. Se fizer isso, pode ter certeza de que encontrará uma boa história.

> "Todos nós adoramos histórias. Nós nascemos para elas. As histórias confirmam quem somos. Todos nós queremos confirmações de que a nossa vida tem algum sentido. E nada confirma mais isso do que quando nos conectamos por meio de histórias. Elas têm o poder de cruzar as barreiras do tempo – passado, presente e futuro. Por meio de histórias, reais e imaginárias, percebemos nossas semelhanças com as outras pessoas."[7]
>
> — ANDREW STANTON,
> roteirista de *Toy Story*, TED, fevereiro de 2012

TRÊS TIPOS DE HISTÓRIAS SIMPLES E EFICAZES

OS COMUNICADORES MAIS inspirados e os melhores palestrantes do TED costumam se ater a um de três tipos de história. O primeiro tipo são as histórias pessoais que se encaixa diretamente no tema da palestra ou apresentação; o segundo tipo são histórias sobre pessoas que aprenderam uma lição com a qual o público pode se identificar; o terceiro tipo são histórias que envolvem o sucesso ou o fracasso de produtos ou marcas.

Histórias pessoais

As histórias constituem uma parte central de quem somos. As apresentações mais populares do TED começam com uma história pessoal. Lembre-se das histórias comoventes que Bryan Stevenson contou sobre sua avó e aquele zelador que lhe deu o conselho revigorante: "Não tire os olhos da linha de chegada". A capacidade de contar

---

[7] STANTON, Andrew. Andrew Stanton: The clues to a great story. TED.com, mar. 2012. Disponível em: <http://www.ted.com/talks/andrew_stanton_the_clues_to_a_great_story.html>. Acesso em: 14 maio 2014.

2. DOMINE A ARTE DO *STORYTELLING*

uma história pessoal é uma característica essencial dos líderes autênticos – pessoas capazes de inspirar um empenho extraordinário. Então, conte histórias pessoais. Quais são as suas memórias mais afetuosas de um ente querido? Você provavelmente tem uma história para contar sobre essa pessoa. Minhas filhas adoram ouvir histórias do avô delas (o "nonno"), que foi prisioneiro na Segunda Guerra Mundial. Elas gostam de ouvir como ele tentou fugir e como ele e a minha mãe acabaram emigrando para os Estados Unidos só com 20 dólares no bolso. Histórias como essa são centrais para a nossa identidade familiar. E estou certo de que você também tem as suas histórias.

Se você for contar uma história "pessoal", faça com que ela seja realmente pessoal. Leve a plateia em uma jornada. Faça com que a sua história seja tão descritiva e rica em imagens que os seus ouvintes sejam capazes de se imaginar com você naquele momento.

Unidade de queimados inspira uma carreira e uma apresentação revolucionária

Dan Ariely, professor de psicologia e economista comportamental da Duke University e um autor de sucesso, concebe estudos engenhosos para demonstrar por que as pessoas tomam decisões previsivelmente irracionais. Seu interesse no assunto teve início na unidade de queimados, com uma história pessoal. "Eu me queimei feio. E, quando se passa muito tempo em hospitais, você vê irracionalidades de todo tipo. O que me incomodou em especial na unidade de queimados foi o processo pelo qual os enfermeiros removiam os curativos do meu corpo",[8] Ariely contou a uma plateia do TED em 2009.

Em detalhes vívidos ele explicou como as ataduras podem ser removidas rápida ou lentamente. Se você for como a maioria das pessoas – e como os enfermeiros de Ariely –, provavelmente presumirá

---

8 ARIELY, Dan. Dan Ariely: Our buggy moral code. TED.com, mar. 2009. Disponível em: <http://www.ted.com/talks/dan_ariely_on_our_buggy_moral_code.html>. Acesso em: 14 maio 2014.

TED: FALAR, CONVENCER, EMOCIONAR

que é melhor retirar as ataduras rapidamente, para acabar logo com a dor. Os enfermeiros levavam uma hora para remover os curativos. Ariely, em uma dor lancinante, implorava aos enfermeiros para levar duas horas em vez de uma, para reduzir a intensidade da dor. Os enfermeiros explicavam que sabiam o que estavam fazendo e Ariely era forçado a suportar a dor.

Ariely saiu do hospital três anos mais tarde (70% de seu corpo fora queimado) e entrou na Universidade de Tel Aviv. Lá, ele investigou a questão de como remover as ataduras de pacientes de queimaduras.

> O que descobri foi que os enfermeiros estavam errados. Eles eram seres humanos maravilhosos, cheios de boas intenções e muita experiência, e mesmo assim faziam coisas erradas previsivelmente a cada ocorrência. Acontece que, como não codificamos a duração do mesmo modo como codificamos a intensidade, eu sentiria muito menos dor se a duração fosse mais longa e a intensidade fosse menor.

Ariely também usa uma técnica de *storytelling* bastante eficaz: o inesperado. No livro *Ideias que colam,* Dan e Chip Heath revelam vários elementos de uma ideia "que cola", uma ideia que fica na cabeça das pessoas. De acordo com os Heaths, "O jeito mais básico de chamar a atenção de alguém é o seguinte: quebrando um padrão".[9] Curiosidade e mistério são recursos eficazes para chamar a nossa atenção. Para comprovar essa hipótese, os Heaths citam as pesquisas de George Loewenstein, da Carnegie Mellon University.

> Temos curiosidade, segundo ele, quando sentimos uma lacuna no nosso conhecimento... e lacunas são dolorosas. Quando queremos saber alguma coisa mas não sabemos, é como sentir uma coceira que precisamos coçar. Para nos livrar da dor, precisamos preencher a lacuna do conhecimento.

---

9 HEATH, Chip; HEATH, Dan. *Made to stick:* why some ideas survive and others die. New York: Random House, 2007. p. 64 [*Ideias que colam*. Rio de Janeiro: Campus, 2007].

2. DOMINE A ARTE DO *STORYTELLING*

Assistimos pacientemente a um filme ruim, mesmo atormentados pela experiência, porque dói demais não saber como o filme termina.[10]

A história pessoal de Ariely é ainda eficaz porque o final é inesperado. Conte histórias pessoais, mas as escolha com critério. Mantenha em mente que uma experiência pessoal que leva a um resultado inesperado em geral dá uma história particularmente convincente.

O abismo fiscal pessoal da minha mãe

Histórias pessoais chamam a atenção em quase praticamente todos os formatos de comunicação – apresentações, mídia social e entrevistas na TV. Comecei a minha carreira no jornalismo em 1989, o último ano de Ronald Reagan na presidência dos Estados Unidos. Reagan era chamado de Grande Comunicador por ser capaz de embalar sua mensagem em uma história. Quando saí do jornalismo para abrir meu escritório de comunicação, lembrei-me da qualidade que dava a Reagan seu carisma: sua capacidade de contar uma história.

Hoje em dia, dou a CEOs e políticos o mesmo conselho: se você quiser ser citado, conte uma história e, quanto mais pessoal, melhor. Isso é praticamente garantido. Por exemplo, em dezembro de 2012, a imprensa norte-americana estava obcecada com o "abismo fiscal", uma combinação de cortes automáticos de gastos e aumentos de impostos que seriam instaurados se os legisladores não conseguissem chegar a um acordo sobre o orçamento. Um novo congressista me ligou cerca de uma hora antes de dar uma entrevista na TV. Ele queria a minha opinião sobre o que ele pretendia dizer.

Tudo o que ouvi foi uma sucessão de argumentos, de modo que educadamente sugeri que ele contasse histórias. Decidimos que ele deveria contar uma história sobre sua mãe, uma enfermeira, e como o abismo fiscal a afetaria. O congressista contou a história, o repórter

---

10   HEATH; HEATH, 2007, p. 84.

levou a história ao ar e o político a usou em todas as suas entrevistas subsequentes. Às vezes conseguia que seus argumentos fossem ao ar e às vezes não. Sua mãe, contudo, era invariavelmente escolhida.

As pessoas adoram histórias. No mundo dos negócios, é raro ouvir histórias pessoais, mais uma razão pela qual elas têm um impacto tão grande quando são contadas. Quando oriento CEOs para dar entrevistas à imprensa ou importantes apresentações, sempre os encorajo a incorporar uma história pessoal. Os repórteres e blogueiros que cobrem o evento quase sempre incluem a história em seus relatos. Nenhuma técnica é 100% garantida, mas contar histórias pessoais chega bem perto disso.

Histórias sobre outras pessoas

Sir Ken Robinson, um líder intelectual com doutorado em criatividade e inovação em educação e negócios, afirma que as escolas matam a criatividade. Milhões de pessoas claramente concordam com ele ou consideraram seu argumento tão provocativo que se sentiram compelidas a ver e compartilhar a palestra que ele deu no TED de 2006. Sua apresentação é a mais popular de todos os tempos no TED, com 14 milhões de visualizações no momento da escrita destas linhas. Meu fascínio pela apresentação de Robinson se explica pelo fato de ele não usar PowerPoint, recursos visuais nem adereços e mesmo assim conseguir se conectar com a plateia. Ele faz isso com a utilização habilidosa de análise, dados, humor e *storytelling*.

Escolas que cultivam (e não podam) a criatividade

A história mais intrigante e emocionante de Robinson não é sobre ele. Sua personagem central é alguém que ele entrevistou. Seu nome é Gillian Lynne e poucos participantes da conferência tinham ouvido falar dela. No entanto, eles já conheciam seu trabalho. Lynne foi a coreógrafa dos espetáculos *Cats* e *O fantasma da ópera*. Robinson perguntou como ela se tornou uma dançarina. Lynne contou que,

2. DOMINE A ARTE DO *STORYTELLING*

nos anos 1930, os administradores de sua escola chegaram à conclusão de que ela tinha um problema de aprendizagem, porque ela não conseguia se concentrar e estava sempre se mexendo. "Acho que hoje eles diriam que ela tinha TDAH. Vocês não achariam isso? Mas era a década de 1930 e o TDAH nem tinha sido inventado ainda. Não era uma doença disponível. As pessoas não sabiam que podiam ter isso", Robinson disse, irônico, enquanto a plateia ria.[11]

Robinson continuou a história, contando a visita de Lynne com a mãe a um especialista. Depois de ouvir as duas por cerca de 20 minutos, o médico disse a Lynne que gostaria de conversar a sós com a mãe dela.

> Mas, antes de eles saírem da sala, ele ligou o rádio em sua mesa. E, quando eles saíram da sala, ele disse à mãe dela: "Fique olhando o que ela faz". E, no instante em que eles saíram da sala, a menina estava de pé, movendo-se ao som da música. Eles observaram por alguns minutos, o médico se virou para a mãe dela e disse: "Senhora Lynne, Gillian não está doente. Ela é uma dançarina. Leve-a a uma escola de dança".

Lynne de fato foi a uma escola de dança. Ela teve uma carreira no Royal Ballet, conheceu Sir Andrew Lloyd Webber e foi responsável pela coreografia de alguns dos maiores musicais da história.

Robinson usa a história para preparar o terreno para a conclusão de sua apresentação e para reforçar o tema:

> O que o TED celebra é o dom da imaginação humana. Agora, precisamos ter cuidado para usar esse dom com sensatez e evitar alguns dos cenários dos quais falamos. O único jeito de fazer isso é reconhecendo a riqueza das nossas capacidades criativas e reconhecendo a

---

[11] ROBINSON, Ken. Ken Robinson: how schools kill creativity. TED.com, jun. 2006. Disponível em: <http://www.ted.com/talks/ken_robinson_says_schools_kill_creativity.html?qsha=1& utm_expid=166907-20&utm_referrer=http%3A%2F%2Fwww.ted.com%2Fsearch%3Fcat-t%3Dss_all%26q%3Dken%2Brobinson>. Acesso em: 14 maio 2014.

esperança que os nossos filhos representam. A nossa tarefa é educar todo o ser deles, educá-los em sua totalidade, para que eles possam encarar esse futuro.

Seria difícil para a plateia compreender em sua plenitude o clamor de Robinson por "educar o ser inteiro das crianças" se ele não tivesse contado a história de Gillian Lynne. É difícil para a maioria das pessoas processar abstrações. As histórias transformam conceitos abstratos em ideias concretas, emocionantes e memoráveis.

Um orador digno do TED conta histórias no púlpito

Joel Osteen, pastor da megaigreja evangélica Lakewood Church, nunca deu uma palestra no TED, mas faz uma apresentação digna do TED toda semana para 40 mil pessoas que comparecem pessoalmente a seus sermões e outras sete milhões que o assistem pela TV.

Ao estilo do TED, Osteen sempre começa um sermão com um tema. Por exemplo, ele abriu um deles anunciando: "Hoje quero conversar com vocês sobre como 'O sim está no seu futuro'."[12] Dito isso, ele contou uma breve anedota sobre um amigo. O amigo passou anos trabalhando duro. Um dia, um supervisor se aposentou e várias pessoas se revelaram qualificadas para preencher a vaga. O amigo de Osteen tinha mais tempo de casa e sempre fora leal à empresa, mas mesmo assim foi preterido para a promoção, que acabou indo para um jovem menos experiente. O amigo se sentiu ludibriado, no entanto "não ficou amargurado nem deixou de dar o melhor de si no trabalho".

Dois anos mais tarde, um vice-presidente sênior se aposentou e o amigo de Osteen recebeu a merecida promoção. "A nova posição dele na empresa fica muitos níveis acima do cargo de supervisor ao qual ele foi preterido", Osteen contou. "Você pode estar em um 'não'

---

[12] YouTube.com. Apr 29 – Joel Osteen – Yes is in your future. YouTube.com, 12 maio 2012. Disponível em: <http://www.youtube.com/watch?v=VJiW_H3_OS4>. Acesso em: 14 maio 2014.

2. DOMINE A ARTE DO *STORYTELLING*

neste exato momento, mas as boas graças estão por vir. A cura está por vir. A promoção está por vir. Digam a si mesmos: 'Eu me recuso a ficar preso em um não. Eu sei que um sim está por vir'."

Depois de estabelecer o páthos com a plateia, Osteen se voltou ao logos e passou a apresentar dados estatísticos ao público. Ele disse que 90% de todas as primeiras startups fracassam; 90% de todas as segundas startups têm sucesso, mas 80% dos empreendedores jamais tentam uma segunda vez. "Eles não conseguem perceber que estão a apenas alguns 'nãos' de distância do sucesso de sua empresa."

Ao apresentar as estatísticas, Osteen contou muitas outras histórias. Os personagens incluíram figuras bíblicas, pessoas que compareciam aos cultos de Lakewood, personalidades históricas (Albert Einstein fracassou duas mil vezes) e sua própria mãe, que estava sentada na primeira fila.

Osteen contou uma história sobre um amigo que tinha um pequeno negócio de razoável sucesso. O amigo queria expandir e foi ao banco com o qual sua empresa passara anos trabalhando. Ele tinha um plano de negócios e resultados comprovados. O banco recusou a solicitação de empréstimo. Um segundo banco também recusou o empréstimo. "Dez bancos, depois 20 bancos... qualquer outra pessoa teria sacado a mensagem", Osteen brincou. "Trinta bancos lhe recusaram o empréstimo. Depois mais um. Trinta e um bancos disseram não. Então o 32º banco disse: 'Gostamos da sua ideia. Vamos apostar em você'. Quando Deus põe um sonho no seu coração, você sabe que vai ter sucesso. Cada 'não' significa que você está um passo mais perto do 'sim'."

Histórias pessoais são histórias sobre si mesmo, mas também podem ser histórias sobre outras pessoas com as quais o público pode se identificar. Osteen e os oradores populares do TED têm uma qualidade em comum: eles são mestres em criar empatia. A empatia é a capacidade de reconhecer e sentir emoções vivenciadas por outra pessoa. Nós nos colocamos na pele do outro. Já vimos como as histórias podem nos ajudar a "vivenciar" as emoções de outra pessoa. Alguns proeminentes neurocientistas acreditam que os seres humanos são configurados para sentir empatia, que ela é a liga social que mantém a sociedade unida. Em uma apresentação, você pode criar a empatia falando sobre si mesmo *ou* sobre alguma outra pessoa.

> "A história real e verdadeira da vida de praticamente qualquer homem – se relatada com modéstia e isenta de vaidade – é absolutamente divertida. Isso torna qualquer apresentação praticamente infalível."
>
> — DALE CARNEGIE

Histórias sobre o sucesso de uma marca

Quando dou uma palestra, conto histórias pessoais, histórias sobre pessoas que conheço, que entrevistei ou sobre as quais li, e conto histórias de marcas que conseguiram alavancar a estratégia de negócios à qual me refiro.

Estou sempre em busca de histórias para as minhas colunas e apresentações. E as encontro por toda parte. Um dia, embarquei em um avião da Virgin America, conversei com os pilotos e me surpreendi ao descobrir que eles monitoram o que é dito sobre as marcas no Twitter. Isso me levou a uma história sobre marcas que usam a mídia social para abrir um canal de diálogo com seus clientes.

Quando fiquei hospedado em um hotel Ritz-Carlton, perguntei a um garçom por que ele me deu um aperitivo de cortesia. Ele respondeu: "Estou autorizado a proporcionar uma excelente experiência aos nossos clientes". Isso me levou a várias histórias sobre o engajamento dos funcionários e o atendimento ao cliente. Entrei em uma Apple Store e descobri que os funcionários são treinados para conduzir um cliente por cinco etapas que levam a um de dois resultados possíveis: uma venda ou à promoção da fidelidade à marca. Essa experiência me levou não apenas a uma história, como me inspirou a

2. DOMINE A ARTE DO *STORYTELLING*

escrever um livro inteiro sobre o assunto. As histórias sobre as marcas estão por toda parte.

Seth Godin, palestrante do TED e blogueiro popular, também conta histórias de marcas, e o faz com brilhantismo. Em fevereiro de 2003, Godin ensinou a plateia do TED a fazer com que suas ideias fossem divulgadas. O vídeo se tornou um sucesso e atraiu mais de 1,5 milhão de visualizações. Bono, vocalista do U2, disse que aquela foi sua apresentação do TED favorita. "Ao descrever uma revolução nos meios de comunicação com os termos mais 'não revolucionários' possíveis, essa palestra é um verdadeiro eufemismo",[13] Bono declarou. "Godin é um cara engraçado e inteligente."

Um cara engraçado e inteligente com uma história para contar

Godin conta três histórias que servem de suporte ao tema: os melhores marqueteiros promovem seus produtos de maneira diferenciada; o normal é chato. Ele usa argumentos convincentes para explicar que o mais arriscado a se fazer é "evitar riscos", ou ser mediano, e usa histórias curtas e simples para passar essa mensagem.

Em uma história sobre a marca de pães Wonder Bread, Godin conta à plateia:

> Esse sujeito chamado Otto Rohwedder inventou o pão de forma fatiado e se concentrou, como a maioria dos inventores fazia, na parte das patentes e na parte da produção. E o lance da invenção do pão fatiado é que, nos primeiros 15 anos depois que o pão fatiado foi disponibilizado, ninguém comprou o produto, ninguém sabia de sua existência, foi um tremendo fracasso. E a razão para isso foi que, até a Wonder chegar e encontrar um jeito de difundir a ideia do pão fatiado, ninguém o queria. O sucesso do pão fatiado, como o sucesso de quase tudo sobre o que se falou nesta conferência, nem sempre

---

13 VOX. Bono: 8 talks that give me hope. TED.com. Disponível em: <http://www.ted.com/playlists/53/bono_8_talks_that_give_me_hop.html>. Acesso em: 14 maio 2014.

depende da patente ou da produção, mas sim da sua capacidade de difundir ou não a ideia.

Em outra história, Godin mostrou uma foto de um famoso prédio projetado pelo arquiteto Frank Gehry.

Mais do que apenas mudar um museu, Frank Gehry mudou a economia de uma cidade inteira projetando um edifício que pessoas do mundo todo passaram a visitar. Em incontáveis reuniões, digamos, na Câmara Municipal da Cidade de Portland, ou em qualquer outra cidade, agora eles dizem: "Precisamos de um arquiteto. Será que temos como fechar com o Frank Gehry?". Porque ele fez uma coisa realmente inovadora.

Finalmente, veja como Godin contou a história do leite de soja Silk:

Silk. A Silk colocou um produto que não precisa ser refrigerado na seção refrigerada do supermercado ao lado do leite. As vendas triplicaram. Por quê? Leite, leite, leite, leite, leite... não leite. Para os compradores que estão no supermercado, naquela seção, aquilo chamava a atenção, era notável. Eles não triplicaram as vendas com publicidade. Eles triplicaram as vendas fazendo algo notável.[14]

Todas as histórias de Godin dizem respeito a marcas notáveis. Da próxima vez que estiver em um supermercado e vir pão fatiado ou leite de soja, você vai pensar de um jeito diferente sobre as marcas e sobre as mensagens que a sua empresa usa para se destacar no mercado de ideias.

---

14 GODIN, Seth. Seth Godin: how to get your ideas to spread. TED.com, abr. 2007. Disponível em: <http://www.ted.com/talks/seth_godin_on_sliced_bread.html>. Acesso em: 14 maio 2014.

2. DOMINE A ARTE DO *STORYTELLING*

As grandes empresas estão descobrindo que as histórias dão um rosto humano a um conglomerado que de outra forma não teria rosto. Tostitos, Taco Bell, Domino's Pizza, Kashi, McDonald's e Starbucks estão se voltando a comerciais que dão destaque aos agricultores que cultivam os ingredientes por trás de seus produtos. As pessoas se envolvem mais com os produtos quando sabem de onde eles vêm e quando têm a chance de conhecer as pessoas reais por trás desses produtos. A cadeia britânica de lojas de cosméticos Lush inclui uma pequena foto de um funcionário de verdade na embalagem de cada produto – são os rostos das pessoas que efetivamente fabricaram o produto. A empresa acredita que todo produto tem uma história. Não é por acaso que muitas marcas de sucesso gastam milhões em anúncios publicitários que incluem rostos reais, pessoas reais e histórias reais. Pode acreditar: funciona mesmo.

A praticidade de um rico e o salva-vidas de um pobre

Todo produto tem uma história e todo empreendedor da startup que fabrica esses produtos também tem uma história. Ludwick Marishane, um jovem de 21 anos, da Cidade do Cabo, África do Sul, foi nomeado o estudante-empreendedor global do ano, em 2011, só porque não queria tomar banho. Marishane inventou o DryBath, a primeira loção substituta do sabão não baseada em água.

Se Marishane quisesse vender sua invenção no elevador, sua apresentação de vendas seria mais ou menos assim: "O DryBath é o primeiro e o único gel substituto do banho do mundo. Basta aplicá-lo à pele e não precisa tomar banho". O que está faltando aí? O "porquê" e o "o quê". Por que ele inventou o produto e qual é o benefício dele? As histórias ajudam a preencher as lacunas.

No TED Joanesburgo, em abril de 2012, Marishane contou uma história para explicar o "porquê" e o "o quê".

Cresci na província de Limpopo, em uma cidadezinha chamada Motetema. O fornecimento de água e energia elétrica era tão imprevisível quanto o clima e cresci nessas condições difíceis. Aos 17 anos, eu e dois amigos relaxávamos tomando banho de sol no inverno. O sol de Limpopo fica muito quente até no inverno. Enquanto pegávamos sol, meu melhor amigo diz: "Cara, por que alguém não inventa alguma coisa que a gente só coloca na pele e não precisa tomar banho?" Ao ouvir aquilo, eu me sentei e pensei, "Velho, eu compraria isso!".[15]

Marishane foi para casa, fez uma pesquisa e descobriu estatísticas "chocantes". Ele ficou sabendo que mais de 2,5 bilhões de pessoas no mundo não têm acesso adequado a saneamento, sendo que cinco milhões delas vivem na África do Sul. Doenças horríveis se proliferam nesses ambientes. Por exemplo, o tracoma cega oito milhões de pessoas por ano. "O mais chocante é que tudo que você precisa fazer para evitar ser infectado com a tracoma é lavar o rosto", Marishane explica. Munido apenas de um celular e um acesso muito limitado à internet, Marishane fez a pesquisa e elaborou um plano de negócios de 40 páginas. Quatro anos depois, ele recebeu uma patente e o DryBath nasceu. Sua proposição de valor: "O DryBath é a praticidade de um rico e o salva-vidas de um pobre".

Toda marca, todo produto, tem uma história. Encontre-a e conte-a.

O que é uma história? Jonah Sachs propõe a seguinte definição em seu livro *Winning the Story Wars*: "As histórias são um tipo particular de comunicação humana concebidas para convencer o público da visão de mundo do contador de histórias. O contador de histórias faz isso colocando personagens, reais ou fictícios, no palco e mostrando o que acontece com esses personagens no decorrer de um período. Cada personagem busca atingir algum tipo de objetivo, de acordo com seus valores, enfrentando dificuldades ao longo do caminho, e encontra o sucesso ou o fracasso dependendo

---

15 MARISHANE, Ludwick. Ludwick Marishane: a bath without water. TED.com, dez. 2012. Disponível em: <http://www.ted.com/talks/ludwick_marishane_a_bath_without_water.html>. Acesso em: 14 maio 2014.

2. DOMINE A ARTE DO *STORYTELLING*

da visão do contador de histórias sobre como o mundo funciona".[16] Sachs acredita que, no campo de batalha das ideias, os marqueteiros têm uma arma secreta: uma história bem contada. Sachs diz que o público contemporâneo é tão bombardeado por mensagens que acaba sendo mais resistente e mais cético do que em qualquer outro momento da história. No entanto, "Esse mesmo público, quando inspirado, mostra-se disposto e capaz de difundir suas mensagens favoritas, criando um enorme efeito viral para aqueles que conquistarem seu coração".

Gladwell, felicidade e molho de espaguete

Na conferência TED Monterey de fevereiro de 2004, autor de *O ponto da virada*, Malcolm Gladwell, contou uma história simples sobre Howard Moskowitz, um homem que ficou famoso por reinventar o molho pronto de tomate para espaguete. O título da apresentação foi, como você poderia imaginar, "Molho de espaguete".

Diz a lenda que a Campbell's Soup procurou a ajuda de Moskowitz para fazer um molho de tomate para competir com o Ragu, o molho para macarrão dominante nos anos 1970 e 1980 (a Campbell's produzia o molho Prego). O desempenho do Prego não ia bem apesar de ser um produto de qualidade superior. Moskowitz trabalhou com a empresa para criar 45 variedades de molho de espaguete. Feito isso, ele saiu em turnê pelo país com seus molhos para submetê-los a testes de degustação com os consumidores.

Se você parar para analisar todos esses dados sobre molhos de tomate, percebe que todos os americanos se enquadram em um de três grupos. Algumas pessoas gostam de molho simples; outras gostam de molho picante e outras gostam do molho com pedaços de tomate. Desses três fatores, o terceiro foi o mais importante, porque, na época, no início dos anos 1980, não se encontrava molho com pedaços de

---

16 SACHS, Jonah. *Winning the Story Wars:* why those who tell the best stories will rule the future. Boston, MA: Harvard Business Review Press, 2012. p. 14.

TED: FALAR, CONVENCER, EMOCIONAR

tomate no supermercado. Então o pessoal do Prego perguntou para Howard: "Quer dizer que um terço dos americanos quer um molho de espaguete com pedaços de tomate e ninguém está atendendo a essa demanda?" E ele respondeu: "É isso mesmo!" Então reformularam completamente o molho de tomate Prego e lançaram uma linha com pedaços de tomate que dominou a indústria de molho de espaguete dos Estados Unidos imediata e completamente. E, nos dez anos seguintes, eles ganharam 600 milhões de dólares com sua nova linha de molhos com pedaços de tomate."[17]

Toda a indústria alimentícia ficou sabendo da análise de Moskowitz. É por isso que hoje em dia os americanos têm "14 tipos diferentes de mostarda e 71 tipos diferentes de azeite de oliva", de acordo com Gladwell. O Ragu também contratou Moskowitz e hoje os americanos têm 36 variedades de molho Ragu. Gladwell contou a história de Moskowitz em dez minutos. Feito isso, ele passou os sete minutos restantes apresentando as lições que essa história nos ensina. Por exemplo, as pessoas em geral não sabem o que querem e, mesmo quando sabem, têm dificuldade de articular o que realmente desejam.

A premissa número um da indústria alimentícia costumava ser que o melhor jeito de descobrir o que as pessoas querem comer – o que vai deixá-las feliz – é perguntando isso a elas. Por anos e anos e anos e anos, Ragu e Prego conduziram grupos de foco para perguntar: "O que vocês querem de um molho de espaguete?". E, por muitos anos – 20, 30 anos –, em todas essas sessões de grupos de foco, ninguém jamais disse que queria um molho com pedaços de tomate. Isso apesar de pelo menos um terço dessas pessoas, lá no fundo, na verdade, desejar um molho com pedaços de tomate.

---

17 GLADWELL, Malcolm. Malcolm Gladwell: choice, happiness and spaghetti sauce. TED.com, set. 2006. Disponível em: <http://www.ted.com/talks/malcolm_glad well_on_spaghetti_ sauce.html>. Acesso em: 14 maio 2014.

2. DOMINE A ARTE DO *STORYTELLING*

Gladwell concluiu sua apresentação com o que chamou de a mais bela lição de todas: "Ao reconhecer e acolher a diversidade dos seres humanos, encontraremos um caminho mais garantido para a verdadeira felicidade".

A palestra de Gladwell foi um sucesso porque ele combinou a história de um "herói" (que discutiremos em detalhes mais adiante neste capítulo) com a de uma marca de sucesso. Os ouvintes querem torcer por alguém ou alguma coisa. Eles querem ser inspirados. Dê um herói à sua plateia. Estimule a imaginação dela com histórias sobre si mesmo, sobre outras pessoas ou sobre marcas de sucesso.

Dica do TED

Que história você poderia incluir? Pense em uma história (sobre você, sobre alguém ou sobre uma marca) que você poderia incluir nas suas comunicações ou na sua próxima apresentação. Se você já faz isso, está mais perto de ser um comunicador digno do TED. Em uma apresentação de negócios, contar histórias equivale a levar as pessoas a uma excursão, ajudando-as a vivenciar o conteúdo em um nível muito mais profundo.

LIDERE COM HISTÓRIAS E TENHA SUCESSO NOS NEGÓCIOS

UMA HISTÓRIA BEM contada dá aos líderes uma grande vantagem em um mercado que está cada vez mais competitivo. Uma narrativa envolvente tem o poder de convencer clientes, colaboradores, investidores e *stakeholders* de que a sua empresa, seu produto ou sua ideia poderá ajudá-los a atingir o sucesso que eles desejam.

Somos todos contadores de histórias natos, mas de alguma forma perdemos esse nosso lado quando entramos no mundo corporativo. Essa afirmação é especialmente verdadeira quando fazemos apresentações de PowerPoint. Caímos no "modo de apresentação" e esquecemos que é muito mais eficaz transmitir informações usando a conexão emocional possibilitada por uma história.

As histórias tornam os conceitos e ideias concretos e tangíveis. "Durante muito tempo o mundo dos negócios ignorou ou menosprezou o poder da narrativa oral, preferindo os slides do PowerPoint, fatos, números e dados sem alma",[18] afirma Peter Guber, presidente da Mandalay Entertainment. Guber, que produziu filmes como *Batman* e *A cor púrpura*, escreveu um livro inteiro sobre o poder do *storytelling* intitulado *Contar histórias para vencer*. Ele acrescenta: "Mas, à medida que o nível de ruído da vida moderna se transformou numa verdadeira cacofonia, a capacidade de contar uma boa história é cada vez mais necessária".

O produtor de *Batman* fecha os olhos para a magia

Conversei com Guber sobre o poder das histórias nas apresentações. Refletindo sobre seu sucesso na indústria do entretenimento, Guber percebeu que muito desse sucesso se deve à sua capacidade de persuadir os clientes, funcionários, acionistas, imprensa e parceiros usando o *storytelling*. Ele contou que perdeu grandes acordos por ter insistido em jogar na cabeça dos potenciais investidores uma enxurrada de dados, estatísticas e previsões, deixando de se engajar emocionalmente com eles.

> Para ter sucesso, é preciso convencer os outros a apoiar a sua visão, o seu sonho ou a sua causa. Não importa se você quer motivar seus executivos, organizar seus acionistas, influenciar a imprensa, envolver seus clientes, conquistar investidores ou conseguir um emprego, você precisa dar um toque de clarim para chamar a atenção dos seus ouvintes, emocioná-los para que eles acolham os seus objetivos e incitá-los a agir em seu favor. Você precisa tocar o coração e a mente das pessoas. E é exatamente isso que o *storytelling* faz.[19]

---

18 GUBER, Peter. *Tell to win*: connect, persuade, and triumph with the hidden power of stories. New York: Crown Business, 2011. p. vii.

19 GUBER, 2011, p. 9.

2. DOMINE A ARTE DO *STORYTELLING*

No início de 1990, um incidente no escritório de Guber o fez perceber que uma história – se relatada com convicção – tem o poder de persuadir até o executivo mais calejado, como ele próprio era na época. Na ocasião, Guber era CEO da Sony Pictures. Magic Johnson e seu parceiro de negócios, Ken Lombard, visitaram Guber em seu escritório e a primeira coisa que Lombard disse foi: "Feche os olhos. Vamos contar uma história sobre um país estrangeiro".[20] Guber achou a proposta um pouco bizarra, mas fechou os olhos e entrou na brincadeira. Lombard prosseguiu:

> Este é um país com uma forte base de clientes, excelente localização e investidores qualificados. Vocês sabem como construir cinemas na Europa, Ásia e América do Sul. Vocês sabem como investir em países estrangeiros que falam línguas diferentes, que têm culturas diferentes e problemas diferentes. O que vocês fazem, Peter, é encontrar um parceiro no país que fala a língua, que conhece a cultura e que sabe lidar com os problemas locais. Certo? Guber anuiu com a cabeça, com os olhos ainda fechados. "Bem, e se eu lhe dissesse que existe uma terra prometida que já fala inglês, adora ver filmes, tem uma abundância de imóveis disponíveis e não tem nenhuma concorrência? E vou ainda mais longe: essa terra prometida fica só a uns dez quilômetros daqui."

Lombard e Johnson queriam convencer Guber a construir salas de cinema em comunidades urbanas carentes. Eles se colocaram como os heróis da narrativa, os personagens que ajudariam Guber a navegar pelos mares até chegar à terra prometida. Nas quatro primeiras semanas que se seguiram à inauguração, o primeiro Magic Johnson Theater foi um dos cinco cinemas de maior bilheteria de toda a cadeia de cinemas da Sony.

---

20 GUBER, 2011, p. 33.

Guber me lembrou de que o *storytelling* deve ser incorporado a todas as conversas com o objetivo de convencer um ouvinte a apoiar sua ideia – seja em uma apresentação formal ou em uma conversa casual. Ao refletir sobre suas quatro décadas atuando no setor, ele afirma que sua capacidade de persuadir clientes, funcionários, acionistas e parceiros usando o *storytelling* foi sem dúvida a sua maior vantagem competitiva.

O poder das palavras

Evite chavões e clichês. Os marqueteiros adoram usar palavras como "líder", "soluções" e "ecossistema". Essas palavras são vazias, sem sentido e tão usadas que perderam todo o impacto que poderiam ter tido no passado.

Metáforas desgastadas também podem ser tediosas. De acordo com um estudo apresentado no *The New York Times*, "A forma como o cérebro processa as metáforas também tem sido um objeto de amplos estudos. Alguns cientistas afirmam que figuras de linguagem como 'um dia difícil' **são tão conhecidas que passaram a ser tratadas simplesmente como palavras, e nada mais**".[21]

Estudos de varreduras cerebrais estão revelando que, quando as pessoas ouvem uma descrição detalhada, "uma metáfora evocativa ou um diálogo carregado de emoções entre os personagens [da história]", áreas diferentes do cérebro são estimuladas. O simples fato de ouvir a expressão "cheiro de lavanda" ativa a parte do cérebro envolvida no olfato. "Quando participantes de estudos leram uma metáfora envolvendo textura, o córtex sensorial, responsável por perceber a textura pelo toque, foi ativado. Frases como 'O cantor tinha uma voz aveludada' e 'As mãos dele tinham a pele dura como couro' ativaram o córtex sensorial." Ao contar uma história, sinta-se à vontade para usar metáforas, analogias e linguagem vívida, mas evite clichês, chavões e jargões. O seu público ficará indiferente a frases feitas que já ouviu um milhão de vezes.

---

21 PAUL, Annie Murphy. Your brain on fiction. *The New York Times*, Sunday Review/The Opinion Pages, 17 mar. 2012. Disponível em: <http://www.nytimes.com/2012/03/18/opinion/sunday/the-neuroscience-of-your-brain-on-fiction.html?pagewanted=all&_r=1&>. Acesso em: 18 maio 2014.

2. DOMINE A ARTE DO *STORYTELLING*

Conheça David e Susan

Quando a Toshiba Medical Systems lançou um novo e revolucionário aparelho de tomografia computadorizada, reuni-me com um grupo de executivos para ajudá-los a elaborar a história para o lançamento global do dispositivo. As imagens tridimensionais do coração e do cérebro que a máquina exibia eram de fato impressionantes, mas como fazer uma apresentação igualmente impressionante sem sobrecarregar o público com uma montanha de dados sem graça? Nós contamos uma história.

Na entrevista coletiva, apresentamos David e Susan, duas pessoas que na verdade não existem, mas que, para os propósitos do lançamento, ganharam vida. A apresentação demonstrou como esse novo dispositivo médico pode reduzir drasticamente o tempo necessário para os médicos chegarem a um diagnóstico preciso e salvar a vida dos dois personagens. Demos a "David" e a "Susan" um nome e um rosto e apresentamos informações sobre a vida deles. Queríamos que o público visse a si mesmo ou a seus entes queridos nos rostos apresentados na tela. Os médicos que compareceram à coletiva mais tarde contaram aos oradores que o que mais gostaram na apresentação foi a parte "do David e da Susan". A história, ao mesmo tempo, apresentou informações e formou uma ligação emocional. Uma boa história tem esse poder.

Você não precisa lançar um produto revolucionário como o iPhone ou um dispositivo médico de US\$ 2 milhões para contar uma boa história. Em uma entrevista de emprego, conte uma história pessoal sobre o seu sucesso gerenciando uma equipe ou executando um projeto difícil. Em uma apresentação de vendas, conte uma história sobre como o seu produto ajudou a aumentar as vendas do cliente apesar da retração econômica. No lançamento de um produto, conte uma história pessoal por trás da criação do produto. Você pode se surpreender com o grande número de pessoas que se lembrará das suas histórias.

QUERO TORCER POR UM PERSONAGEM

KURT VONNEGUT, ESCRITOR norte-americano do século 20, foi considerado um contador de histórias magistral. Ele explica, em um vídeo postado na internet, o formato das boas histórias. As histórias de sucesso – aquelas que se conectam emocionalmente com a maioria das pessoas – têm um formato bem simples. Para ilustrar esse conceito, ele traçou duas linhas em um gráfico (veja a Figura 2.3). No eixo *y*, ele escreveu "Má sorte" e "Boa sorte". No eixo *x*, ele escreveu "Começo" e "Fim".

> **Uma história com um retorno de 2.700%**
>
> O significantobjects.com é um site dedicado ao poder das histórias. O "Significant Objects" foi uma experiência social e antropológica concebida

FIGURA 2.3: Recriação do gráfico de *storytelling* de Kurt Vonnegut

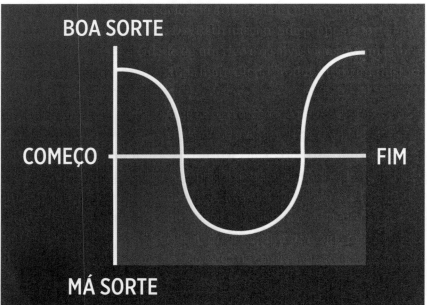

Fonte: Criada por Empowered Presentations @empoweredpres.

2. DOMINE A ARTE DO *STORYTELLING*

por Rob Walker e Joshua Glenn. Os dois pesquisadores partiram de uma hipótese: um escritor pode inventar uma história sobre um objeto, imbuindo-o de uma importância subjetiva que eleva seu valor objetivo. Para provar essa hipótese, os pesquisadores percorreram brechós e bazares em busca de objetos que não custaram mais que um ou dois dólares. A segunda fase do experimento envolveu um escritor criando uma breve história fictícia sobre o objeto. Na terceira etapa, o objeto foi leiloado no eBay.

Os pesquisadores compraram US$ 128,74 em objetos e esse "lixo" de bazar foi vendido por um total de US$ 3.612,51. Assim, os pesquisadores descobriram que a narrativa tem, de fato, o poder de imbuir objetos comuns de uma importância extraordinária. As histórias aumentaram o preço médio dos produtos em 2.700%. Por exemplo, uma banana falsa custou 25 centavos de dólar e foi vendida no eBay por 76 dólares depois que uma história foi incluída. Uma minúscula miniatura de peru assado foi recebida de brinde (o proprietário só queria se livrar dela) e foi vendida por US$ 30 depois que Jenny Offill escreveu uma história criativa sobre o objeto. De acordo com o site do Significant Objects, "As histórias constituem um impulsionador tão eficaz de valor emocional que seu efeito sobre o valor subjetivo de qualquer objeto pode ser mensurado objetivamente".[22]

Ele chamou a primeira história de formato "Homem no buraco". "Alguém se mete em problemas e consegue se livrar do problema. As pessoas adoram essa história. Elas nunca se cansam dela!"[23] O segundo formato foi chamado de "Rapaz conquista a garota". A história começa com uma pessoa qualquer em um dia qualquer e algo de bom acontece com essa pessoa. Como era de se esperar, a pessoa chega perto de perder a boa sorte e volta a recuperá-la para um final feliz. "As pessoas adoram isso", Vonnegut afirmou. O último formato foi o mais

---

22 Significantobjects.com, página "About". Disponível em: <http://significantobjects.com/about/>. Acesso em: 14 maio 2014.

23 YouTube.com. Kurt Vonnegut on the shapes of stories. YouTube.com, 30 out. 2010. Disponível em: <http://www.youtube.com/watch?v=oP3c1h8v2ZQ>. Acesso em: 14 maio 2014.

popular na maior parte da civilização ocidental. "Sempre que essa história é recontada, alguém ganha um milhão de dólares. Você está convidado a fazer o mesmo", disse Vonnegut, com um sorriso.

Se você quiser prender a atenção do seu público, a história precisa começar na parte inferior do eixo M-B (Má sorte-Boa sorte), com uma terrível fatalidade. "Vamos começar com uma menininha. A mãe dela morreu. O pai voltou a se casar, dessa vez com uma mulher feia e desprezível, com duas filhas odiosas. Já ouviu essa história?" A audiência cai na risada ao perceber que Vonnegut está descrevendo o arco narrativo da história da Cinderela. "Vai ter uma festa no palácio naquela noite e ela não pode ir." Depois que sua fada madrinha a ajuda a se preparar para a festa e ela conhece um príncipe, a protagonista volta a cair, um pouco abaixo no eixo M-B, mas não até o fundo. No desenrolar da história, o sapato cabe no pé dela, ela se casa com o príncipe e "atinge a felicidade extraordinária".

Um conselho de Vonnegut: "Dê ao leitor pelo menos um personagem pelo qual pode torcer".

Mantive o gráfico de *storytelling* de Vonnegut em mente quando trabalhei com um executivo do Chase, um proeminente banco norte-americano, para ajudá-lo a preparar um discurso que foi convidado a fazer na United Way, uma coalizão de associações beneficentes. Ele se beneficiara pessoalmente dos programas da United Way, mas a história que pretendia contar era sobre o compromisso de sua empresa com a organização, o montante que os funcionários tinham contribuído etc. Seus primeiros slides também transbordavam de gráficos e números. As informações eram boas, mas não eram muito emocionantes.

"Vamos esquecer os slides por um momento. Fale um pouco sobre a sua conexão pessoal com a United Way", eu propus. O que ele me contou me pegou de surpresa.

Eu tinha dois anos quando o meu pai abandonou a família inteira. Eu tinha quatro anos quando a minha mãe voltou a se casar e foi então que

2. DOMINE A ARTE DO *STORYTELLING*

aprendi na pele a definição de violência familiar. Minha primeira lembrança vívida é da minha mãe deitada em uma pilha de cacos de vidro e meu padrasto de pé sobre ela ameaçando lhe cortar a garganta se ela não fizesse exatamente o que ele estava mandando. Lembro-me de pensar: "Cadê o meu pai e como ele pode deixar esse homem fazer isso com a gente?".

O executivo me contou como cresceu e se transformou em um jovem raivoso. Aos 25 anos, ele se inscreveu em uma agência da United Way e afirma que o programa o ensinou a controlar sua raiva e o colocou no caminho certo. O programa da United Way também ensinou o padrasto a se tornar um bom pai. "Tenho orgulho do homem que me tornei. Tenho orgulho do que eles me ensinaram", ele contou.

Quando me recuperei da emoção de ouvir a história, encorajei o executivo a jogar fora sua apresentação de PowerPoint e abrir o discurso com histórias e fotos. Foi exatamente o que ele fez, mostrando uma foto em preto e branco de seu pai biológico levando ele e o irmão no colo, fotos de sua mãe, seguidas de fotos atuais dele e de sua própria família, "o homem que ele se tornou". O executivo recebeu uma ovação em pé da plateia, levou muitos ouvintes às lágrimas e, depois de repetir a apresentação para um público interno, recebeu as maiores contribuições de funcionários que qualquer outra divisão de seu banco.

A apresentação da United Way que acabei de descrever é um exemplo extremo – não estou sugerindo que você revele todos os seus segredos de família. O que recomendo, contudo, é que escolha uma história pessoal que faça sentido para você e para o seu tema, aproprie-se dessa história e compartilhe-a com o seu público.

Dica do TED

Inclua heróis e vilões. Seja em um filme ou em um romance, toda boa história tem um herói e um vilão. Uma boa apresentação de negócios tem o mesmo elenco de personagens. Um orador revela um desafio (o vilão) enfrentado por uma empresa ou setor. O protagonista (a marca

TED: FALAR, CONVENCER, EMOCIONAR

heroína) se apresenta para lidar com o desafio. Por fim, os aldeões (os clientes) são libertados do vilão, os problemas acabam e todos vivem felizes para sempre. Em alguns casos, o vilão pode ser uma pessoa real ou um concorrente, mas tenha cuidado nesses casos. De qualquer maneira, não deixe de mostrar o herói – o seu produto, a sua marca ou a sua ideia – chegando para salvar o dia.

Quando as pessoas são convidadas pelo TED para falar na conferência anual, elas recebem uma tabuleta de pedra com os Dez Mandamentos do TED entalhados. O quarto mandamento diz: "Conte uma história". A romancista Isabele Allende não precisou de um mandamento. Afinal, ela ganha a vida escrevendo histórias sobre paixão.

Na palestra de Allende no TED de 2007, ela revelou a receita para criar personagens memoráveis. "Pessoas boas e de bom senso não dão personagens interessantes. Elas só dão bons ex-maridos ou esposas",[24] Allende contou, arrancando risos da plateia. "A paixão vive aqui", ela explicou. "É o coração que nos motiva e decide o nosso destino. É disso que eu preciso para os personagens dos meus livros: um coração arrebatado. Preciso de inconformistas, dissidentes, aventureiros, forasteiros e rebeldes que questionam, quebram as regras e correm riscos. Pessoas como todos vocês nesta sala."

SEGREDO Nº 2
DOMINE A ARTE DO *STORYTELLING*
Os melhores oradores de fato são inconformistas, aventureiros e rebeldes que quebram as regras e correm riscos. Eles contam histórias para expressar sua paixão pelo tema e para se conectar com seu público. As ideias são a moeda do século 21 e as histórias facilitam a troca dessa moeda. As histórias ilustram, esclarecem e inspiram.

---

24 ALLENDE, Isabel. Isabel Allende: tales of passion. TED.com, jan. 2008. Disponível em: <http://www.ted.com/talks/isabel_allende_tells_tales_of_passion.html>. Acesso em: 14 maio 2014.

CONVERSE COM A PLATEIA

3

Não finja até conseguir.
Finja até se transformar.

— AMY CUDDY, professora, Harvard Business School

Não é fácil parecer natural; é algo que requer prática. Basta perguntar a Amanda Palmer, que dominou o palco do TED de 2013. Sua apresentação, "A arte de pedir", atingiu mais de um milhão de visualizações poucos dias depois de ter sido postada no TED.com. Na semana que se seguiu à sua apresentação, Palmer escreveu um longo post em seu blog agradecendo as muitas pessoas que a ajudaram a criar, ensaiar e fazer a apresentação de sua vida. Foi preciso um grupo de pessoas para a concretização de uma palestra no TED. O post também confirma que fazer uma apresentação que toca profundamente as pessoas requer muito trabalho.

> **SEGREDO Nº 3**
> CONVERSE COM A PLATEIA
>
> Ensaie incansavelmente e interiorize o conteúdo para fazer a apresentação da maneira mais descontraída possível, como quem conversa com um bom amigo.
>
> **A técnica funciona porque...:** a verdadeira persuasão só ocorre depois de criar uma ligação emocional com os ouvintes e conquistar a confiança deles. Se a sua voz, gestos e linguagem corporal forem incongruentes com as suas palavras, os ouvintes desconfiarão da sua mensagem. É o equivalente a ter uma Ferrari (a história magnífica) sem saber dirigir (apresentar a história).

A ARTE DE PEDIR... E ENSAIAR

AMANDA PALMER FEZ a apresentação mais comentada do TED de 2013. Palmer é a primeira a admitir que sua música punk/rock/indie/cabaret não é para todos, mas, não importa se você gosta ou não da música dela, todos nós temos algo a aprender com sua abordagem à oratória.

Palmer é uma artista performática e uma musicista. Assim, seria possível pensar que ela ficaria à vontade dando uma breve apresentação. Mas é justamente o fato de ela ser uma artista que explica as incontáveis horas, ao longo de quatro meses, que ela passou lapidando e praticando para chegar a uma apresentação perfeita. "Trabalhei feito um camelo na palestra, reescrevendo-a incontáveis vezes, cronometrando o tempo e ajustando-a para encaixar os conjuntos perfeitos de informações em apenas 12 minutos",[1] Palmer explicou em seu blog.

No post de 30 páginas sobre a produção de sua apresentação do TED, Palmer agradeceu 105 pessoas pelas opiniões e sugestões e

---

[1] PALMER, Amanda. *The epic TED blog, part one*: It takes a village to write a TED talk. Amanda Palmer e The Grand Theft Orchestra, 7 mar. 2012. Disponível em: <http://amandapalmer.net/blog/20130307/>. Acesso em: 14 maio 2014.

3. CONVERSE COM A PLATEIA

atribui a elas o sucesso de sua palestra. O seu primeiro mentor foi o músico Thomas Dolby, que ajuda o TED com a sua programação musical. "Seja absolutamente autêntica", ele sugeriu.

A autenticidade não ocorre naturalmente. É isso mesmo, você leu certo: *A autenticidade não ocorre naturalmente.* Como pode ser? Afinal, se você for autêntico, não faria mais sentido simplesmente falar do coração, sem qualquer ensaio? Não necessariamente. Uma apresentação autêntica requer horas de trabalho, mergulhando profundamente na sua alma como você jamais ousou fazer antes, escolhendo as palavras certas que mais representam o modo como você se *sente* sobre o tema, enunciando essas palavras da maneira mais incisiva possível e garantindo que a sua comunicação não verbal – seus gestos, expressões faciais e linguagem corporal – esteja de acordo com a sua mensagem.

Se não ensaiar a apresentação, você estará pensando em um milhão de outras coisas em vez de se concentrar na sua história e criar um vínculo emocional com os ouvintes. Você estará pensando em coisas como: "Será que eu incluí uma animação neste slide? Qual é o próximo slide? Por que o controle remoto não está funcionando? Que história eu planejei contar agora?". As suas expressões e linguagem corporal refletirão a sua incerteza. Você já praticou dança? A primeira coisa que se aprende é a contar os passos. As pessoas chegam a contar em voz alta. É só depois de horas e mais horas de prática que parecem dançar com facilidade. A mesma regra se aplica a uma apresentação. Palmer levou meses de trabalho duro para fazer com que sua apresentação parecesse fácil.

Depois de conversar com Dolby, Palmer prosseguiu em sua jornada a caminho da excelência na oratória. Veja os três passos que Palmer seguiu para lapidar e executar a palestra de sua vida.

1. Peça ajuda com o planejamento

Palmer manteve um blog popular durante anos. Ela literalmente aplicou o *crowdsourcing* para melhorar seu tema, pedindo as sugestões dos leitores. Peça a ajuda das pessoas que mais o conhecem – seja em um blog, no Twitter, entre seus familiares, amigos ou colegas. Normalmente você descobrirá que está perto demais do conteúdo para vê-lo com clareza. Você pode estar imerso em detalhes quando o público pode precisar ver o quadro geral. Você pode presumir que a sua plateia sabe exatamente do que você está falando, quando na verdade eles se beneficiariam de uma explicação mais simples. Esse tipo de investigação é fundamental para criar uma conexão com o seu público.

2. Colete *feedback* desde o início

Palmer leu sua palestra em voz alta e as primeiras pessoas que a ouviram se disseram entediadas. Ela não estava conseguindo prender a atenção dos ouvintes. Seu antigo diretor de teatro e mentor do ensino médio lhe deu um *"feedback* brutal" para a primeira versão de sua palestra. Palmer pediu a ajuda do orador do TED e blogueiro Seth Godin, que recomendou: "Mantenha-se vulnerável".

Pedir e receber *feedback* desde o início foi apenas o começo. Dezenas de amigos, *experts*, blogueiros e oradores leram o conteúdo de sua apresentação ou sugeriram ideias para Palmer dar mais vida ao tema. Palmer chegou a abordar uma mulher sentada sozinha em um bar e perguntou: "Posso lhe contar uma história?".

As melhores apresentações de negócios que já vi demandaram centenas de horas de trabalho forjando a narrativa por trás do produto ou da empresa. Um lançamento de produto de 20 minutos da Apple consumiu ao todo 250 horas, incluindo o trabalho de designers de apresentações, especialistas técnicos e profissionais de marketing, além dos executivos que fizeram a apresentação final.

3. CONVERSE COM A PLATEIA

Dica do TED

Pratique na frente das pessoas, faça um vídeo da apresentação e assista. Peça que amigos e colegas assistam à sua apresentação e sejam sinceros nos comentários. Use um gravador também. Monte um smartphone em um tripé ou compre uma câmera de vídeo. Não importa o método escolhido, não deixe de se gravar fazendo a apresentação. Não precisa ser uma gravação de qualidade profissional. A menos que você decida mostrá-la a alguém, só você vai vê-la. Você pode se surpreender: uma abundância das chamadas expressões vocais fáticas, como "hum", "er" e "ah"; movimentos das mãos que desviam a atenção da plateia, como coçar o nariz ou jogar o cabelo para trás; pouco contato visual com os ouvintes etc. Preste muita atenção ao ritmo da sua enunciação e peça a opinião das pessoas. É rápido demais? Lento demais? A câmera de vídeo é a melhor ferramenta para melhorar as suas habilidades de oratória.

3. Ensaie, ensaie e ensaie um pouco mais

Em seu blog, Palmer postou uma foto de cerca de 200 pessoas em um jantar estilo bufê numa sala de estar assistindo-a apresentar uma versão preliminar de sua palestra do TED. Entre as pessoas que ela convidou estavam amigos, músicos, engenheiros, um professor de ioga, um *venture capitalist,* um fotógrafo, um professor de psicologia. Foi uma ideia brilhante. Afinal, a criatividade floresce fertilizada por diversos pontos de vista.

Palmer aproveitou todas as chances que teve de praticar na frente das pessoas. Poucos dias depois do bufê, ela fez a mesma apresentação para um grupo de estudantes de uma faculdade de belas-artes em Boston. O professor convidara Palmer para falar com a turma sobre um tema não relacionado ao TED. Ela perguntou ao professor se poderia dar sua palestra do TED e a proposta foi aceita com empolgação. Palmer pediu aos alunos que desligassem as câmeras e deu uma "palestra ainda não completamente lapidada". Ela refinou a apresentação com base nas opiniões e sugestões dos alunos e continuou a apresentá-la a todos os grupos que conseguiu reunir.

Três dias antes da palestra, Palmer esboçou o esquema da apresentação em uma longa folha de papel que estendeu no chão. Foi uma excelente ferramenta de apresentação, possibilitando-a "ver" o fluxo de toda a apresentação. Na viagem de avião para a Califórnia, continuou ensaiando em voz alta, alertando a pessoa sentada ao seu lado de que ela não era esquizofrênica e só estava praticando.

Mesmo assim, Palmer ainda não tinha terminado.

Quando chegou a Long Beach, ela pediu que um amigo ouvisse a sua apresentação pelo Skype. Também apresentou a palestra duas vezes para a equipe do TED, uma vez pelo Skype e uma vez no palco, para o ensaio geral.

A palestra de Palmer foi intitulada "A arte de pedir". Eu poderia tê-la intitulado "A arte de se conectar", porque foi isso que ela fez. Uma apresentação de sucesso como a sua não é possível sem horas e mais horas de prática e uma montanha de opiniões e sugestões. "Se eu tivesse tentado fazer sozinha, provavelmente não teria sido uma boa palestra. Todas essas pessoas transformaram as minhas ideias em uma palestra brilhante", Palmer explicou.

Steve Jobs e a regra das dez mil horas

É bastante conhecida a teoria de que se leva dez mil horas de prática para dominar uma habilidade – tocar piano, jogar basquete ou jogar tênis. Acredito vivamente que isso também se aplica à habilidade de falar em público. Muitas pessoas me dizem que jamais serão tão refinadas quanto Steve Jobs ou outros grandes oradores do mundo dos negócios, porque simplesmente "não são boas em falar em público". Bem, Steve Jobs também não nasceu sabendo. Ele trabalhou duro para desenvolver essa habilidade.

Um vídeo da primeira entrevista de Steve Jobs na TV, em meados da década de 1970, foi postado no YouTube. Ele pode ser visto sentado

3. CONVERSE COM A PLATEIA

na cadeira antes do início da entrevista, visivelmente nervoso. Antes da entrevista, chegou a perguntar como fazer para ir ao banheiro porque achava que passaria mal. "Não estou de brincadeira", ele disse, enfaticamente. Em suas primeiras apresentações, incluindo o lançamento do Macintosh em 1984, Jobs se manteve rígido no palco, agarrado ao púlpito e lendo anotações. Ele foi melhorando a cada ano que passava. Na verdade, cada década testemunhou um grande avanço em seu estilo e suas técnicas de oratória. Jobs ficou famoso por ensaiar incansavelmente para uma apresentação – muitas, muitas horas ao longo de muitas, muitas semanas. E acabou sendo considerado um dos líderes de negócios mais carismáticos do mundo. O que muita gente não consegue perceber é que Jobs parecia se apresentar sem esforço porque se empenhou muito nisso!

Quando trabalho com oradores que desejam melhorar sua linguagem corporal e técnicas de oratória, sempre falo da importância do que chamo de "Os três Ps" (Paixão, Prática, Presença) para que eles possam aprender a dar as apresentações com autenticidade, como se estivessem em uma conversa informal. O primeiro passo requer que o orador identifique sua paixão e como essa paixão se conecta com a mensagem. O próximo passo é praticar, praticar e praticar. Só depois de percorrer esses dois primeiros passos é que a verdadeira presença pode vir à tona. Palmer é uma apaixonada pelo tema, que é central para a sua identidade, ela praticou durante horas e, como resultado, dominou o palco.

Ninguém nasce com um controle remoto de PowerPoint nas mãos. As pessoas normalmente não nascem com a habilidade inata de destilar a essência de uma história em um curto espaço de tempo, visualizar e dar vida à história e falar em público com desenvoltura sem precisar muita prática. No entanto, já perdi as contas de quantas vezes ouvi: "Carmine, falar em público não é tão natural para mim quanto é para as outras pessoas". Eu tenho uma novidade para você: falar em público também não é natural para as outras pessoas. Dedique um tempo para praticar. As suas ideias valem o esforço.

Se o seu objetivo for fazer uma apresentação memorável que deixará o seu público impressionado, você precisa praticar. Durante as suas sessões de prática, preste atenção em como você soa (sua execução verbal) e em sua aparência (sua linguagem corporal). Vamos examinar os dois componentes de uma apresentação vencedora.

COMO FALAR PARA SER OUVIDO

OS QUATRO ELEMENTOS da execução verbal são: velocidade, volume, tom e pausas.

* VELOCIDADE: o ritmo da sua fala
* VOLUME: alto ou baixo
* TOM: inflexão alta ou baixa
* PAUSAS: pausas curtas para enfatizar palavras-chave

Ao ler um texto impresso, seria natural usar um marcador de texto para enfatizar uma palavra ou frase importante. O equivalente verbal de um marcador de texto é aumentar ou diminuir o volume da sua voz, alterar a velocidade na qual você enuncia as palavras e/ou destacar o termo ou frase-chave com uma pausa antes ou depois da enunciação. Todos esses quatro elementos são importantes e apresentarei exemplos de cada um deles neste capítulo. Entretanto, se você não conseguir acertar a velocidade do seu discurso, nada mais importará.

A velocidade ideal para falar em público

Estudos demonstram que 150 a 160 palavras por minuto é a velocidade ideal de enunciação para audiobooks. Essa parece ser a velocidade na qual a maioria dos ouvintes consegue ouvir, absorver e

3. CONVERSE COM A PLATEIA

recordar informações confortavelmente.[2] Tendo lido meus próprios textos para audiobooks, posso dizer que a velocidade ideal do ditado é ligeiramente mais lenta que a velocidade da fala em uma conversa normal.

Quando me pediram para ler a versão em áudio do meu livro *Faça como Steve Jobs,* passei quatro dias em um estúdio de produção de som em Berkeley, lendo com cuidado cada frase do livro, entre goles frequentes de chá quente com mel. A editora contratou um *coach* profissional de locução para me ajudar com a tarefa. De acordo com ele, o meu maior problema era que eu estava falando rápido demais.

"Mas estou falando do jeito que sempre falo em conversas informais", eu me expliquei.

"Esta não é uma 'conversa informal'", disse o *coach* vocal. "Os audiobooks devem ser lidos em uma velocidade um pouco mais lenta, porque as pessoas estão só ouvindo, não vendo, e muitas vezes ouvem enquanto dirigem. Elas não têm as informações sensoriais adicionais de ver os seus lábios se movendo e as suas expressões faciais."

Os profissionais de narração e leitura de livros dizem que os audiobooks devem ser lidos a uma velocidade ligeiramente mais lenta do que em uma conversa presencial. Então, faz sentido que, se um audiobook deve ser lido a 150 palavras por minuto, a velocidade ideal de enunciação para uma apresentação presencial deve ser um pouco maior em virtude das informações sensoriais adicionais proporcionadas pelos gestos, contato visual e expressões faciais.

Testei essa teoria analisando a velocidade vocal de Bryan Stevenson, o advogado de direitos civis que você conheceu neste livro. Você deve lembrar que Stevenson é um orador experiente, que defendeu muitos casos diante da Suprema Corte dos Estados Unidos.

---

2   WILLIAMS, James R. Guidelines for the use of multimedia in instruction. Proceedings of the Human Factors and Ergonomics Society 42nd Annual Meeting, v. 42, n. 20, 1998, p. 1447--1451, Sage Journals online. Disponível em: <http://pro.sagepub.com/content/42/20/1447>. Acesso em: 14 maio 2014.

Depois de analisar centenas de apresentações do TED, bem como milhares de outras apresentações ao longo da minha carreira como jornalista e *coach* de comunicações, estou convencido de que Stevenson tem a velocidade mais adequada que qualquer outro orador que já vi. Ele não está lendo para os ouvintes, ele está conversando com eles.

Quando perguntei a Stevenson sobre seu estilo de enunciação, ele me contou que gosta de soar como se estivesse conversando com um amigo durante o jantar em um restaurante. Se a minha teoria estivesse correta – que um bom apresentador fala um pouco mais rápido que a enunciação ideal para um audiobook, de 150 palavras por minuto –, as palestras de Stevenson deveriam refletir isso. E, como era de se esperar, em sua notória palestra do TED, Stevenson fala na velocidade *ligeiramente mais rápida* de 190 palavras por minuto.

Eu queria testar ainda mais a minha teoria. Se Stevenson reflete a "zona mediana" das apresentações ao público – não rápido demais nem lento demais –, um palestrante motivacional hiperenérgico deveria falar muito, muito mais rápido que Stevenson. Para comprovar essa hipótese, voltei-me ao guru motivacional Tony Robbins, que deu uma palestra no TED em 2006. Nessa apresentação, Robbins falou na velocidade de 240 palavras por minuto. Isso é rápido. Só para dar uma ideia, um leiloeiro fala na velocidade de 250 palavras por minuto. Essa velocidade é muito eficaz para Robbins, que salta no palco, agita os braços descontroladamente, pula para cima e para baixo e está lá para energizar a plateia. O público espera um nível extremamente elevado de energia na apresentação de Robbins, tanto na linguagem corporal quanto na velocidade de enunciação verbal.

Para a teoria se sustentar, uma pessoa no extremo oposto de Robbins no espectro de velocidade vocal deve falar muito, muito mais devagar – até mais devagar que um audiobook. Para testar a minha teoria, analisei a velocidade da fala de Henry Kissinger, secretário de

3. CONVERSE COM A PLATEIA

Estado da administração Nixon. Kissinger foi um homem brilhante, mas dificilmente seria considerado um orador carismático. Ele chegou a zombar da própria reputação quando declarou: "O poder é o afrodisíaco mais potente".

Kissinger falou muito, muito d-e-v-a-g-a-r e em um tom tão monótono que quem não prestasse muita atenção a cada palavra corria o risco de cair no sono. Em suas entrevistas coletivas – suas aparições mais casuais e coloquiais –, Kissinger usava uma velocidade de apenas 90 palavras por minuto!

Se a velocidade ideal de enunciação para uma apresentação ou conversa presencial for de 190 palavras por minuto, seria razoável supor que alguns dos oradores mais populares do TED enunciaram 3.400 palavras em 18 minutos, ou algo muito próximo desse número. Você deve se lembrar de Sir Ken Robinson, um consagrado palestrante do TED. Ele fez sua palestra em 3.200 palavras. A doutora Jill Bolte Taylor enunciou cerca de 2.700 palavras, não muito diferente de Sir Ken Robinson (parte da razão pela qual o número de palavras ficou abaixo da marca das três mil é que ela usou longas pausas para fins de impacto dramático).

Finalmente, o que dizer de Bryan Stevenson, o homem que acredito ter a enunciação mais naturalmente coloquial que já vi no palco do TED? A famosa palestra de Stevenson, intitulada "Precisamos falar sobre uma injustiça", contém quatro mil palavras. Na minha análise, contudo, descobri que ele forçou um pouco as regras e falou por 21 minutos. O número total de palavras nos seus primeiros 18 minutos foi de 3.373.

Não estou sugerindo que você comece a contar o número de palavras das suas apresentações. Você até pode tentar fazer isso uma vez, se quiser. Mas é mais importante prestar atenção a como você fala nas conversas do dia a dia e como isso muda durante as suas apresentações. A maioria das pessoas reduz a velocidade da fala ao fazer um discurso ou uma apresentação e a enunciação verbal acaba perdendo a naturalidade. Não faça uma apresentação. Em vez disso, tenha uma conversa com a plateia.

> **Dica do TED**
>
> Fale em um tom coloquial. Assista à apresentação de Bryan Stevenson no TED. Ouça como ele conta suas três histórias. Ele soa como se estivesse batendo um papo descontraído com você. É natural, coloquial e muito autêntico. Ao praticar a sua apresentação, você tenderá a reduzir a velocidade da sua fala quando avançar os slides ou ao tentar lembrar os argumentos que deseja expor. Depois de internalizar o conteúdo, use o seu estilo natural de conversa para determinar a velocidade da sua fala.

Lisa Kristine enfatizando as palavras-chave

Lisa Kristine passou dois anos visitando os cantos mais remotos do mundo para fotografar um dos crimes mais atrozes contra a humanidade: a escravidão. Ela é fotógrafa e deixa que suas fotos contem a história. Durante a sua palestra no TEDx, Kristine direcionou a atenção da plateia aos slides, mas pontuou as fotos apresentadas com sua intensidade vocal (retomaremos essa habilidade de Lisa no Capítulo 8).

Na parte seguinte de sua apresentação no TEDx, ela reduziu a velocidade da fala, enunciou cada palavra com clareza e enfatizou as palavras-chave (sublinhadas a seguir):

> Hoje em dia, a escravidão se baseia no comércio, de modo que os bens que as pessoas escravizadas produzem têm valor, mas as pessoas que os produzem são descartáveis. A escravidão existe praticamente em todo lugar do mundo, [pausa] e mesmo assim é ilegal em todos os lugares do mundo.[3]

---

[3] KRISTINE, Lisa. Lisa Kristine: photos that bear witness to modern slavery. TED.com, ago. 2012. Disponível em: <http://www.ted.com/talks/lisa_kristine_glimpses_of_modern_day_slavery.html>. Acesso em: 14 maio 2014.

3. CONVERSE COM A PLATEIA

Kristine é apaixonada pelo tema de sua palestra. Ela conta sobre o momento em que descobriu sobre a escravidão moderna, em uma conferência na qual conheceu uma pessoa que trabalhava para erradicar a escravidão ao redor do mundo. Ela não usou muitos gestos, mas fechou os olhos quando disse:

> Depois que terminamos de conversar, eu me senti péssima e sinceramente envergonhada da minha ignorância sobre atrocidades que estão acontecendo neste exato momento e pensei que, se eu não sabia, quantas outras pessoas também não sabem? Aquilo começou a queimar um buraco no meu estômago.

A doutora Jill encena uma história

O modo como você diz algo deixa uma impressão tão profunda no ouvinte quanto aquilo que você diz, mas muitos de nós negligenciam essa habilidade crucial.

No TEDx Youth Indianapolis, a doutora Jill levou seu objeto cênico – um cérebro humano – ao palco (falaremos mais sobre esse adereço cênico incomum no Capítulo 5) para explicar a uma plateia composta de adolescentes e jovens as razões pelas quais eles se sentem fora de controle na puberdade e na adolescência. Munidos do conhecimento de sua configuração neural, eles estariam mais bem equipados para lidar com as inevitáveis variações de humor e sentimentos e emoções inexplicáveis. A apresentação da doutora Jill foi uma das melhores palestras sobre ciência que já vi. Se todos os educadores fizessem com que a ciência fosse tão interessante quanto a doutora Jill fez, estou certo de que mais jovens se empolgariam em seguir carreiras científicas e matemáticas!

A doutora Jill abriu a apresentação falando em uma velocidade mediana de 165 palavras por minuto – não muito rápida nem muito lenta. Ela é uma oradora talentosa e perspicaz. Ela sabe que sua enunciação deve corresponder ao conteúdo da narrativa. Falar na mesma velocidade durante toda a apresentação sem dúvida teria entediado seu público, por mais fascinante que fosse o conteúdo. O objetivo dela era informar e entreter ao mesmo tempo.

A doutora Jill chegou ao ponto de sua apresentação quando se voltou às mudanças no cérebro humano durante a puberdade, o momento em que os adolescentes "literalmente perdem a metade da cabeça". Como seria perder a cabeça? À medida que os gestos da doutora Jill se tornavam mais erráticos e expansivos, sua voz se intensificou e a velocidade de sua fala aumentou consideravelmente. Ela estava falando na velocidade de 220 palavras por minuto quando disse:

> Para começar, um enorme surto de crescimento físico. Quando passamos por um enorme surto de crescimento físico, todo o nosso corpo muda. A nossa amígdala fica um pouco em alerta... um pouco em alerta. É tudo muito interessante, mas ela fica um pouco em alerta. O que está acontecendo? O que está acontecendo? E, além disso tudo, os nossos sistemas hormonais começam a fluir pelo nosso corpo e passamos por todos os tipos de alterações de humor e todos os tipos de comportamentos interessantes e, além disso tudo, passaremos pelo que chamamos de uma poda neuronal, uma poda de 50% das conexões sinápticas dentro do nosso cérebro. Nós literalmente perdemos a metade da nossa cabeça![4]

Os melhores oradores encenam uma história. Eles expressam as palavras usando o corpo. Quando a doutora Jill ensaia uma apresentação, ela escolhe as palavras que comunicam melhor as mensagens e também pratica a maneira mais eficaz de enunciar essas palavras. Os adolescentes não são "loucos", afirma a doutora Jill. Na verdade, seu comportamento espontâneo e agressivo pode ser

---

4 YouTube.com, Taylor. The neuroanatomical transformation of the teenage brain: Jill Bolte Taylor at TEDxYouth@Indianapolis. YouTube.com, 21 fev. 2013. Disponível em: <http://www.youtube.com/watch?v=PzT_SBI31-s>. Acesso em: 14 maio 2014.

3. CONVERSE COM A PLATEIA

explicado por razões biológicas concretas. O conselho da doutora Jill para adolescentes e pais é: sobreviver até os 25 anos, quando o cérebro adulto é formado. É uma mensagem importante e ela espera que milhões de adolescentes e estudantes vejam a sua apresentação, que foi disponibilizada no YouTube (sob o título "The neuroanatomical transformation of the teenage brain", a transformação neuroanatômica do cérebro adolescente). A doutora Jill sabe que não tem como sensibilizar seu público se a sua mensagem for apresentada de maneira insatisfatória.

Suas palestras soam naturais, autênticas, dinâmicas e coloquiais. Uma execução coloquial requer prática. Ela ensaiou sua apresentação não uma, nem duas, nem 20 vezes. Ela a ensaiou 200 vezes! Veja como a doutora Jill criou sua popular palestra.

Sua apresentação de Indianápolis foi concebida em Cancun. Sentindo-se especialmente criativa, ela saiu para caminhar na praia munida de um bloco de notas. Anotou tudo o que lhe veio à mente, deixando que as palavras e as ideias fluíssem livremente. Depois leu em voz alta o que escreveu para sentir como as palavras e os sons se combinavam. Sem fazer qualquer edição, ela simplesmente anotou tudo o que achava que seu público (adolescentes e pais) precisavam saber sobre o assunto.

Quando voltou ao quarto do hotel, digitou as anotações escritas à mão. Depois das férias, ela tinha 25 páginas de texto em espaço simples. Seu próximo passo envolveu condensar o material em cinco grandes pontos ou mensagens-chave. O último passo foi descobrir como comunicá-las de um jeito visual, interessante e divertido. Falaremos sobre a apresentação visual de informações no Capítulo 8, mas observe que o componente de entretenimento da palestra da doutora Jill tem o mesmo peso que os outros dois fatores.

O problema da maioria das apresentações técnicas ou científicas é que os apresentadores não conseguem fazer com que seu conteúdo seja visual, interessante e divertido. As pessoas que usam os três componentes se destacam, são notadas e inspiram mudanças positivas de comportamento. Quanto ao último componente, o entretenimento, sabemos que os melhores apresentadores usam a voz e expressões faciais, gestuais e corporais para fazer com que a plateia sinta as emoções. É o que acontece nas apresentações que se destacam.

DERRUBANDO OS MITOS DA LINGUAGEM CORPORAL

TANTO A ENUNCIAÇÃO vocal quanto a comunicação não verbal são importantes... muito importantes. Mas até que ponto, exatamente, elas importam? Um mito que tem sido aceito como um mandamento por *"experts"* em linguagem corporal é que 7% da mensagem é transmitida por meio de palavras e 93% são transmitidos de forma não verbal (38% pelo tom vocal e 55% pela linguagem corporal). Você já deve ter ouvido essas estatísticas antes. Se já ouviu, ignore-as. Elas estão equivocadas.

Vários anos atrás, conversei com o professor da University of California em Los Angeles, Albert Mehrabian, o homem por trás das estatísticas. Hoje aposentado, Mehrabian conduziu estudos bastante limitados na década de 1960 na área da comunicação interpessoal. Ele simplesmente descobriu que, quando as pessoas expressavam uma mensagem de conteúdo emocional, essa mensagem poderia ser mal interpretada se o tom e a linguagem corporal do falante não fossem congruentes ou compatíveis com a mensagem. Isso faz muito sentido, mas Mehrabian afirma que os dados foram tirados completamente do contexto. Na verdade, ele diz que tem arrepios a cada vez que ouve a estatística terrivelmente equivocada.

Dito isso, estou bem certo de que a enunciação vocal e a linguagem corporal de fato são responsáveis pela maior parte do impacto de uma mensagem. Não uso a pesquisa de Mehrabian para corroborar o meu argumento porque, como ele mesmo disse, ela

3. CONVERSE COM A PLATEIA

não se aplica nesse contexto. Mas citarei uma pesquisa mais completa e comprovada da área da análise do comportamento – os mesmos dados que interrogadores profissionais usam para decidir se a pessoa está mentindo ou falando a verdade.

A verdade sobre a mentira

Morgan Wright é um veterano há 18 anos no combate ao crime. Ele treina agentes da CIA, do FBI e da NSA na análise do comportamento e em técnicas de entrevista e de interrogatório.

"A linguagem corporal faz toda a diferença. Ela ajuda a identificar o que é mentira e o que é verdade",[5] ele me contou. Segundo Wright, a NSA (Agência de Segurança Nacional dos Estados Unidos) realizou um estudo usando 300 casos criminais cujos resultados eram conhecidos. Em um experimento, os entrevistadores foram solicitados a identificar se o suspeito estava dizendo a verdade ouvindo apenas a gravação de áudio do interrogatório. Um segundo grupo de entrevistadores viu o vídeo do suspeito sendo interrogado, mas sem ouvir o áudio. O terceiro grupo viu e ouviu a entrevista. O quarto grupo teve acesso ao vídeo, ao áudio e aos autos do processo.

O grupo que só teve acesso ao áudio da entrevista teve uma taxa de sucesso de 55%. Isso significa que o comportamento verbal (o que o suspeito disse e o tom no qual ele enunciou a informação) apresentou apenas 55% de precisão para determinar se o suspeito estava mentindo ou dizendo a verdade. O grupo que não teve acesso ao áudio e só pôde ver a linguagem corporal do suspeito no vídeo teve um desempenho melhor – eles foram precisos 65% das vezes. Já aqueles que tiveram a vantagem de ouvir e ver o suspeito apresentaram uma taxa de sucesso de 85%, ao passo que os que tiveram acesso ao contexto (os autos do processo) bem como ao vídeo e ao áudio avaliaram corretamente o comportamento verídico *versus* o comportamento

---

5 Morgan Wright, diretor de combate ao crime, Washington D.C. Metro Area, conversa com o autor, 4 abr. 2013.

fraudulento em 93% dos casos, um nível de precisão mais elevado que um teste de polígrafo.

"Quando vejo alguém fazer uma apresentação, eu os avalio da mesma forma como avaliava as pessoas nos interrogatórios", Wright contou. "Ao comunicar informações nas quais você não acredita ou sobre as quais está mentindo, você manifesta os mesmos comportamentos dos suspeitos em casos criminais ou de espionagem que mentem para os policiais ou agentes."

O conselho de Wright é acreditar no que você diz (Capítulo 1).

> Se você não acreditar no que diz, seus movimentos serão desajeitados e pouco naturais. Por mais que você pratique – a menos que seja um agente de espionagem treinado ou um psicopata –, será impossível impedir essa incongruência entre as palavras e as ações. Se não acredita na mensagem, não tem como forçar seu corpo a agir como se acreditasse nela.

De acordo com Wright, pessoas sinceras e confiantes têm uma presença dominante. Elas demonstram autoridade e essa "aura" de autoridade começa com o modo como as pessoas se vestem e se portam. O FBI conduziu um estudo para analisar prisioneiros que atiraram em policiais ou os atacaram. Antes de decidir "travar combate", os prisioneiros avaliavam a facilidade de subjugar os policiais pela forma como estavam vestidos (desleixados ou alinhados) e o modo como eles se portavam (relaxados ou empertigados). "Um policial pode atrair problemas se for relaxado, evitar contato visual, usar uma linguagem vaga e imprecisa e se for desleixado no modo de se vestir."

É claro que há uma grande diferença entre fazer uma apresentação e abordar um suspeito. No último caso, um tom vocal e uma linguagem corporal medíocres podem levar à morte. No entanto, o argumento reforça a ideia de que as pessoas o julgam o tempo todo – com base, em grande parte, no modo como você anda, fala e se porta.

Os melhores líderes têm um ar de confiança

Em uma apresentação em grupo, a pessoa com maior "presença dominante" costuma ser o líder. Os líderes dominam mais o conteúdo, demonstram esse conhecimento e são confiantes a ponto de assumir o comando. Eles normalmente se vestem um pouco melhor que os outros. Seus sapatos são engraxados e suas roupas são impecavelmente passadas. Eles fazem um contato visual mais intenso e têm um aperto de mão mais firme. Falam de forma concisa e precisa. Não ficam confusos e mantêm a calma. Eles usam gestos "abertos", com as palmas das mãos para cima ou abertas e as mãos separadas. Sua voz se projeta, porque eles falam usando o diafragma. Eles andam, falam e se portam como líderes inspiradores.

Vários anos atrás, tive a oportunidade de conhecer o comandante Matt Eversmann, que ensina liderança na Johns Hopkins University. Ele liderou suas tropas em uma operação militar em Mogadíscio, capital da Somália, em 1993. A operação foi relatada em um livro e filme de mesmo nome, *Falcão Negro em perigo*. O que me chamou imediatamente a atenção foi a incrível presença de Eversmann.

"Qual é o papel da linguagem corporal no desenvolvimento de um líder?", perguntei a ele.

"Os grandes líderes têm um ar de confiança", ele respondeu.

Os subordinados precisam admirar alguém capaz de ficar firme, como um carvalho, não importa o que estiver acontecendo ao redor. É preciso transmitir a sensação de que você está sempre no controle apesar das circunstâncias, mesmo se não tiver uma solução imediata... um bom líder não perde o foco, não se acovarda, não hesita. É preciso irradiar um ar de confiança.

Você tem esse ar de confiança no campo de batalha corporativo? Os melhores comunicadores têm. Um líder incapaz de incutir confiança entre seus subordinados – por meio das centenas de ações do dia a dia – perderá a lealdade de suas "tropas" no momento mais importante.

Você pode nunca ter a chance de pisar num palco do TED, mas está se vendendo o tempo todo. Se você for um empreendedor tentando convencer investidores ou um desenvolvedor de software vendendo seu produto em um estande de uma feira comercial, você está fazendo uma apresentação. Se você for um candidato a emprego se vendendo a um recrutador ou um CEO apresentando um novo produto aos clientes, está fazendo uma apresentação. Uma palestra no TED pode ser a apresentação da vida de muita gente, mas as suas apresentações no dia a dia do trabalho, em geral, são tão importantes para a sua carreira ou empresa quanto uma apresentação no TED. Os melhores apresentadores do TED têm uma linguagem corporal marcante que você também deve desenvolver.

FALE, ANDE E PORTE-SE COMO UM LÍDER

COLIN POWELL É um líder bastante ponderado. Seu processo mental é rigoroso e estruturado, bem como sua experiência como um general do exército e secretário de Estado norte-americano, de 2001 a 2005. Quando Powell é entrevistado na TV, ele geralmente começa com as mãos entrelaçadas em cima da mesa. No entanto, ele não mantém essa posição por muito tempo. Em poucos segundos, ele já está gesticulando para complementar sua mensagem. Pesquisadores descobriram que não é fácil para os pensadores rigorosos deixar de usar gestos, mesmo quando eles tentam manter as mãos entrelaçadas. Os movimentos liberam a capacidade mental e os pensadores complexos usam gestos complexos.

Powell usa gestos com frequência em entrevistas na TV e apresentações. Em outubro de 2012, ele fez uma apresentação no TED

3. CONVERSE COM A PLATEIA

sobre crianças e por que elas precisam de uma estrutura sólida para ter um bom começo na vida.

Ele começou sua apresentação como faz em suas entrevistas na TV, com as mãos entrelaçadas. Também nesse caso, as mãos não ficaram muito tempo paradas. Em dez segundos suas mãos se separaram e só voltaram a se tocar 17 minutos depois. A Tabela 3.1 mostra um exemplo da variedade natural e contínua de gestos que ele usou em um pequeno trecho de sua apresentação.

TABELA 3.1: As palavras de Colin Powell com os gestos correspondentes em sua apresentação no TED de 2012

PALAVRAS	GESTOS
Toda criança deve ter um bom começo na vida.*	As duas mãos abertas e separadas na largura do tronco, com as palmas abertas voltadas para o público.
Tive o privilégio de ter um bom começo.	Movimento circular com a mão direita, com a palma apontando para o peito.
Não fui um ótimo aluno. Estudei numa escola pública de Nova York e não fui muito bem. Tenho todo o histórico do Conselho de Educação de Nova York, do jardim de infância até a faculdade.	Braços estendidos e mais distantes entre si que a largura do tronco, palmas das mãos voltadas uma para a outra, usando as mãos para destacar os termos "jardim de infância" e "faculdade".
Precisei desse histórico quando estava escrevendo meu primeiro livro. Eu queria ver se eu estava lembrando direito e, por Deus, como estava. (Risos.) Notas C por toda parte.	Braço esquerdo relaxado no lado do corpo. Mão direita na altura do peito e fazendo os gestos.
E finalmente passei no ensino médio, entrei no City College of New York, com uma média de 78,3, com a qual eu não deveria ser admitido e, então, comecei a estudar engenharia, o que só durou seis meses. (Risos.)	Mão esquerda volta a subir e espelha os gestos da mão direita, com as duas mãos ainda afastadas.
Depois fui estudar geologia, "rochas para leigos". "Deve ser fácil", eu pensei. E então descobri o ROTC [programa de treinamento militar]. Foi assim que encontrei uma coisa que eu fazia bem e que adorava fazer.	Braço esquerdo relaxado ao lado do corpo enquanto a mão direita continua a gesticular com os primeiros três dedos apontando para o corpo.

CONTINUA

---

* POWELL, Colin. Colin Powell: kids need structure. TED.com, jan. 2013. Disponível em: <http://www.ted.com/talks/colin_powell_kids_need_structure.html>. Acesso em: 14 maio 2014.

TED: FALAR, CONVENCER, EMOCIONAR

CONTINUAÇÃO

E encontrei um grupo de jovens como eu que se sentiam da mesma forma.	A mão direita se estende e se fecha em um punho.
E assim a minha vida inteira foi dedicada ao ROTC e aos militares. E digo a todas as crianças e jovens: "Enquanto vocês estão crescendo e enquanto essa estrutura está sendo desenvolvida dentro de vocês, continuem descobrindo o que vocês fazem bem e o que vocês adoram fazer e, quando encontrarem as duas coisas juntas, vocês chegaram lá". É isso o que está acontecendo. E foi o que descobri. Digo a todas as crianças e jovens: "Não é onde vocês começam na vida, mas é o que vocês fazem da vida que decide onde vocês acabam na vida".	Inclina-se para a frente, eleva a voz e intensifica o discurso, levantando os punhos cerrados.
E vocês são abençoados por viverem em um país em que, não importa onde começarem, vocês têm oportunidades se acreditarem em si mesmos.	Aponta para si mesmo.
Vocês acreditam na sociedade e no país.	Estende a mão direita, na altura do peito, com a palma voltada para fora.
E vocês acreditam que podem melhorar a si mesmos e aprender por conta própria à medida que avançam.	A mão direita faz um movimento ondulante circular, enquanto a mão esquerda permanece fechada em punho na altura do peito.
E essa é a chave para o sucesso.	Mão esquerda mantida em punho na altura do peito; braço direito estendido, com a palma da mão aberta.

Powell tem uma presença dominante. Ele fala, anda e se porta como um líder. E também treina soldados e jovens para fazer o mesmo. Quando Powell fala a um grupo de estudantes e escolhe um deles para fazer perguntas, ele pede que o aluno se coloque diante da classe e fique em posição de sentido, como um soldado – com braços estendidos ao lado do corpo, os olhos voltados para a frente – e fale em voz alta. As crianças se divertem com o exercício, mas algo muda dentro delas. Elas se sentem mais confiantes, prontas para enfrentar um desafio. O modo como você se porta realmente muda o modo como se sente ao fazer uma apresentação.

3. CONVERSE COM A PLATEIA

"Fui um orador profissional a maior parte da minha vida adulta. Desde o meu primeiro dia na minha primeira unidade como um oficial do exército, tive de falar para os soldados e ensiná-los. Com o tempo, aprendi a mantê-los atentos, deixar o tema interessante e convencê-los de que era importante para eles aprender o que eu estava ensinando. Como eles se entediavam com facilidade, era essencial conhecer uma variedade de técnicas para chamar e prender a atenção deles. Em 1966, fui designado para atuar como um instrutor da Escola de Infantaria de Fort Benning... aprendi a fazer contato visual, a **não tossir, gaguejar, colocar as mãos no bolso, cutucar o nariz ou me coçar.** Aprendi a andar a passos largos pelo palco, usar um *laser pointer* e slides, gesticular com as mãos e levantar e abaixar a voz para manter os alunos acordados".[6]

— **COLIN POWELL,**
em seu livro *It worked for me*

OS GESTOS REFORÇAM OS ARGUMENTOS

VOCÊ DEVE SE lembrar de Ernesto Sirolli, o entusiástico especialista de desenvolvimento econômico que conhecemos no Capítulo 1 e que contou a uma plateia do TEDx sobre sua experiência de aprendizagem no Zâmbia, ensinando os nativos a cultivar tomates. A Tabela 3.2 analisa parte de sua apresentação, mas desta vez examina os gestos que ele usou para complementar suas palavras. Ele é um italiano que, como eu, não tem dificuldade alguma de usar as mãos para reforçar seu argumento, o que ele faz com um estilo impactante e autêntico em sua apresentação.

O argumento de Sirolli foi reforçado com os gestos que ele utilizou para salientar o sentido de cada frase. Os seus movimentos são tão vigorosos que é impossível fazer uma descrição textual

---

6 Powell, Colin. *It worked for me*: in life and leadership. New York: Harper, 2012. p. 243.

FIGURA 3.1: Ernesto Sirolli, em sua apresentação no TEDxEQChCh de 2012

Fonte: Cortesia de Neil Macbeth para o TEDxEQChCh.

3. CONVERSE COM A PLATEIA

à altura. Visite o site TED.com e procure "Ernesto Sirolli" para vê-lo em ação. Cada gesto ajuda a pintar as imagens que ele cria verbalmente. E ele sequer usa slides. Ele não precisa. Seus gestos e energia se encarregam de ilustrar suas palavras. Sua presença é dominante e dinâmica.

TABELA 3.2: As palavras de Ernesto Sirolli com os gestos correspondentes em sua apresentação no TEDxEQChCh de 2012

PALAVRAS	GESTOS
Tínhamos aqueles tomates magníficos. Na Itália, um tomate crescia até este tamanho. No Zâmbia, chegava a este tamanho.*	Começa com as duas mãos juntas na forma de um pequeno círculo e expande o círculo com as mãos distanciadas.
Era difícil de acreditar. Dizíamos aos zambienses, "Vejam só como a agricultura é fácil". Quando os tomates estavam lindos, maduros e vermelhos, no meio da noite 200 hipopótamos saíram do rio e devoraram tudo. (Risos.)	As duas mãos estendidas para longe do corpo, levadas para a frente quando Sirolli descreve os hipopótamos entrando na lavoura. Sem dizer uma palavra, ele continuou a usar expressões faciais (boca e olhos bem abertos) para expressar choque e surpresa.
E dissemos aos zambienses, "Meu Deus, os hipopótamos!".	Leva as duas mãos à cabeça.
E os zambienses explicaram: "Sim, é por isso que não temos agricultura aqui".	Concorda acenando com a cabeça.

Os líderes de negócio mais carismáticos do mundo têm uma excelente linguagem corporal – uma presença dominante que reflete confiança, competência e carisma. *Presença dominante* é um termo militar utilizado para descrever alguém que se apresenta como uma pessoa com autoridade, alguém que deve ser respeitado e seguido. Até que ponto as pessoas se sacrificariam para segui-lo? Elas largariam um emprego bem remunerado, com um bom pacote de benefícios? Se largarem, você tem uma presença dominante.

---

* SIROLLI, Ernesto. Ernesto Sirolli: want to help someone? Shut up and listen! TED.com, nov. 2012. Disponível em: <http://www.ted.com/talks/ernesto_sirolli_want_to_help_someone_shut_up_and_listen.html>. Acesso em: 14 maio 2014.

Se você quiser deixar uma impressão positiva na sua próxima reunião, apresentação de vendas ou entrevista de emprego, preste atenção ao que o seu corpo diz. Ande, fale e porte-se como um líder que as pessoas querem seguir.

A ESSÊNCIA DOS GESTOS

SERÁ QUE OS gestos são mesmo necessários? Em resumo, a resposta é um retumbante sim. Estudos demonstraram que pensadores complexos usam gestos complexos e que os gestos de fato levam os ouvintes a confiar no palestrante.

Segundo o doutor David McNeil, está tudo nas mãos. O pesquisador da University of Chicago é uma das maiores autoridades na área de gestos manuais. Ele coletou uma série de evidências empíricas demonstrando que os gestos, o pensamento e a linguagem são conectados. Conversei com McNeil e posso dizer com confiança que os melhores oradores do TED corroboram sua conclusão: palestrantes disciplinados, rigorosos, inteligentes e confiantes usam os gestos manuais como uma janela para seus processos de pensamento.

Logo depois de conversar com McNeil, tive a oportunidade de comparecer a uma apresentação do CEO da Cisco, John Chambers. Ele é um apresentador impressionante e carismático, com uma enorme presença, que sai do palco e caminha pela plateia. Ele faz um uso magistral da própria voz – acelerando ou desacelerando a fala, levantando e abaixando a voz, salientando as palavras e frases mais importantes etc. Ele é considerado um dos executivos mais inteligentes e visionários do setor da alta tecnologia e dizem que tem uma memória prodigiosa. Como McNeil observou, os pensadores complexos usam gestos complexos e Chambers, um pensador complexo, utiliza gestos amplos e expansivos das mãos para pontuar quase todas as frases.

3. CONVERSE COM A PLATEIA

Com base na minha conversa com McNeil e na minha experiência trabalhando com líderes do mundo todo no desenvolvimento de suas habilidades de comunicação, deixo aqui quatro dicas que você pode começar a usar hoje mesmo para melhorar o modo como usa as mãos:

- USE GESTOS. Não tenha medo de usar as mãos. A solução mais simples para evitar uma apresentação rígida, estática, é tirar as mãos do bolso e usá-las. Não fique com as mãos acorrentadas em uma apresentação. Elas querem ser libertadas.

- USE OS GESTOS COM MODERAÇÃO. Agora que você está livre para usar os gestos, cuidado para não exagerar. Os seus gestos devem ser naturais. Se você tentar imitar alguém, vai parecer uma caricatura de um péssimo político no *Saturday Night Live*. Evite gestos "enlatados". Não pense em quais gestos usar. A sua história orientará os seus gestos.

- USE GESTOS EM MOMENTOS IMPORTANTES. Guarde os seus gestos mais expansivos para os momentos mais importantes da sua apresentação. Reforce as suas mensagens-chave com gestos propositados... desde que eles sejam autênticos, compatíveis com a sua personalidade e estilo.

- MANTENHA OS SEUS GESTOS DENTRO DA "ESFERA DE ENERGIA". Visualize a sua esfera de energia como um círculo que se estende da parte superior dos seus olhos, passando pela ponta de suas mãos estendidas, chegando ao seu umbigo e voltando aos olhos. Tente manter o seus gestos (e olhar) dentro dessa zona. Mãos penduradas abaixo do umbigo transmitem falta de energia e confiança. Usar gestos complexos acima da cintura estimulará o público a confiar na sua liderança, o ajudará a comunicar seus pensamentos com maior facilidade e reforçará a sua presença de palco.

TED: FALAR, CONVENCER, EMOCIONAR

Jennifer Granholm, ex-governadora do estado do Michigan, faz gestos expansivos e ousados e mantém esses gestos dentro de sua esfera de energia. Ela foi uma pioneira das políticas de energia limpa em seu estado e abriu o TED de 2013 com uma palestra sobre como os estados podem e devem utilizar fontes alternativas de energia. A Tabela 3.3 mostra um exemplo dos gestos que complementaram suas palavras.

Em momento algum as mãos de Granholm – nenhuma delas – saíram da esfera de energia. E, ter mantido uma postura ereta, a cabeça alta, com um firme contato visual com a plateia, e ter usado roupas de cores sólidas que se destacaram no fundo escuro (calças pretas, blusa branca, jaqueta verde) também a ajudaram. A postura e os gestos de Granholm lhe deram uma maior autoridade.

TABELA 3.3: As palavras de Jennifer Granholm com os gestos correspondentes em sua apresentação no TED de 2013

PALAVRAS	GESTOS
Fui apresentada aqui como a ex--governadora de Michigan, mas na verdade sou uma cientista. Tudo bem, uma cientista política, não faz muita diferença. Mas o meu laboratório foi o laboratório da democracia que é o estado de Michigan e, como todo bom cientista, fiz experimentos com a política para descobrir o que poderia atingir o maior bem para o maior número possível de pessoas.*	Inclina-se para a frente, com as duas mãos separadas, palmas abertas.
Mas tinha três problemas, três enigmas que não conseguia solucionar.	A mão e o cotovelo direito em um ângulo de 90 graus segurando o controle remoto; mão esquerda com três dedos levantados.
E quero contar para vocês quais foram esses problemas e, o mais importante, acho que encontrei uma possível solução.	Inclina-se para a frente, levanta o dedo indicador da mão esquerda, faz contato visual com cada parte da sala.

---

* GRANHOLM, Jennifer. Jennifer Granholm: a clean energy proposal – race to the top! TED. com, fev. 2013. Disponível em: <http://www.ted.com/talks/jennifer_granholm_a_clean_ energy_proposal_race_to_the_top.html>. Acesso em: 14 maio 2014.

3. CONVERSE COM A PLATEIA

A linguagem corporal de Granholm é um exemplo de um estilo que os cientistas sociais consideram persuasivo. Esse estilo é chamado de "entusiástico não verbal" (*eager nonverbal*, em inglês). Com efeito, um descompasso ou incongruência entre a sua comunicação não verbal e as suas palavras podem reduzir significativamente a eficácia da sua apresentação.

Em um estudo revolucionário publicado no *Journal of Experimental Social Psychology*, Bob Fennis e Marielle Stel conduziram estudos em supermercados urbanos. Eles treinaram atores para abordar compradores e tentar convencê-los a comprar uma caixa de doces de Natal. Os pesquisadores descobriram que, quando a estratégia de vendas era tornar um produto mais atraente (reduzindo o custo, apresentando seus benefícios etc.), o estilo "entusiástico não verbal" se provou o mais eficaz. O estilo entusiástico não verbal inclui três elementos: movimentos muito animados, amplos e abertos; movimentos das mãos amplamente projetados para fora; e postura inclinada para a frente.

FIGURA 3.2: Jennifer Granholm, em sua apresentação no TED de 2013

Fonte: Cortesia de James Duncan Davidson/TED (http://duncandavidson.com).

A análise demonstrou que uma porcentagem muito maior de compradores (71%) concordava em comprar uma caixa de doces quando expostos a um representante de vendas exibindo o estilo "entusiástico não verbal" do que a um representante de vendas que exibia um estilo mais reservado, caracterizado por uma postura inclinada para trás, movimentos corporais mais lentos e menos amplos e fala mais lenta. Os pesquisadores concluem: "Se o objetivo da sua estratégia for basicamente aumentar a atratividade percebida da sua proposta ou oferta, o estilo entusiástico não verbal tem mais chances de ser eficaz".[7]

Jennifer Granholm se encaixa perfeitamente nessa teoria. Tudo em sua postura, gestos e linguagem corporal pode ser classificado como entusiástico não verbal. O objetivo dela é vender suas ideias – seu plano – aos outros estados e sua proposta é promover uma "corrida até o topo por empregos na área da energia limpa". O que ela vende é mais importante que chocolates, claro, mas, como Fennis e Stel descobriram em suas pesquisas, sua linguagem corporal é a mais adequada para o objetivo – tornar a proposta mais atraente e, em última instância, mais acionável.

> Sente-se com a postura ereta. Isso o ajudará a se sentir mais autoconfiante. Um estudo de 2009 publicado no *The European Journal of Social Psychology* revelou que a postura faz uma diferença no modo como as pessoas avaliam a si mesmas. Voluntários que preencheram um questionário simulado de solicitação de emprego foram orientados a sentar-se com a postura ereta ou com uma postura relaxada. Os que se sentaram eretos avaliaram a si mesmos de maneira muito mais favorável no questionário do que os relaxados. Ao ensaiar a sua apresentação, não deixe de manter a postura ereta. Isso lhe dará confiança para quando chegar a hora!

---

7   FENNIS, Bob M.; STEL, Marielle. The pantomime of persuasion: fit between non verbal communication and influence strategies. *Journal of Experimental Social Psychology*, v. 47, 2011, p. 806-810.

3. CONVERSE COM A PLATEIA

TRÊS SOLUÇÕES FÁCEIS PARA PROBLEMAS COMUNS DE LINGUAGEM CORPORAL

POUCOS LÍDERES COM quem trabalho param para pensar sobre o modo como falam, andam e se portam até que se veem em um vídeo. Só assim, a maioria deles percebe que precisa se empenhar muito mais para parecer natural e coloquial. Felizmente, os problemas são fáceis de identificar e corrigir.

Veja a seguir três problemas comuns que costumo perceber nos líderes que fazem apresentações. Corrigir esses problemas o ajudará a desenvolver a presença dominante, seja em uma entrevista de emprego, vendendo a sua ideia, fazendo uma apresentação de vendas, em uma reunião de diretoria ou comandando um pequeno negócio.

Movimentar-se nervosamente, tamborilar com os dedos na mesa, mexer as mãos no bolso

Muitos de nós exibimos esses hábitos irritantes nas nossas apresentações e conversas. O hábito de mexer-se inquieto faz com que você pareça inseguro, nervoso e despreparado. Maneirismos como tamborilar com os dedos na mesa ou brincar com a caneta não têm propósito algum. Um dia desses vi um autor que tinha escrito um livro sobre liderança falar sobre seu projeto. Ele passou o tempo todo tilintando moedas no bolso da calça. Aquilo me deixou maluco e aposto que não fui o único a se irritar. Ele não vendeu muitos livros naquele dia e sem dúvida não demonstrou uma boa liderança.

A SOLUÇÃO RÁPIDA: movimente-se com determinação e propósito. Use uma câmera de vídeo barata ou o seu smartphone para gravar os cinco primeiros minutos da sua apresentação e estude o vídeo. Observe-se e anote todos os maneirismos que não têm qualquer utilidade, como esfregar o nariz, tamborilar com os dedos na mesa e tilintar moedas no bolso. O simples ato de ver-se em ação o conscientiza de como você é visto, ajudando-o a eliminar movimentos e gestos inúteis.

Em uma ocasião, trabalhei com um proeminente executivo do setor da tecnologia que precisava informar um importante investidor de que um produto atrasaria. O investidor era Larry Ellison, CEO da Oracle, famoso por ser um dos chefes mais durões do mundo dos negócios. O executivo de tecnologia e sua equipe tinham o problema sob controle e aprenderam lições valiosas com o atraso. No entanto, sua linguagem corporal dizia o contrário. No ensaio, o executivo não parava de se mexer – batendo nervosamente os pés, tocando no rosto e batendo com os dedos na mesa ao seu lado. Seus maneirismos expressavam falta de competência e controle. Quando se viu no vídeo, ele conseguiu identificar por conta própria a maioria desses hábitos irritantes e os eliminou. Ele acabou fazendo uma apresentação confiante. Ellison saiu satisfeito e o projeto foi um enorme sucesso.

Ficar parado como uma estátua

Os melhores apresentadores têm movimentos corporais vigorosos e não ficam congelados no mesmo lugar. Ficar parado como uma estátua faz com que você pareça inflexível, chato e desmotivado.

A SOLUÇÃO RÁPIDA: caminhe, mova-se e interaja com a plateia. A maioria dos líderes de negócios que me procuram em busca de *coaching* para melhorar suas apresentações acha que precisa ficar parada feito uma estátua... ou atrás do púlpito. No entanto, o movimento não apenas é aceitável como é bem-vindo. As conversas são fluidas, não estáticas. Alguns dos melhores oradores de negócios andam pela plateia em vez de ficarem parados diante dos ouvintes.

Eis um truque simples: ao gravar a sua apresentação, saia do enquadramento de vez em quando. Digo aos clientes que, se eles não saírem do enquadramento da câmera várias vezes durante uma apresentação de cinco minutos, eles estão estáticos demais.

3. CONVERSE COM A PLATEIA

Mãos nos bolsos

A maioria das pessoas mantém as mãos nos bolsos quando está em pé diante de uma plateia. Isso faz com que elas pareçam desinteressadas, entediadas, desmotivadas e, por vezes, nervosas.

A SOLUÇÃO RÁPIDA: essa é muito fácil – tire as mãos do bolso! Já vi grandes líderes empresariais que jamais colocavam as duas mãos nos bolsos durante uma apresentação. Uma mão só pode até ser aceitável, desde que a mão livre esteja ocupada gesticulando. E lembre-se de manter os gestos dentro da esfera de energia.

Finja até conseguir

Amy Cuddy é uma psicóloga social da Harvard Business School. Suas pesquisas sobre a linguagem corporal lhe renderam matérias na revista *Time*, na CNN e uma apresentação no palco do TED. Ela acredita que a linguagem corporal molda quem somos. Cuddy diz que o modo como usamos o nosso corpo – os nossos sinais não verbais – pode mudar a maneira como as pessoas nos veem. Ela vai mais longe, contudo, argumentando que o simples fato de mudar a nossa postura corporal afeta o modo como você se sente sobre si mesmo e, em consequência, o modo como os outros o veem. Mesmo se você não se sentir confiante, aja como se estivesse e as suas chances de sucesso aumentam muito.

Todos nós sabemos que a nossa mente muda o nosso corpo. Uma pessoa insegura se fechará, levando as mãos e os braços para dentro, encolhendo-se na cadeira e cravando os olhos no chão. Cuddy acredita que o oposto também é verdadeiro: "O nosso corpo muda a nossa mente, a nossa mente pode mudar o nosso comportamento e o nosso comportamento pode mudar os nossos resultados".[8]

---

8 CUDDY, Amy. Amy Cuddy: your body language shapes who you are, out. 2012. Disponível em: <http://www.ted.com/talks/amy_cuddy_your_body_language_shapes_who_you_are. html>. Acesso em: 14 maio 2014.

FIGURA 3.3: Amy Cuddy, em sua apresentação no TEDGlobal de 2012

Fonte: Cortesia de James Duncan Davidson/TED (http://duncandavidson.com).

Cuddy sugere que a "pose do poder" aumenta a testosterona e reduz os níveis de cortisol no cérebro, o que faz com que você se sinta mais confiante e poderoso. Ela diz que esse é um "ajuste minúsculo" que pode levar a enormes mudanças.

A pose do poder funciona assim: abra os braços para cima o máximo que puder, formando um V, e mantenha essa pose por dois minutos. Você pode fazer isso no elevador, no seu escritório ou atrás do palco – de preferência onde ninguém vai vê-lo!

Quando Cuddy administra o teste em estudantes, ela constata que "as pessoas de baixo poder" apresentam um aumento de 15% nos hormônios que configuram o cérebro para que se sintam mais assertivas, confiantes e descontraídas. "Então, parece que os nossos sinais não verbais de fato governam o modo como pensamos e sentimos sobre nós mesmos... o nosso corpo muda a nossa mente."

É natural que as pessoas fiquem nervosas e não há problema algum nisso. Somos seres sociais e, desde o começo dos tempos, sempre foi importante nos encaixar socialmente. Quando os nossos

3. CONVERSE COM A PLATEIA

antepassados viviam em cavernas, ser expulso da caverna não era exatamente um resultado desejável. O nosso nervosismo resulta da nossa necessidade biológica de sermos aceitos. No entanto, para muitas pessoas a energia nervosa chega a ser opressiva. Quem já não sentiu a garganta fechar em um nó, as palmas das mãos encharcadas de suor e o coração batendo acelerado? Todos nós já sentimos isso. Perdi as contas de quantos líderes eu oriento que ficam extremamente nervosos antes de se apresentarem em público. E eles estão no auge da carreira, executivos que muitas vezes valem centenas de milhões de dólares. O segredo não é eliminar o nervosismo, mas administrá-lo.

Amy Cuddy oferece uma solução para os oradores nervosos: finja até conseguir. Cuddy foi considerada uma criança superdotada na infância e essa inteligência incomum lhe proporcionou uma identidade nos seus primeiros anos de desenvolvimento. Aos 19, Cuddy sofreu um acidente de carro e bateu com a cabeça. Ela interrompeu seus estudos na faculdade e os médicos lhe disseram que ela não voltaria a estudar.

> Foi muito difícil aceitar aquilo e devo confessar que ter a sua identidade tirada de você, sua identidade essencial – que no meu caso era ser inteligente –, ter isso tirado de você... não dá para se sentir mais impotente do que isso. Então me senti completamente impotente.

Cuddy deu duro, retomou a faculdade e se formou quatro anos mais tarde que a maioria de seus colegas. Ela continuou seus estudos na Princeton graças a um orientador que acreditava muito na capacidade dela. No entanto, Cuddy não acreditava em si mesma. Ela se sentia uma impostora. Na véspera de sua apresentação dos resultados do primeiro ano, Cuddy ligou para seu orientador anunciando que abandonaria o programa de pós-graduação. "Você não vai desistir porque eu apostei em você", foi a resposta dele. "Você vai ficar e fazer o seguinte: você vai fingir. Você vai fazer todas as apresentações.

Você vai fazer e fazer e fazer, mesmo se estiver aterrorizada e paralisada e tendo uma experiência fora do corpo, até chegar o momento em que você diz: 'Meu Deus, estou conseguindo. Eu me transformei nisso. Estou mesmo conseguindo!'." E foi o que Cuddy fez: ela fingiu até acreditar. "Então estou aqui para dizer a vocês: não finjam até conseguir. Finjam até se transformar."

Como Tony Robbins chega ao auge de uma apresentação

O palestrante motivacional Tony Robbins tem energia suficiente para manter quatro mil pessoas engajadas durante 50 horas em quatro dias. Em um especial da Oprah Winfrey, Robbins demonstrou seu ritual pré-apresentação, que envolve encantamentos, afirmações e movimento – muito movimento. Isso faz bastante sentido, já que um dos ensinamentos fundamentais de Robbins é que o movimento energizado tem o poder de transformar o seu estado de espírito. Robbins entra na zona por cerca de dez minutos antes de subir ao palco. Ele pula para cima e para baixo, gira no lugar, abre e fecha as mãos em punho, fica parado com os braços estendidos e chega a saltar em um trampolim.

Não basta ensaiar as palavras. Antes de subir ao palco, a preparação física aumentará o seu nível de energia e fará uma enorme diferença no modo como o público o vê. É claro que não é necessário ir aos extremos de Robbins – e você pareceria um tanto tolo pulando em um trampolim antes da sua próxima apresentação de vendas –, mas é importante adotar algum tipo de ritual físico pré-apresentação, considerando que os movimentos e a energia são tão intimamente ligados.

A SUA FORÇA COMO PALESTRANTE VEM DE DENTRO

A ESQUIADORA CROSS-COUNTRY profissional Janine Shepherd sofreu um acidente que pôs um súbito fim à sua carreira. Um caminhão utilitário a atingiu durante um treino de bicicleta. Shepherd quebrou o pescoço e a coluna em seis locais. Ela quebrou cinco costelas e sofreu

3. CONVERSE COM A PLATEIA

uma grave contusão na cabeça. No TED de 2012, ela contou à plateia que um corpo quebrado não é uma pessoa quebrada.

Em virtude da gravidade de suas lesões, ela usou seu corpo e adereços de palco com criatividade para conversar com o público. Shepherd colocou cinco cadeiras no palco, sendo que cada cadeira lhe dava uma oportunidade de sentar-se, em uma metáfora de cada capítulo de sua vida depois do acidente:

- Primeira cadeira (capítulo 1: o acidente);
- Segunda cadeira (capítulo 2: dez dias no hospital);
- Terceira cadeira (capítulo 3: da UTI à ala de traumatismos medulares agudos);
- Quarta cadeira (capítulo 4: seis meses depois, chegou a hora de ir para casa). Ao se lembrar de seu amigo que ficou na ala de traumatismos medulares agudos, ela se virou e falou para a cadeira ao lado;
- Quinta cadeira (capítulo 5: Shepherd aprende a voar. Ela se sentou na cadeira enquanto dizia: "Eles me suspenderam até o cockpit e me sentaram".)[9].

Shepherd concluiu os últimos minutos de apresentação de pé, falando sobre sua nova carreira como uma instrutora de acrobacias aéreas. "A minha maior força nunca veio do meu corpo... a essência de quem eu sou jamais mudou. A chama piloto dentro de mim jamais se extinguiu."

SEGREDO Nº 3
CONVERSE COM A PLATEIA

Shepherd tem razão. Embora ela tenha utilizado o corpo para contar sua história com eficácia, a sua "força" vem de dentro. A sua enunciação e os seus gestos, dominados com horas e mais horas de prática, de fato *melhorarão* a sua mensagem, mas, sem paixão e prática, a sua presença sairá muito prejudicada. A sua força como um palestrante vem de dentro.

---

9 SHEPHERD, Janine. Janine Shepherd: a broken body isn't a broken person. TED.com, nov. 2012. Disponível em: <http://www.ted.com/talks/janine_shepherd_a_broken_body_isn_t_a_broken_person.html>. Acesso em: 19 maio 2014.

APRESENTAÇÕES ORIGINAIS

O reconhecimento da novidade é uma ferramenta de sobrevivência programada em todos os seres humanos. O nosso cérebro é treinado para buscar coisas brilhantes e novas, coisas que se destacam, coisas que parecem ser deliciosas.

— A. K. PRADEEP, autor de *O cérebro consumista*

4

QUERO APRENDER
ALGO NOVO

Nada do que apresentarei a vocês estava nos meus
livros escolares na época em que fui para a escola.

— ROBERT BALLARD, explorador do Titanic, TED de 2008

Robert Ballard, explorador de águas profundas, levou uma plateia do
TED a uma jornada de 17 minutos para explorar os 72% do planeta que
estão sob o oceano, porque, como ele disse, "É muito ingênuo pensar
que o Coelhinho da Páscoa põe todos os ovos nos continentes".[1] Ballard
adora a adrenalina da exploração, especialmente quando procura revelar mistérios que estendem os limites humanos. Ele também gosta de
desafios e me contou que foi muito bom se apresentar no TED porque
estava "competindo" com os melhores contadores de histórias.

Ballard é um dos mais bravos exploradores do nosso tempo. Em
1985, cerca de 1.500 quilômetros a leste de Boston, Ballard, então um
oficial da inteligência naval, descobriu os restos do RMS Titanic,

---

1 BALLARD, Robert. Robert Ballard: the astonishing hidden world of the deep ocean. TED.
com, maio 2008. Disponível em: <http://www.ted.com/talks/robert_ballard_on_explo-
ring_the_oceans.html>. Acesso em: 15 maio 2014.

TED: FALAR, CONVENCER, EMOCIONAR

quatro quilômetros abaixo da superfície do Atlântico. A descoberta do Titanic é fruto da mais famosa expedição de Ballard, mas ele conduziu mais de 120 explorações submarinas para descobrir algo novo sobre a essência do que compõe a maior parte do nosso mundo. Ballard me contou que sua missão em qualquer apresentação – no TED ou em sala de aula – é informar, educar e inspirar. "Ao entrar em uma sala de aula, você tem duas tarefas: uma delas é ensinar e a outra é recrutar todas as pessoas presentes naquela sala em busca da verdade",[2] declara Ballard.

Em sua apresentação, ele provocou a plateia com a seguinte pergunta: Por que estamos ignorando os oceanos? Ballard disse que o orçamento anual da NASA seria o suficiente para financiar a National Oceanic and Atmospheric Administration (NOAA, ou Administração Oceânica e Atmosférica dos Estados Unidos) por 1.600 anos. E esse foi apenas um dos vários fatos e observações interessantes revelados por Ballard, que incluíram:

- Tudo o que vamos falar hoje representa apenas um vislumbre de um décimo de 1%, porque isso é tudo o que sabemos;
- Cinquenta por cento dos Estados Unidos ficam abaixo do mar;
- A maior cadeia de montanhas da Terra está sob o oceano;
- A maior parte do nosso planeta vive em eterna escuridão;
- Descobrimos uma profusão de vida em um mundo no qual achávamos que a vida não existia;
- As profundezas do mar contêm mais história que todos os museus da Terra combinados.

Perto do final de sua apresentação, Ballard mostrou a foto de uma jovem, de queixo caído e olhos arregalados em uma expressão de mais puro espanto. "É isso que queremos", disse Ballard.

---

2   Robert Ballard, explorador do Titanic, conversa com o autor, 18 fev. 2013.

132

4. QUERO APRENDER ALGO NOVO

Essa jovem não está vendo um jogo de futebol, não está vendo um jogo de basquete. Ela está vendo uma exploração ao vivo, a milhares de quilômetros de distância, e está começando a entender o que se revela diante de seus olhos. E, quando faz um queixo cair, você pode informar. Você pode colocar uma montanha de informações nessa cabeça, que está em pleno modo de recepção.

Ballard foi aplaudido de pé. Sua apresentação no TED, em 2008, intriga, informa e inspira porque leva as pessoas a verem o mundo de um jeito diferente – não de cima, mas de baixo.

SEGREDO Nº 4
QUERO APRENDER ALGO NOVO
Revele informações completamente novas para o seu público, com uma embalagem diferente ou que ofereçam um jeito original e inovador de resolver um velho problema.
   A técnica funciona porque...: o cérebro humano adora novidades. Um elemento estranho, incomum ou inesperado em uma apresentação intriga os ouvintes, os sacode de suas noções preconcebidas e rapidamente lhes proporciona uma nova maneira de olhar o mundo.

A CURIOSIDADE "INSACIÁVEL" DE JAMES CAMERON

SE NÃO FOSSE pela descoberta do Titanic por Ballard, um dos filmes de maior sucesso de todos os tempos poderia nunca ter existido. "A curiosidade é a sua posse mais importante",[3] Cameron disse à plateia do TED em fevereiro de 2010. "A imaginação é uma força que pode efetivamente se manifestar na realidade."

---

3   CAMERON, James. James Cameron: before *Avatar*... a curious boy. TED.com, mar. 2010. Disponível em: <http://www.ted.com/talks/james_cameron_before_avatar_a_curious_boy.html>. Acesso em: 15 maio 2014.

Cameron fez revelações que o público não esperava do diretor de campeões de bilheteria como *Exterminador do futuro*, *Titanic* e *Avatar*. Ele falou um pouco sobre cinema e muito sobre criatividade, exploração, inovação e liderança.

A exploração dos oceanos foi um objeto de fascínio de Cameron desde que ele tinha 15 anos de idade, quando tirou uma certificação de mergulhador. Ele explicou que, quando fez o *Titanic*, vendeu a ideia aos estúdios como um "Romeu e Julieta num navio". No entanto, Cameron tinha segundas intenções:

> O que eu realmente queria fazer era mergulhar até os destroços do Titanic. E foi por isso que fiz o filme. Essa é a verdade. Agora, o estúdio não sabia disso. Mas eu os convenci. Eu disse: "Vamos mergulhar até os destroços. Vamos filmá-lo de verdade. Usaremos as imagens na abertura do filme. Será importantíssimo. E dará um grande gancho de marketing". E os convenci a financiar uma expedição. Parece loucura. Mas isso nos leva de volta àquele tema sobre a imaginação criando a realidade. Porque na verdade nós criamos uma realidade na qual, seis meses depois, eu me vi em um submersível russo quatro quilômetros abaixo da superfície do Atlântico Norte, olhando para o verdadeiro Titanic por uma escotilha. Não em um filme, não em HD – mas ali, na minha frente.[4]

Sou um fã dos filmes de Cameron, especialmente o *Titanic*. Sim, ainda deixo escapar uma lágrima quando Rose lança o diamante Hope ao mar e a música-tema começa a tocar. Eu confesso: adoro esse tipo de filme. Embora eu conheça o enredo do filme, Cameron me ensinou algo novo embalado em uma anedota interessante contendo uma profunda lição para qualquer pessoa que quiser explorar toda a gama do próprio potencial. Com isso, ele inspirou os ouvintes

---

4 CAMERON, 2010.

4. QUERO APRENDER ALGO NOVO

e lhes deu uma razão para ouvir o resto de sua apresentação. O diretor "fisgou" a atenção do público, da mesma forma como fez com o estúdio de cinema com seu "gancho de marketing".

Os seres humanos são exploradores naturais. Como Cameron, a maioria de nós tem um desejo insaciável de buscar, de aprender, de descobrir. E, ao que se revela, somos programados para isso.

De acordo com alguns levantamentos, as pessoas têm mais medo de falar em público do que de morrer. Perguntei a Robert Ballard o que o deixou mais ansioso, mergulhar quatro quilômetros abaixo da superfície do oceano em um minúsculo e claustrofóbico submersível ou fazer sua apresentação de 18 minutos no TED. Ele respondeu que a possibilidade de morrer no fundo do mar foi muito pior! Lembre-se disso na próxima vez que ficar nervoso diante de uma plateia. Como disse Jerry Seinfeld, é melhor ser a pessoa fazendo o discurso fúnebre do que ser a pessoa no caixão.

APRENDER É UM BARATO

O MÚSICO PETER GABRIEL participou de uma conferência do TED, em 2006, e contou a um cineasta: "A exposição a ideias novas e interessantes foi o maior barato para mim". Ele não estava brincando. Aprender é viciante porque é prazeroso. E também é necessário para a evolução humana.

Ao aprender uma forma nova ou original de resolver um velho problema, você está se beneficiando de milhões de anos de adaptação. Se o homem primitivo não fosse curioso, a humanidade estaria extinta há um bom tempo. De acordo com John Medina, biólogo molecular do desenvolvimento da Faculdade de Medicina da University of Washington, 99,99% de todas as espécies que já viveram no nosso planeta hoje estão extintas. O cérebro humano se adaptou a ambientes agressivos, possibilitando a sobrevivência da humanidade. "É possível vencer a crueldade do ambiente de duas maneiras: você pode se tornar mais forte ou pode se tornar mais esperto. Nós escolhemos a segunda opção",[5] explica Medina.

Medina diz que somos exploradores naturais com uma sede insaciável de saber e aprender.

> Os bebês nascem com um profundo desejo de entender o mundo ao seu redor e uma curiosidade incessante que os leva a explorar agressivamente o mundo. Essa necessidade de exploração é tão intensamente ligada à experiência dos bebês que alguns cientistas a descrevem como um impulso, da mesma forma como a fome, a sede e o sexo são impulsos.[6]

De acordo com Medina, jamais saciamos a nossa sede de conhecimento, mesmo depois de entrarmos na idade adulta.

Palestrantes como Ballard e Cameron aplacam a nossa sede com um copo de conhecimento vindo das profundezas do mar. O seu público anseia por isso, mesmo quando não tem um interesse especial pelo tema. Se você conseguir expor o seu tema aos ouvintes ensinando-lhes algo novo que eles podem aplicar em sua vida cotidiana, também irá fisgá-los.

No meu trabalho com a Intel, a maior fabricante global de microprocessadores de computador, eu os convidei a relacionar a tecnologia que criavam com a nossa vida cotidiana. Por exemplo, a Intel lançou uma tecnologia chamada "Turbo Boost" que, por definição, "permite que o processador rode acima de sua frequência básica de operação pelo controle dinâmico da velocidade do clock da CPU". Entendeu? A definição acima provavelmente não fez sentido algum para você e muito provavelmente não o inspiraria a sair correndo para comprar um laptop ou computador novo equipado com um chip da Intel.

---

5 MEDINA, John. *Brain rules.* Seattle, WA: Pear Press, 2008. p. 32.

6 MEDINA, 2008, p. 265.

4. QUERO APRENDER ALGO NOVO

E se eu dissesse: "A exclusiva tecnologia Turbo Boost da Intel sabe o que você está fazendo no seu computador (jogando games, assistindo a vídeos) e ajusta o desempenho para dar um empurrãozinho quando você precisar e pegar leve quando você não precisar, prolongando a vida útil da bateria do seu notebook". A segunda descrição lhe ensina algo novo, demonstrando como o produto melhora a sua vida, e essa é a razão de sua eficácia. Todas as vezes que um porta-voz da Intel usou a última descrição – relacionando a tecnologia à nossa vida cotidiana –, ele foi citado na imprensa. E raramente, ou nunca, um jornalista ou blogueiro usou a definição técnica.

O "BOTÃO SALVAR" NATURAL DO CÉREBRO

MARTHA BURNS É professora-adjunta da Northwestern University que acredita que a neurociência está ajudando os educadores a se tornarem professores melhores. Suas descobertas também explicam que aprender algo novo é um barato, pois ativa as mesmas áreas de recompensa do cérebro que as drogas e os jogos de azar.

> Uma grande parte da resposta para explicar por que alguns dos seus alunos não recordam as informações ensinadas e outros sim tem a ver com uma pequena substância no cérebro que deve estar presente para que uma criança (ou um adulto) retenha informações. Ela se chama "dopamina".[7]

A dopamina é uma substância química poderosa. Um novo relacionamento pode desencadear uma onda de dopamina (que vai declinando com o tempo, razão pela qual os terapeutas recomendam encontrar maneiras de manter a relação apimentada depois de vários anos de casamento). Avançar ao próximo nível de um videogame

---

7   BURNS, Martha. *Dopamine and learning*, *indigo learning*, 21 set. 2012. Disponível em: <http://www.indigolearning.co.za/dopamine-and-learning-by-martha-burns-phd/>. Acesso em: 15 maio 2014.

pode acionar uma dose de dopamina, bem como o retinir de moedas sendo cuspidas de um caça-níqueis ou até um barato de cocaína.

Drogas e jogos de azar são ativadores artificiais e levam a sérias consequências. Será que não existe um jeito menos danoso de atingir esse barato mental? Pode ter certeza de que sim. Segundo Burns, a dopamina também é liberada quando as pessoas aprendem algo novo e empolgante – um jeito muito mais saudável de se sentir bem! "Para muitos de seus alunos e muitos de nós adultos, aprender coisas novas é uma aventura – uma aventura muito gratificante – e os níveis de dopamina aumentam no cérebro para nos ajudar a reter essas novas informações",[8] Burns escreve. "Gosto de me referir à dopamina como o 'botão salvar' do cérebro. Quando a dopamina se faz presente em um evento ou experiência, nós lembramos esse evento ou experiência; quando a dopamina está ausente, parece que não nos lembramos de nada."

Isso nos leva à próxima pergunta: "Como faço para aumentar a dopamina?". Segundo Burns, a resposta é simples e direta: faça com que as informações sejam novas e empolgantes. Por exemplo, ele diz que os melhores professores estão sempre pensando em novas maneiras de transmitir as informações.

> É por isso que você adora quando a sua escola adota *novos* livros didáticos – a novidade lhe permite ensinar as informações de um jeito novo –, o que causa entusiasmo tanto em você quanto nos alunos... Reforce o fator *novidade* em sala de aula para aumentar os níveis de dopamina dos seus alunos... Ela pode ser viciante e o nosso objetivo, como professores, é viciar os alunos na aprendizagem.[9]

---

8 BURNS, 2012.

9 BURNS, Martha. *Dopamine and learning: what the brain's reward center can teach educators. Scientific learning*, 18 set. 2012. Disponível em: <http://www.scilearn.com/blog/dopamine--learning-brains-reward-center-teach-educators.php>. Acesso em: 14 maio 2014.

4. QUERO APRENDER ALGO NOVO

Agora sei por que tenho um barato sempre que ouço palavras vibrantes de inspiração ou encorajamento. Passei vários anos acompanhando o meu irmão e muitos amigos em um dia inteiro de palestras na cidade de Bakersfield, Califórnia. A Bakersfield Business Conference era realizada uma vez por ano. Os ingressos eram caros, a viagem era longa, mas os palestrantes faziam com que cada dólar e cada minuto valessem muito a pena.

A conferência era conduzida à moda do TED, sendo que os palestrantes não podiam falar mais que 20 minutos. Os palestrantes vinham dos campos da política, negócios e artes. Alguns eram famosos (por exemplo, Ronald Reagan, Mikhail Gorbachev, Rudy Giuliani, Steve Wynn, Wayne Gretzky) enquanto outros eram menos conhecidos. No entanto, todos eram convidados pela sua capacidade de ensinar ao público alguma coisa nova e original – maneiras inovadoras de abordar velhos problemas. Na estrada, na longa viagem de cinco horas para casa, ao final de cada conferência, eu me sentia capaz de conquistar o mundo. Eu estava viciado em aprender algo novo. A aprendizagem é um vício que eu tenho e não me envergonho de admitir. Pelo contrário, eu me orgulho dele.

UM ESTATÍSTICO TRANSFORMANDO A SUA VISÃO DO MUNDO

HANS ROSLING É uma estrela do rock entre os TEDsters. Sua apresentação, no TED de 2006, roubou a cena e o transformou em uma sensação viral na internet. O vídeo de 18 minutos de Rosling foi visto mais de cinco milhões de vezes. O músico Peter Gabriel o considera um de seus favoritos: a palestra mais "surpreendente" do TED. Ben Affleck concorda, dizendo: "Hans é o estatístico mais criativo e divertido do planeta!". Steve Case, ex-CEO da AOL/Time Warner, também adorou a apresentação, classificando-a entre suas três palestras mais "inesquecíveis".

Quando o TED pediu que Bill Gates escolhesse suas apresentações favoritas, ele disse que tinha palestras demais para escolher. No entanto, sua favorita, sem sombra de dúvida, foi a de Rosling. O su-

TED: FALAR, CONVENCER, EMOCIONAR

cesso de Rosling se deve ao fato de que, como sugere o título original de sua apresentação, ele apresenta estatísticas que "transformam a sua visão de mundo". Em português, o título é "Hans Rosling mostra as melhores estatísticas que você já viu". Ele transmite as informações de um jeito absolutamente inovador.

Rosling é professor da área de saúde, em Estocolmo, Suécia, onde monitora as tendências globais de saúde e pobreza. Nas mãos da maioria dos pesquisadores, esses dados seriam, digamos... chatos. Rosling usa um software que ele ajudou a desenvolver, o Gapminder, para dar vida às estatísticas. De acordo com o site do Gapminder, o software "revela a beleza das estatísticas, transformando números chatos em belas animações que fazem sentido no mundo real".

Na marca dos três minutos de sua apresentação, Rosling exibe um slide com o que parece ser um gráfico mostrando agregados aleatórios de bolhas, algumas pequenas e outras muito maiores que o resto. Rosling explica que, quando pediu a seus alunos para definir o "mundo desenvolvido" e o "terceiro mundo", eles responderam: "No mundo desenvolvido as pessoas vivem mais e têm famílias menores. As pessoas do terceiro mundo vivem menos e têm famílias maiores".[10] Dito isso, Rosling se pôs a derrubar o mito de forma teatral.

No eixo x do gráfico, Rosling incluiu as taxas de fertilidade (o número de filhos por mulher, com dados de cada país desde 1962). No eixo y, ele colocou dados de expectativa de vida no momento do nascimento (30 anos na parte inferior do eixo e 70 anos na parte superior). Em 1962, via-se um conjunto bastante claro de grandes bolhas perto do canto superior esquerdo, maiores países industrializados com famílias menores e maior expectativa de vida. A parte inferior direita também tinha um bom número de grandes bolhas, representando os países em desenvolvimento com famílias maiores e vida mais curta.

---

10 ROSLING, Hans. Hans Rosling: the best stats you've ever seen. TED.com, jun. 2006. Disponível em: <http://www.ted.com/talks/hansroslingshowsthebeststats_youveeverseen.html?qshb=1&utmexpid=166907-19&utmreferrer=http%3A%2F%2Fwww.ted.com%2Fsearch%-3Fcat%3Dssall%26q%3Drosling>. Acesso em: 20 maio 2014.

140

4. QUERO APRENDER ALGO NOVO

FIGURA 4.1: Hans Rosling, cofundador e presidente do conselho da fundação Gapminder, apresentando dados do Trendalyzer

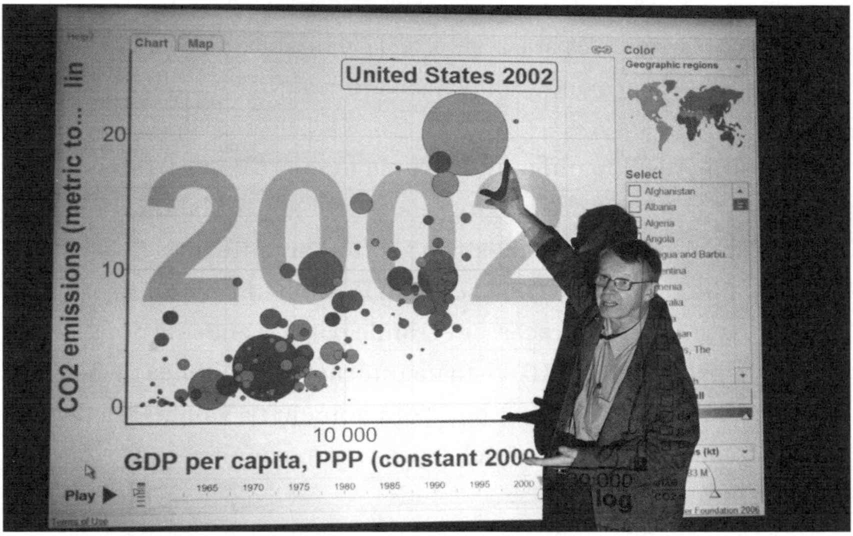

Fonte: Cortesia de Stefan Nilsson.

O que aconteceu em seguida foi surpreendente, original e divertido. Rosling animou os dados para mostrar as mudanças dinâmicas no mundo de 1962 a 2003, o último ano em que os dados foram disponibilizados. À medida que as bolhas se moviam e saltavam rapidamente pela tela, Rosling narrou as alterações como um locutor esportivo narrando um jogo de hóquei:

Lá vamos nós. Dá para ver lá? É a China, aproximando-se de uma saúde melhor, melhorando. Todos os países latino-americanos verdes estão se aproximando de famílias menores. Estes amarelos aqui são os países árabes, e têm famílias maiores... não, eles têm uma vida mais longa, mas não famílias maiores. Os africanos são os verdes aqui embaixo. Eles continuam aqui. Esta é a Índia. Lá vai a Indonésia, avançando muito rápido. (Risos.) E, nos anos 1980 aqui, temos Bangladesh ainda entre os países africanos. Mas agora Bangladesh é um milagre que acontece nos anos 1980: os imames começam a promover o planejamento familiar. E

141

TED: FALAR, CONVENCER, EMOCIONAR

eles sobem para aquele canto. E, na década de 1990, temos a terrível epidemia de HIV que derruba a expectativa de vida nos países africanos e todo o resto sobe para o canto, onde temos uma vida longa e famílias pequenas e um mundo completamente novo.[11]

Rosling revelou um mundo e uma maneira completamente novos de ver as tendências demográficas globais. A plateia riu, aplaudiu, torceu e, em geral, se mostrou profundamente intrigada.

Em 2012, a revista *Time* nomeou Rosling uma das pessoas mais influentes do mundo, graças, em grande parte, à enorme popularidade de sua palestra no TED, vista na internet por milhões de pessoas. De acordo com a *Time*, Rosling é "um homem na vanguarda de uma atividade de importância crucial: promover a compreensão da ciência pelo público em geral".[12]

A maioria dos cientistas apresenta estatísticas em palestras tediosas e maçantes. Rosling foi um dos primeiros cientistas a apresentar estatísticas complexas que eu quis assistir repetidas vezes – e que veria independentemente da duração da apresentação, mas 18 minutos foi ainda melhor. Até as melhores ideias deixarão de inspirar uma plateia se não vierem em uma boa embalagem, um pacote interessante. Não permita que ninguém chame a oratória de uma "habilidade soft". Se Rosling não tivesse conseguido dar uma embalagem nova e original ao seu conteúdo, seus dados "hard" teriam sido inúteis.

Às vezes, os dados apresentados podem não ser sensacionais ou completamente desconhecidos para o seu público, mas isso não significa que você não possa apresentá-los de um jeito original. Fui contratado para orientar os executivos da SanDisk para a apresentação anual da empresa aos investidores (a empresa é a maior fabricante mundial de

---

11 ROSLING, 2006.

12 CHRISTAKIS, Nicholas A. The world 's 100 most influential people: 2012. *Time*, 18 abr. 2012. Disponível em: <http://www.time.com/time/specials/packages/article/0,28804,2111975_2111976_2112170,00.html>. Acesso em: 14 maio 2014.

4. QUERO APRENDER ALGO NOVO

memórias flash, a unidade de armazenamento usada na sua câmera digital, MP3 player, iPad ou tablet, e cada vez mais presente nos computadores portáteis). Os investidores estão entre as plateias mais difíceis. Eles querem conhecer os números (de preferência números positivos), informações técnicas e estratégias de crescimento. E também veem incontáveis apresentações, sendo que maioria é árida, confusa e chata.

Naquela apresentação em particular, um vice-presidente sênior queria começar com alguns dados que não eram completamente novos para a sala repleta de analistas (as vendas crescentes de cartões de memória de alta capacidade). Nesse caso, ele não teria de contar uma novidade, mas precisaria apresentar os dados de um jeito diferente, revigorante. Os analistas esperam gráficos áridos, de modo que o executivo decidiu levar a apresentação para o lado pessoal e injetar uma dose de emoção. Ele contou que é um fanático pela fotografia digital e tem uma coleção de 80 mil fotos em casa, quase todas armazenadas em cartões de memória da SanDisk. Ele mostrou fotos de suas filhas adolescentes praticando esportes e explicou que só confiava nos cartões da SanDisk para armazenar essas preciosas imagens. Ele também gosta de tirar fotos panorâmicas de paisagens e mostrou várias fotos que tirou. O executivo explicou aos analistas que as fotos panorâmicas requerem dez vezes mais capacidade de armazenamento do que fotos tradicionais, "dez vezes mais oportunidade para a SanDisk". Pela sua própria natureza, as apresentações financeiras devem incluir diagramas, gráficos e tabelas, mas isso não significa que você não possa apresentar as informações para dar uma chacoalhada nos ouvintes, derrubando as noções preconcebidas de como o conteúdo será apresentado.

Aquele executivo contou histórias bastante pessoais para dar vida aos dados e vincular as histórias ao tema da apresentação. Todos os oito apresentadores daquele dia estruturaram sua apresentação da mesma forma – revelando algo inteiramente novo que os investidores não sabiam ou apresentando informações conhecidas embaladas de um jeito diferente. Quando solicitados a avaliar a qualidade das apresentações em uma escala de cinco pontos, de "ruim" a "excelente", quase 100% dos entrevistados disseram que as apresentações foram "muito boas" ou "excelentes", colocando o evento entre as melhores apresentações de atualização que os investidores tinham visto ao longo de todo aquele ano.

UMA INTROVERTIDA SAI DE SUA CONCHA

A INTROVERTIDA SUSAN Cain saiu de sua concha para ensinar milhões de espectadores do TED algo novo sobre o poder da solitude. O TED celebra as mentes mais brilhantes do mundo que fazem a apresentação de sua vida, mas a palestrante do TED Susan Cain afirma que "a correlação entre ser o melhor orador e ter as melhores ideias é nula".[13]

Com essa declaração, Caim forçou muitos ouvintes naquele dia a questionar a percepção de que as pessoas extrovertidas, sociáveis e falantes têm o monopólio das ideias. "Alguns dos líderes mais revolucionários da história foram introvertidos", disse Cain.

Em uma sociedade que encoraja o brainstorming, dinâmicas de grupo e o *crowdsourcing*, entre outros sistemas colaborativos, Caim é bastante convincente em seus argumentos de que a solitude é um ingrediente crucial da criatividade. "Quanto mais liberdade damos aos introvertidos para serem eles mesmos, maiores são as chances de eles se saírem com as próprias soluções originais para esses problemas."

O livro de Cain, *O poder dos quieto*s, se transformou em um best-seller e sua palestra no TED foi vista mais de quatro milhões de vezes. "Introvertidos, o mundo precisa de vocês e precisa do que vocês têm a oferecer. Então, desejo a vocês a melhor de todas as jornadas possíveis e a coragem de falar em voz baixa."

---

13 CAIN, Susan. Susan Cain: the power of introverts. TED.com, mar. 2012. Disponível em: <http://www.ted.com/talks/susan_cain_the_power_of_introverts.html>. Acesso em: 14 maio 2014.

4. QUERO APRENDER ALGO NOVO

Cain é uma excelente oradora porque nos leva a ver o mundo de um jeito diferente. Na minha carreira no jornalismo e depois, como *coach* de comunicação executiva, perdi a conta de quantas vezes ouvi: "O problema é que o meu tema é chato demais" ou "O que eu faço não é interessante" ou "Eles não prestam atenção na minha apresentação, porque não tenho nada de novo a dizer". Talvez o seu público já tenha ouvido algumas das informações antes, mas os ouvintes não sabem o que você sabe e podem ter visto uma versão dos dados ou das informações que simplesmente não acendeu uma lâmpada na cabeça deles. É possível atrair e prender a atenção deles mesmo se ensinar apenas uma coisa que eles não sabiam antes.

Steve Case foi um pioneiro da internet moderna quando cofundou a AOL. Ele é um sujeito inteligentíssimo. E também é muito rico, ocupando a 258ª posição na lista da Forbes das pessoas mais ricas dos Estados Unidos. Quando lhe perguntaram quais são as suas palestras do TED preferidas, Case respondeu que a apresentação de Caim foi "inesquecível" e está na sua lista das dez melhores. Na posição de presidente do conselho e CEO da empresa de investimento Revolution, Case está sempre aberto a novas ideias que o ajudarão a tomar decisões de investimento melhores. "A Revolution investe em pessoas e ideias que mudam o mundo. Pegamos o talento e a paixão, e não apenas o capital, para criar grandes empresas."[14] E Cain mostrou a Case um novo jeito de ver o mundo.

Você pode estar fazendo uma apresentação para um *venture capitalist* abastado ou alguém que acha que sabe mais do que você sobre determinada área. Não se engane: quanto mais inteligentes e ricos forem, maiores são as chances de se convencerem se você lhes proporcionar lentes originais para ver o mundo.

Isso me faz lembrar uma conversa que tive com um dos primeiros investidores do Google, na famosa empresa de investimentos Sequoia

---

14 Revolution.com, página "About". Disponível em: <http://revolution.com/ourstory/about-revolution>. Acesso em: 20 maio 2014.

Capital. Ele me contou que, quando os sujeitos do Google, Sergey Brin e Larry Page, entraram no escritório, eles fizeram uma apresentação de vendas com uma frase que transformou a perspectiva do investidor. "O Google fornece acesso a todas as informações do mundo em um clique."

Essa frase pode muito bem ser as 13 palavras mais lucrativas da história corporativa. O Google não foi a primeira ferramenta de busca do mundo, mas era um sistema melhor porque classificava sites com base na relevância e não apenas com base nos termos da busca. Os investidores viram inúmeros empreendedores tentando vender suas tecnologias de busca e pelo menos um deles estava explorando uma estratégia similar, mas os "sujeitos do Google" apresentaram a empresa de um jeito mais interessante e levaram o financiamento inicial que ajudou a lançar a marca.

NÃO LIMITE A SUA EXPLORAÇÃO AO SEU CAMPO DE ATUAÇÃO

VOCÊ SERÁ UMA pessoa mais interessante caso se interesse em aprender e compartilhar ideias de áreas bastante diferentes das suas. Os melhores inovadores conectam ideias de diferentes áreas. Quando eu estava escrevendo *A experiência Apple*, sobre a Apple Retail Store, descobri que os executivos da Apple visitavam o Ritz-Carlton para saber mais sobre o atendimento ao cliente. Por sua vez, muitas outras marcas fora do setor de tecnologia estudam a Apple para melhorar a experiência do cliente. Os melhores inovadores aplicam ideias de outras áreas além das próprias áreas de atuação.

Conheci um executivo de uma grande empresa de relações públicas que conquistou um grande cliente, uma agência de revitalização urbana encarregada de obter financiamento federal para ajudar a recuperar New Orleans após o Furacão Katrina. Eu tinha trabalhado em uma divisão diferente na mesma empresa de relações públicas. Na posição de ex-vice-presidente de treinamento de mídia para essa empresa,

4. QUERO APRENDER ALGO NOVO

participei de inúmeras reuniões de novos negócios, nas quais o grupo se voltava a discutir a melhor maneira de vender uma perspectiva.

Normalmente, essas reuniões são conduzidas nos ambientes menos criativos que se pode imaginar: salas de conferências acinzentadas, monótonas e escurecidas para que todos possam ver os tediosos slides de PowerPoint. No entanto, aquele executivo sabia que seria mais interessante não confinar sua equipe de vendas a uma sala de conferências durante dois dias na esperança de que seu pessoal tivesse ideias criativas. Em vez disso, ele e sua equipe visitaram o Lower Ninth Ward, a área mais afetada de New Orleans após o furacão.

A equipe do executivo se comoveu tanto com a pobreza e o sofrimento que decidiu que seria melhor deixar o PowerPoint de lado e falar de coração. Cada membro da equipe falou sem o apoio de slides e anotações. Em vez disso, eles falaram sobre o que viram e explicaram por que queriam participar do esforço de reconstrução. Foi quase como se tivessem entrado na apresentação com os sapatos ainda cheios de lama. A equipe conseguiu fechar o contrato e, mais tarde, um dos tomadores de decisão do cliente revelou que, no momento em que deixaram a sala, já tinham ganhado o caso.

É só ao ver o seu próprio mundo através de uma lente diferente que você será capaz de dar aos seus ouvintes um jeito novo de ver o mundo deles.

Dica do TED

Bombardeie o cérebro com novas experiências. Incorporar novos conceitos à sua apresentação requer um pouco de criatividade e uma nova maneira de olhar o mundo. Uma boa técnica para fazer a sua criatividade pegar no tranco é receber as novas experiências de braços abertos. O cérebro usa atalhos para conservar energia. Os neurocientistas descobriram que é só bombardeando o cérebro com novas experiências que podemos forçar a nossa mente a ver o mundo através de novas lentes. Isso significa que você precisa sair do escritório de vez em quando. Exponha-se a novos eventos, pessoas e lugares. E, ainda mais importante, incorpore essas novas experiências às suas apresentações.

AS MELHORES APRESENTAÇÕES REVELAM IDEIAS QUE VOCÊ NUNCA TINHA PENSADO ANTES

QUANDO A *FAST COMPANY* perguntou ao famoso entrevistador Charlie Rose o que faz uma boa conversa, ele respondeu: "As melhores conversas o levam a um passeio, a uma jornada. Eles prendem a sua atenção, você é levado pelo ritmo e a conversa se desenvolve e flui a partir daí. Pensando bem, uma boa conversa pode até levá-lo a ter ideias que você nunca tinha considerado antes, a lugares que lhe possibilitam reinventar a si mesmo ou à sua empresa".[15] As melhores conversas ou apresentações *o conduzem a ideias que você nunca pensou antes*.

O ambiente de hoje, pautado pela mídia social, é uma cacofonia de ideias, especialmente clichês, banalidades, ideias mofadas e desgastadas. Quantas vezes você já ouviu um atleta ou um CEO dizendo: "Tudo o que fiz foi colaborar com a equipe". Quantas vezes você já ouviu um consultor sugerir: "Os melhores líderes sabem ouvir". Quantas vezes você já ouviu conselheiros matrimoniais recomendar uma comunicação melhor como o segredo de um casamento longo e feliz? Há um quê de verdade em todas essas observações, no entanto, quando você ouve advertências embaladas e apresentadas do mesmo jeito vez após vez, elas perdem o impacto. Elas perdem a capacidade de levá-lo a pensar de um jeito diferente. Perdem a capacidade de inspirar.

Quando você leu o livro do conselheiro matrimonial John Gray, *Homens são de Marte, mulheres são de Vênus*, aposto que as ideias apresentadas fizeram você pensar. O livro era intrigante, contendo algumas informações antigas e outras novas, em uma embalagem que tornava o conteúdo original e inovador. E também salvou muitos casamentos. Mas o conteúdo passaria despercebido se o livro não fosse notável.

---

15 Fast Company Staff. *Twitter's Biz Stone and Ev Williams and Charlie Rose*: the long and short of creative conversations. *Fast Company* online. Disponível em: <http://www.fast-company.com/3004361/a-conversation-charlie-rose-biz-stone-ev-williams>. Acesso em: 15 maio 2014.

4. QUERO APRENDER ALGO NOVO

VOCÊ É NOTÁVEL?

SETH GODIN É um proeminente blogueiro e marqueteiro que fundamentou sua carreira em transmitir ideias inteligentes de um jeito incomum. Ele contou à plateia do TED em fevereiro de 2003 que, em uma sociedade com tantas escolhas e tão pouco tempo, a nossa inclinação natural é ignorar a maior parte dessas escolhas.

Imagine o seguinte cenário: você está dirigindo pela estrada e vê uma vaca. Você continua dirigindo porque você já viu um monte de vacas antes. As vacas são invisíveis. Vacas são chatas. Quem vai parar o carro no encostamento e dizer: "Ah, olha só, é uma vaca!". Ninguém. Mas, se a vaca fosse roxa, você a notaria por um tempo. Quero dizer, se todas as vacas fossem roxas, você também se entediaria com elas. O fator que vai decidir o que chama a atenção das pessoas, o que é feito, o que é mudado, o que é comprado, o que é produzido, é o seguinte: isso é notável? E "notável" é uma palavra muito legal porque achamos que ela só significa "boa", mas ela também significa que "vale pena notar".[16]

Godin chegou a publicar um livro intitulado *A vaca roxa* no mesmo ano de sua palestra no TED. O argumento de Godin – que ele próprio dominou – é que você não será notado se transmitir as velhas informações da mesma maneira tediosa que todo mundo. Você terá uma vaca marrom em vez de uma vaca roxa. Coloque uma ênfase um pouco diferente no seu conteúdo, dê a ele um "gancho", como chamamos no jornalismo, e os seus ouvintes serão muito mais receptivos à sua mensagem.

O cérebro não passa de "um pedaço de carne preguiçoso", segundo o neurocientista Gregory Berns. Para forçar o cérebro a ver as coisas de um jeito diferente, você deve encontrar maneiras inovadoras de ajudar o cérebro a *perceber* as informações de outra forma.

---

16 GODIN, Seth. Seth Godin: how to get your ideas to spread. TED.com, abr. 2007. Disponível em: <http://www.ted.com/talks/seth_godin_on_sliced_bread.html>. Acesso em: 15 maio 2014.

TED: FALAR, CONVENCER, EMOCIONAR

"O cérebro precisa receber algo que jamais foi processado antes para ser forçado a sair da esfera das percepções previsíveis."[17]

Essa sede de conhecimento, o desejo de forçar o cérebro a sair das "percepções previsíveis", é a razão pela qual Edi Rama cativou a plateia do TEDx com sua solução para combater a corrupção e reduzir a criminalidade em sua Albânia natal. Por cerca de uma década, Rama foi o prefeito de Tirana, capital daquele minúsculo país.

Tirana já foi considerada uma das cidades mais corruptas do mundo. Era a cidade da lama, do lixo, de prédios abandonados e do cinza... cinza por toda parte. Era um lugar deprimente e degradante. Em 2000, Rama implementou uma série de reformas que incluiu demolir edifícios antigos e, o mais notável, pintar o exterior dos prédios de Tirana em cores vivas. Ele usou o exterior dos edifícios da cidade como a sua tela e, por ter sido um pintor antes de se tornar um político, ele sabia um pouco sobre arte.

> Poucas semanas depois de ser eleito à Câmara Municipal, em 2000, Rama se pôs a contratar pintores para recobrir as fachadas acinzentadas e monótonas de Tirana com cores chamativas, lembrando Marselha ou a Cidade do México. Hoje, partes de Tirana, uma cidade de aproximadamente 650 mil habitantes, se assemelham a uma pintura de Mondrian, com azuis, amarelos e rosas quebrando o sombrio isolamento de 45 anos da Albânia sob uma ditadura comunista.[18]

À medida que o cinza dava lugar à cor, a criminalidade caiu e parques foram surgindo. As pessoas se sentiram mais seguras e passaram a se orgulhar da cidade. Um dia, caminhando por uma rua recém-pintada, Rama se deparou com um lojista removendo as velhas venezianas de suas janelas para instalar uma fachada de vidro.

---

17 BERNS, Gregory. *Iconoclast*. Boston, MA: Harvard Business Press, 2008. p. 25.

18 WALT, Vivienne. A mayoral makeover. *Time*, 2 out. 2005. Disponível em: <http://www.time.com/time/magazine/article/0,9171,1112793,00.html#ixzz2KpjEAsKp>. Acesso em: 15 maio 2014.

150

4. QUERO APRENDER ALGO NOVO

— Por que você está tirando as venezianas? — perguntou.

— Bem, porque a rua está mais segura agora — foi a resposta.

— Mais segura? Por quê? Eles alocaram mais policiais ao bairro?

— Que é isso, cara? Que policiais o quê! Veja você mesmo. A rua tem cores, iluminação pública, asfalto novo sem buracos, árvores. Então ela está bonita, ela é segura.

A paixão de Rama pela arte combinada com sua curiosidade natural lhe permitiu resolver um problema que a maioria das pessoas achava sem solução. Ele fez exatamente o que Gregory Berns recomenda: percebeu as informações de um jeito diferente.

Ouvintes de qualquer área, em qualquer idioma, adoram aprender maneiras originais e inovadoras de resolver problemas. Afinal, somos programados para isso!

Alguns oradores têm uma atitude derrotista. Eles acham que não têm nada de novo para ensinar. É claro que têm. Todos nós temos. Todos nós temos histórias inigualáveis para contar. Você pode não ter tido as mesmas experiências que os palestrantes que conhecemos neste capítulo, mas com certeza tem histórias interessantes e valiosas acumuladas ao longo da sua jornada de descoberta. Preste atenção às histórias da sua vida. Se elas lhe ensinarem algo novo e valioso, são grandes as chances de que os outros queiram ouvi-las.

O sexo é uma boa propaganda, até no TED

Os TEDsters têm um apetite voraz por conhecimento em uma ampla variedade de categorias. E o sexo não é uma exceção. Alguns palestrantes propuseram respostas intrigantes – ou pelo menos a promessa de uma resposta – para questões íntimas.

Em fevereiro de 2009, a jornalista científica Mary Roach revelou "As dez coisas que você não sabia sobre o orgasmo" e recebeu mais de três milhões de visualizações.

Helen Fisher atraiu 2,5 milhões de visualizações com sua palestra "Por que amamos e por que traímos". No TEDMED de abril de 2012, Diane Kelly revelou o que as pessoas não sabem sobre o órgão sexual masculino. Jenny McCarthy falou sobre o que não sabemos sobre o casamento e Amy Lockwood instruiu a plateia do TED sobre o que não sabemos sobre a distribuição de preservativos para reduzir o HIV na África. Parece que, também quando se trata de sexo, as pessoas são mais curiosas sobre o que não sabem do que sobre o que sabem.

O TED É UMA ACADEMIA DE GINÁSTICA PARA O CÉREBRO

O DOUTOR JAMES FLYNN, professor de estudos políticos da University of Otago, na Nova Zelândia, acredita que a população mundial está ficando mais inteligente. Não só um pouco mais inteligente, mas muito, muito mais inteligente. Sua teoria é tão amplamente aceita nos círculos acadêmicos que tem sido chamada de "Efeito Flynn". O próprio Flynn a descreve nos seguintes termos: "Se você comparar os jovens de 18 anos de hoje com pessoas que tinham 18 anos de idade 10, 20, 30, 40, 50 anos atrás, os jovens de hoje vão tirar pontuações muito mais altas em testes de Q.I."[19]

Flynn descobriu que as pontuações de Q.I. subiram a cada geração, não apenas em alguns poucos países, mas em todos os países nos quais os dados de Q.I. são disponíveis. As discussões sobre o Efeito Flynn não se concentram necessariamente nessa constatação, mas nas *razões* por trás dela. A resposta mais lógica e aceita parece ser um maior acesso à educação. As pessoas da maioria dos países passam mais tempo aprendendo, em ambientes educacionais formais e na internet, em sites como o TED.com. De acordo com um artigo do *The New York Times*, "Flynn argumenta que o Q.I. está subindo porque,

---

19 Flynn, James; Shaughnessy, Michael F.; Fulgham, Susan W. An Interview with Jim Flynn about the Flynn Effect. *North American Journal of Psychology*, v. 14, n. 1. Disponível em: <http://www.questia.com/library/1G1-281111803/an-interview-with-jim-flynn-about-the--flynn-effect>. Acesso em: 14 maio 2014.

4. QUERO APRENDER ALGO NOVO

nas sociedades industrializadas, damos ao cérebro um constante exercício mental que desenvolve o que poderíamos chamar de 'músculos' do nosso cérebro".[20]

O sucesso do TED pode ser explicado, em parte, pelo nosso Q.I. em alta e pelo fato de as pessoas ansiarem por um treino mental. Os vídeos do TED.com foram vistos mais de um bilhão de vezes, um número extraordinário de visualizações, se considerarmos o fato de que os vídeos de 18 minutos são, basicamente, apresentações. Pense na maioria das apresentações de negócios que você já viu. Elas foram inspiradoras? Interessantes? Intrigantes? Provavelmente não. Os palestrantes, em geral, ainda não aprenderam a se apresentar ao estilo do TED. Eles ainda não aprenderam que o cérebro adora novidades e ainda não sabem como comunicar essas novidades.

> "O que o TED celebra é o dom da imaginação humana."
>
> — SIR KEN ROBINSON,
> TED de 2006

UM TÍTULO COM JEITO DE TWITTER

EM JULHO DE 2009, o autor do best-seller *Motivação 3.0*, Dan Pink, desvendou o enigma da motivação em uma apresentação no TED que foi vista mais de cinco milhões de vezes. Quando pedi que Pink descrevesse sua palestra, ele o fez em uma frase: "O conjunto de motivadores que costumamos utilizar está longe de ser tão eficaz quanto pensamos". A frase anterior é composta de 94 caracteres e poderia muito bem ser um post do Twitter, que tem um máximo de 140 caracteres.

---

[20] KRISTOF, Nicholas D. It's a smart, smart, smart world. *The New York Times*, caderno The Opinion, 12 dez. 2012. Disponível em: <http://www.nytimes.com/2012/12/13/opinion/kristof-its-a-smart-smart-smart-world.html>. Acesso em: 20 maio 2014.

TED: FALAR, CONVENCER, EMOCIONAR

Se você não puder explicar a sua grande ideia em 140 caracteres ou menos, continue lapidando a sua mensagem. A disciplina traz clareza à sua apresentação e ajuda o seu público a se lembrar da grande ideia que está tentando transmitir.

Antes de se tornar um autor e um palestrante, Pink se dedicava a elaborar discursos, pensar em palavras e lapidar frases para líderes políticos.

Ao elaborar uma apresentação eu me perguntava: "De qual ideia quero que as pessoas se lembrem?". Depois que alguém ouve a sua apresentação, a prova de fogo é quando o ouvinte sai e alguém pergunta: "Sobre o que foi a palestra?". Quero que a apresentação seja boa a ponto de o ouvinte conseguir responder essa pergunta com clareza.[21]

A resposta, diz Pink, não é um acúmulo de pequenos detalhes, mas *a* grande ideia. "Executivos e especialistas tendem a se perder na floresta e nem sempre são capazes de ver as coisas com uma mente de principiante e do ponto de vista do público."

Não é tão fácil se perder na floresta se você só tiver 140 caracteres para se expressar.

O primeiro passo para fazer uma apresentação digna do TED é se perguntar: *Qual é a única coisa que quero que o público saiba?* A resposta deve caber em um tuíte, é o que eu chamo de "título com jeito de Twitter".

É interessante notar que, depois de analisar os temas de cada uma das mais de 1.500 apresentações do TED disponíveis ao público no TED.com, não consegui encontrar nenhum tema – nem um único tema – que ultrapassasse o limite de 140 caracteres. E um dos títulos mais longos, "Três previsões sobre o futuro do Irã corroboradas pela matemática" (65 caracteres), contém um elemento retórico que faz com que ele seja fácil de lembrar: a regra dos três (veja o Capítulo 7).

---

21 Dan Pink, autor, conversa com o autor, 13 fev. 2013.

4. QUERO APRENDER ALGO NOVO

Observe alguns exemplos de títulos das apresentações mais vistas no TED.com. Observe como cada título promete ensinar algo novo.

- "As escolas matam a criatividade" (Sir Ken Robinson)
- "Como os grandes líderes inspiram a ação" (Simon Sinek)
- "Alimentando a criatividade" (Elizabeth Gilbert)
- "Pergunta: por que somos felizes?" (Dan Gilbert)
- "O poder dos introvertidos" (Susan Cain)
- "Os oito segredos do sucesso" (Richard St. John)
- "Como viver antes de morrer" (Steve Jobs)

O título com jeito de Twitter funciona por duas razões: (1) é fruto de uma excelente disciplina, obrigando-o a identificar e esclarecer a mensagem-chave que você deseja que o seu público lembre e (2) ajuda ao seu público processar o conteúdo.

Pesquisas cognitivas demonstram que o nosso cérebro precisa ver o quadro geral antes de se ocupar dos detalhes. John Medina me explicou o conceito da seguinte maneira: "Quando o homem primitivo dava de cara com um tigre, ele não perguntava: 'Quantos dentes o tigre tem?'. Ele perguntava: 'Será que esse tigre vai querer me comer?'".[22] O público precisa enxergar o quadro geral antes de se voltar aos detalhes.

Se você não conseguir explicar seu produto ou ideia em 140 caracteres, continue lapidando até conseguir. "As ideias notáveis vêm de todas as áreas do conhecimento",[23] de acordo com Chris Anderson, curador do TED. "Volta e meia, faz sentido sair das profundas trincheiras que passamos a vida inteira cavando, para ver o quadro geral e como as trincheiras se interconectam. É muito inspirador." Você até pode ter uma dessas ideias notáveis, mas é fundamental mostrar ao seu público o quadro geral, ou, nas palavras de Anderson, "como as trincheiras se interconectam".

---

22 John Medina, professor afiliado de bioengenharia da Faculdade de Medicina da University of Washington, conversa com o autor, 27 jun. 2008.

23 LATHAM, Steven; ZUNINGA, Daphne. *TED: the future we will create – inside the world of TED*. Docurama Films. 2007.

> **Dica do TED**
>
> Crie um título com jeito de Twitter. Ao elaborar a sua próxima apresentação, pergunte-se: "Qual mensagem eu quero que o meu público saiba sobre a minha empresa, meu produto, serviço ou ideia?". Não deixe de fazer com que o título seja específico e claro. Muitas vezes meus clientes criam algo que mais parece um slogan do que com um título, sem informar a mensagem central. Com um título bem elaborado, o público deve conseguir identificar o produto, o serviço ou a causa e o que faz com que ele seja diferente ou inigualável. Certifique-se de que o seu título se atenha ao limite de 140 caracteres de um tuíte. Isso não apenas é um bom exercício, como é essencial para o marketing. O Twitter é uma plataforma extremamente eficaz para o marketing e é fundamental criar uma descrição "tuitável" que possa ser lembrada e compartilhada com facilidade nas redes sociais.

SOMOS VICIADOS EM EXPLORAÇÃO

BEN SAUNDERS "ARRASTA coisas pesadas por lugares gelados", anuncia seu perfil no Twitter. Ele foi o homem mais jovem a esquiar solo no Polo Norte. Saunders é um aventureiro, um explorador do gelo. Passou dez semanas arrastando 180 quilos de comida, suprimentos e um computador para blogar. A temperatura não raro despencava para dez graus abaixo de zero. Às vezes, Saunders chegava a ser o único ser humano em 13 milhões de quilômetros quadrados.

O que o colocou numa situação como essa? Havia pouco a ganhar. Nenhum mapa a ser traçado, nenhum ouro ou o carvão a minerar, nenhuma comida a ser encontrada. Ele era viciado em exploração. "Acho que as expedições polares não são tão diferentes do vício em crack",[24] Saunders revelou a uma plateia do TED em Londres. "Pela

---

[24] SAUNDERS, Ben. Ben Saunders: why bother leaving the house? TED.com, dez. 2012. Disponível em: <http://www.ted.com/talks/ben_saunders_why_bother_leaving_the_house.html.> Acesso em: 14 maio 2014.

4. QUERO APRENDER ALGO NOVO

minha experiência, há algo de viciante em viver a vida nos limites do humanamente possível."

Mantenha em mente que o seu público é formado de pessoas naturalmente programadas para explorar. De acordo com Saunders, as pessoas não querem se limitar a assistir e admirar. Elas querem "vivenciar, se envolver, superar desafios... é aí que o verdadeiro sentido da vida pode ser encontrado".

Saunders sugere que a inspiração e o crescimento resultam de "afastar-se da zona de conforto... Na vida, todos nós temos temporais a suportar e polos para explorar e acho que, pelo menos metaforicamente falando, todos nós poderíamos nos beneficiar de sair um pouco mais de casa se ao menos tivéssemos a coragem de fazer isso".

Os vídeos do TED.com lhe permitem "sair de casa" metaforicamente e se envolver nessas jornadas de exploração com as mentes mais brilhantes do mundo. Abra a porta. Dê uma olhada lá fora. Você vai descobrir um mundo inteiro de apresentações magníficas que o ajudarão a melhorar as suas habilidades de oratória e lhe darão as ferramentas para ter mais sucesso em qualquer esfera da sua vida.

SEGREDO Nº 4
QUERO APRENDER ALGO NOVO

Revele informações completamente novas para o seu público, com uma embalagem diferente ou ofereça uma maneira original e inovadora de resolver um velho problema.

De acordo com Oliver Uberti, designer e orador do TEDx: "Todo super-herói tem uma história de origem. Você também. Não seja um seguidor. Crie a sua própria obra-prima". Percebo que a maioria dos comunicadores são muito mais criativos do que acreditam. Quando são encorajados a libertar sua criatividade e adotar uma abordagem inovadora à apresentação de suas ideias, eles invariavelmente se mostram à altura do desafio.

5

CRIE MOMENTOS SURPREENDENTES

Não use os truques de sempre.

— MANDAMENTO DO TED

Brian Williams, âncora do NBC News, cobre guerras, política e economia. Ele não cobre apresentações. E por que deveria? Milhões de apresentações de PowerPoint são feitas todos os dias e nem aquelas conduzidas por CEOs e outros líderes famosos se qualificam para entrar no noticiário como "últimas notícias". Mesmo assim, Williams abriu uma exceção para o bilionário Bill Gates, que falou no TED em fevereiro de 2009.

Gates quer resolver grandes problemas relacionados à pobreza e à mortalidade infantil no mundo. E não tem como fazer isso sozinho. Ele precisa engajar o público. Lembre-se: o cérebro não presta atenção em coisas chatas. Gates sabe disso e se saiu com um gancho sem igual para chamar a atenção de seu público. A apresentação também pegou Williams de surpresa. De acordo com o jornalista, naquela noite:

TED: FALAR, CONVENCER, EMOCIONAR

Bill Gates, o bilionário fundador da Microsoft, queria esclarecer uma ideia quando compareceu a uma conferência que conta com a participação de alguns dos maiores líderes do setor de tecnologia. No palco, ele abriu um pote de vidro e disse: "A malária é transmitida por mosquitos. Eu trouxe alguns aqui. Vou deixá-los voar por aí. Não há razão para que só os pobres sejam infectados". A plateia ficou paralisada, em um silêncio atordoado, como todos nós ficaríamos. Momentos depois, ele tranquilizou os ouvintes informando que os mosquitos que ele soltou não estavam infectados com a malária, mas ele fez isso para provar um argumento e acho que todo mundo entendeu. Gates e sua esposa, Melinda, dedicaram a vida e sua fortuna a uma série de diferentes causas beneficentes... inclusive a erradicação da malária em países pobres da África e da Ásia, que têm até 500 milhões de novos casos todos os anos.[1]

Sei que isso pode ser um choque para você, mas os noticiários na TV não raro se equivocam em seus relatos. Foi o que aconteceu na cobertura de Williams. Na verdade, Gates não disse que não há razão para que só os pobres sejam infectados. Ele disse: "A malária é, como todo mundo sabe, transmitida por mosquitos. Eu trouxe alguns aqui, só para vocês terem a experiência. Vamos deixar os mosquitos voarem um pouco pelo auditório. Não há razão para que só os pobres tenham essa experiência".[2]

E a plateia não ficou paralisada, em "um silêncio atordoado". Eles caíram na risada, vibraram e aplaudiram. Gates demonstrou, com grande eficácia, o quinto segredo.

---

1 YouTube. Bill Gates releases malaria mosquitoes TED! Must see. YouTube, 6 fev. 2009. Disponível em: <http://www.youtube.com/watch?v=tWjpVJ8YNtk>. Acesso em: 14 maio 2014.

2 *NBC Nightly News with Brian Williams*. Bill Gates Bugs Out, transmitido em 5 fev. 2009. Disponível em: <http://bigdonald.com/nbc-nightly-news-with-brian-williams-bill-gates-bugs-out/gait19>. Acesso em: 14 maio 2014.

5. CRIE MOMENTOS SURPREENDENTES

> **SEGREDO Nº 5**
> CRIE MOMENTOS SURPREENDENTES
>
> O momento surpreendente de uma apresentação é quando o apresentador cria um evento impressionante, surpreendente ou tão tocante e memorável que prende a atenção dos ouvintes e é lembrado por muito tempo depois de a apresentação ser concluída.
>
> **A técnica funciona porque...:** os momentos surpreendentes criam o que os neurocientistas chamam de um evento emocionalmente carregado, um estado de emoção intensa que aumenta as chances de a sua plateia se lembrar da sua mensagem e fazer alguma coisa a respeito.

Gates não estava tentando ser impertinente. Alguns segundos antes, ele discorreu sobre o número de crianças salvas em decorrência de medicamentos e vacinas melhores. "Cada uma dessas vidas importa muito", ele afirmou. Ele fez uma apresentação cheia de empatia, contando que milhões de pessoas morrem de malária todos os anos. Gates usou o senso de humor e um momento chocante para tornar sua mensagem memorável.

FIGURA 5.1: Bill Gates soltando mosquitos em sua apresentação no TED de 2009

Fonte: Cortesia de James Duncan Davidson/TED (http://duncandavidson.com).

Um proeminente blogueiro do setor da tecnologia escreveu a manchete "Gates solta enxame de mosquitos em meio à multidão". Bem, não foi exatamente um "enxame" (o pequeno pote continha apenas alguns mosquitos). Mesmo assim, a apresentação se tornou um fenômeno viral. Uma busca no Google retorna 500 mil links para o evento. O vídeo original postado no site TED.com atraiu 2,5 milhões de visualizações, o que não inclui os outros sites que divulgaram um link para a apresentação.

Dave Morin, empreendedor e CEO da Path, foi o primeiro a anunciar a palestra no Twitter: "Bill Gates acaba de soltar mosquitos no auditório do TED anunciando: 'Não há razão para que só os pobres tenham essa experiência'". Pierre Omidyar, fundador do eBay, tuitou: "Está decidido, nunca mais ficarei na primeira fila". Um momento memorável é compartilhado, difundindo a mensagem muito além da plateia e espalhando-a pelo mundo todo.

Gates falou por 18 minutos. O truque dos mosquitos levou menos de 5% do tempo total de sua apresentação e até hoje é a parte da palestra que as pessoas mais lembram. A maioria dos "momentos de bebedouro" no escritório dura só o tempo de pegar um copo d'água antes de voltar para a sua sala. O "momento de bebedouro" de Gates foi notado, foi assunto de conversas e é compartilhado até hoje, cinco anos depois.

No jornalismo chamamos o truque do mosquito de "o gancho". É o momento impressionante, o trecho mais aplaudido, um recurso retórico que prende a sua atenção e o convence a ler ou a divulgar a história ("Você não pode deixar de ver o Bill Gates soltando mosquitos no TED", você pode escrever a um amigo ao enviar um e-mail com o link da apresentação).

Não estou sugerindo que você leve um pote de mosquitos à sua próxima apresentação, mas, sim, que pondere o seu conteúdo e identifique os seus argumentos mais importantes. Em seguida, encontre um jeito original e memorável de comunicar essas

5. CRIE MOMENTOS SURPREENDENTES

mensagens. Às vezes, você precisa surpreender o seu público para instigar seu interesse.

Qual é a primeira coisa a ser feita ao criar uma apresentação de PowerPoint? Se você for como a maioria das pessoas, responderá: "Abrir o PowerPoint". Resposta errada. A primeira coisa que você deve fazer é elaborar a história. Da mesma forma como um diretor de cinema cria *storyboards* das cenas antes de começar as filmagens, você deve criar a história antes de abrir o PowerPoint. Você poderá criar belos slides depois que tiver a história, mas, se a história for chata, ninguém vai querer ouvi-la.

Gosto de explorar vários sentidos ao planejar uma história – vendo, tocando, sentindo. Levante-se e vá a um quadro branco, pegue uma caneta ou um bloco de notas, use um aplicativo de desenho em um tablet ou pense durante uma caminhada... qualquer coisa que envolva diversas regiões do cérebro. Acima de tudo, não importa qual software você usa (PowerPoint, Keynote, Prezi etc.), não abra o software como o primeiro passo. Sua apresentação será desinteressante e sem inspiração se fizer isso.

O PowerPoint tem uma má reputação, mas é uma boa ferramenta. Ele pode ser utilizado para criar apresentações impressionantes. No entanto, se você não tiver uma boa história, os seus lindos slides não farão qualquer diferença. Toda história, filme ou apresentação memorável tem uma cena ou um evento tão impactante que todo mundo lembra. Esse recurso psicológico é tão conhecido que os pesquisadores têm nome para ele.

CRIE UM EVENTO EMOCIONALMENTE CARREGADO

QUANDO GATES SOLTOU seu "enxame" de mosquitos, ele prendeu a atenção do público criando um evento chocante, inesperado e diferente. Foi o que os pesquisadores do cérebro chamam de um "evento emocionalmente carregado". Como é o caso de todas as técnicas

FIGURA 5.2: A influência da dopamina no cérebro

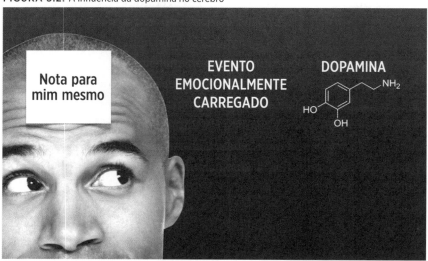

Fonte: Criada pela Empowered Presentations @empoweredpres.

apresentadas neste livro, esta também é eficaz em decorrência do próprio funcionamento do cérebro humano.

"Um evento emocionalmente carregado (geralmente chamado de EEC, abreviatura de estímulo emocionalmente competente) é o tipo mais bem processado de estímulo externo já mensurado", explica o cientista molecular John Medina.[3] "Os eventos emocionalmente carregados persistem por mais tempo na nossa memória e são recordados com maior precisão que as memórias neutras." Medina diz que tudo isso tem a ver com a amígdala, que fica no córtex pré-frontal.

> A amígdala é repleta do neurotransmissor dopamina e a utiliza como um auxiliar de escritório usa post-its. Quando o cérebro detecta um evento emocionalmente carregado, a amígdala libera dopamina no sistema. Como ela ajuda muito na recordação e no

---

[3] MEDINA, 2008. p. 80.

5. CRIE MOMENTOS SURPREENDENTES

processamento de informações, seria possível dizer que a mensagem anotada no post-it é "Lembre-se disso!". Se o cérebro colar um post-it químico em uma informação, ela será processada de maneira mais robusta.[4]

Temos mais chances de lembrar eventos que despertam as nossas emoções do que eventos que provocam uma resposta neutra. Alguns cientistas se referem a esses eventos como "memórias cintilantes". Isso mostra que há uma razão pela qual você se lembra de onde estava em 11 de setembro de 2001, mas esquece onde você deixou as chaves hoje de manhã. E saber a diferença pode ajudá-lo a criar apresentações mais memoráveis e surpreendentes.

LEMBRANDO O 11 DE SETEMBRO E ESQUECENDO AS SUAS CHAVES

UM EVENTO EMOCIONALMENTE carregado (choque, surpresa, medo, tristeza, alegria, admiração) afeta a vividez com que você se lembra dele. Você provavelmente lembra não só *onde* estava em 11 de setembro de 2001, quando terroristas sequestraram aviões e os lançaram contra o World Trade Center, mas também lembra vividamente *o que* estava fazendo, com quem estava, as expressões no rosto das pessoas, o que elas falaram e outros pequenos detalhes do ambiente aos quais, de outra forma, você não prestaria atenção. As pessoas se lembram de eventos vívidos e se esquecem dos mundanos.

Rebecca Todd, professora de psicologia da University of Toronto, descobriu que a vividez com que uma pessoa vivencia um evento afeta a facilidade com que recorda o acontecimento posteriormente. Todd publicou sua pesquisa no *Journal of Neuroscience*. "Descobrimos

---

4　MEDINA, 2008, p. 81.

que vemos com mais clareza coisas que despertam emoções do que coisas mais mundanas",[5] Todd explica.

> Independentemente de elas serem positivas – por exemplo, o primeiro beijo, o nascimento de um filho, ganhar um prêmio – ou negativas – como eventos traumáticos, rompimentos ou um momento doloroso e humilhante na infância –, o efeito é o mesmo. Além disso, constatamos que a vividez com que percebemos algo é um fator preditivo da vividez com que nos lembraremos disso mais tarde. Chamamos esse fenômeno de "vividez emocionalmente reforçada", que é como o brilho de uma lâmpada que ilumina um evento no momento em que ele é capturado pela memória.

Todd e seus colegas descobriram que a região do cérebro responsável pela marcação das memórias, a amígdala, ficava mais ativa em momentos "vívidos". Os pesquisadores mostraram aos participantes imagens "que despertam emoções e são negativas", como cenas de tubarões de boca aberta e dentes afiados, e imagens "que despertam emoções e são positivas", como um erotismo leve, e "cenas neutras", como pessoas em uma escada rolante. Feito isso, os pesquisadores conduziram dois estudos diferentes para mensurar o nível de detalhamento da recordação dos participantes. Um estudo foi realizado 45 minutos depois que os participantes viram as fotos e um estudo de acompanhamento foi realizado uma semana depois. "Os dois estudos constataram que as imagens classificadas como tendo maior vividez emocionalmente reforçada foram lembradas de maneira mais vívida", explica Todd.

"Por que o público se lembra de Bill Gates soltando os mosquitos?", perguntei a Todd em uma entrevista para escrever este livro.

---

[5] Rebecca Todd, professora de psicologia da University of Toronto, conversa com o autor, 25 fev. 2013.

5. CRIE MOMENTOS SURPREENDENTES

"É um momento memorável justamente por despertar emoções, sejam elas agradáveis ou desagradáveis",[6] ela explicou.

No cérebro, quando você é emocionalmente estimulado, você produz níveis mais altos de noradrenalina bem como hormônios do estresse. Já
sabemos há algum tempo que o estímulo emocional melhora a memória.
O nosso estudo foi o primeiro a demonstrar que outro efeito do estímulo
emocional é perceber os eventos com mais vividez no momento em que
ocorrem, o que também aumenta as chances de você se lembrar deles. Os
mosquitos de Bill Gates devem ter evocado surpresa e medo nos ouvintes,
já que eles não tinham como saber que os mosquitos não transmitiam a
malária. E surpresa e medo são duas emoções muito estimulantes.

Todd descobriu que, na verdade, codificamos eventos importantes com muito mais riqueza de detalhes do que fazemos com
acontecimentos comuns.

É como se o evento ficasse gravado com mais vividez na nossa consciên-
cia perceptiva. Parte da razão para isso é que a amígdala, uma região do
cérebro fundamental para fazer a marcação da importância emocional
das coisas, comunica-se com o córtex visual – a parte do cérebro que
possibilita a visão – e reforça seu nível de atividade de modo que efetivamente vemos esses eventos de maneira mais ativa.

"Em resumo, o que as suas pesquisas têm a ensinar às pessoas
que fazem apresentações ou transmitem informações que precisam
ser lembradas e recordadas?", perguntei a Todd.

Se você se conectar com as reações emocionais dos seus ouvintes, eles
perceberão as informações com mais vividez, se distrairão menos e serão

---

6 Rebecca Todd, conversa com o autor, 25 fev. 2013.

mais propensos a se lembrar das informações. Use exemplos bastante concretos e significativos para ilustrar ideias abstratas. Use imagens com destreza, sejam elas bonitas, surpreendentes ou repugnantes.

O cérebro não foi feito para processar conceitos abstratos. Já contei sobre a minha experiência preparando executivos da Toshiba America Medical Systems para apresentar um novo aparelho de tomografia computadorizada do cérebro. Eles me explicaram que o aparelho era "o primeiro dispositivo de tomografia computadorizada dinâmica de alto volume, utilizando 320 linhas de detectores de altíssima resolução para escanear um órgão inteiro em uma única rotação do barril". Eu lhes disse que a explicação era abstrata demais. "Dá para deixá-la mais concreta? Por que eu, o ouvinte, deveria me importar?" Eles explicaram:

> Se você entrar no hospital depois de ter sofrido um acidente vascular cerebral ou um ataque cardíaco, os médicos poderão fazer um diagnóstico muito mais preciso em muito menos tempo e isso poderia salvar sua vida. Digamos que o nosso produto pode significar a diferença entre voltar para casa e viver uma vida plena ou nunca mais reconhecer a sua família.

As mensagens mais claras requerem explicações específicas e tangíveis. Você não tem como surpreender a sua plateia se não se fizer entender.

A APRESENTAÇÃO MAIS NOJENTA

VOCÊ DEVE SE lembrar da neuroanatomista doutora Jill, cuja palestra no TED teve mais de dez milhões de visualizações... e que também foi a mais nojenta. Se você tiver um estômago fraco, pode querer evitar essa apresentação. Se você for corajoso, verá um cérebro humano de verdade com uma medula espinhal de 45 centímetros pendurada.

5. CRIE MOMENTOS SURPREENDENTES

Dois minutos depois do início de sua apresentação, ela anunciou: "Se você já viu um cérebro humano, sabe que os dois hemisférios são completamente separados um do outro. Eu trouxe um cérebro humano de verdade para vocês verem. Então, aqui está".[7] Dito isso, ela se voltou a um assistente que levava uma bandeja com um cérebro. A doutora Jill vestiu luvas de borracha, pegou o cérebro, com o tronco cerebral e a medula espinhal pendurada sobre a bandeja. Dá para ouvir as expressões de nojo vindo da plateia. "Esta é a parte frontal do cérebro, a parte de trás do cérebro com a medula espinhal pendurada, e é assim que o cérebro ficaria posicionado dentro da minha cabeça", ela explicou enquanto segurava o órgão na altura da cabeça para todos verem.

A doutora Jill explicou como os hemisférios do cérebro se posicionam, como eles se comunicam e quais os papéis que desempenham. Muitas pessoas na plateia se contorciam, arrastavam os pés nervosamente no chão e apertavam os lábios, enojadas. No entanto, se prestarmos atenção às expressões faciais dos ouvintes, veremos algo notável. As pessoas estavam inclinadas para a frente, na beirada dos assentos. Algumas cobriam a boca com as mãos, outras estavam com o dedo indicador na bochecha, absolutamente imersas na apresentação. Elas estavam profundamente envolvidas. Enojadas, talvez, mas emocionalmente estimuladas e engajadas, prestando muita atenção a tudo o que era dito.

Se mais professores fizessem apresentações "nojentas" – emocionalmente carregadas –, os alunos reteriam mais das lições aprendidas na escola e na faculdade.

A doutora Jill voltou a exibir seu repugnante adereço cênico em 2013, em uma apresentação no TEDxYouth.

---

7   TAYLOR, Jill Bolte. Jill Bolte Taylor: my stroke of insight. TED.com, mar. 2008. Disponível em: <http://www.ted.com/talks/jill_bolte_taylor_s_powerful_stroke_of_insight.html>. Acesso em: 14 maio 2014.

TED: FALAR, CONVENCER, EMOCIONAR

Este é um cérebro humano de verdade. E ver este cérebro me lembra de que somos uma rede de circuitos nervosos... hoje sabemos mais sobre o cérebro humano do que jamais soubemos antes e descobrimos coisas nos últimos 10 a 20 anos que mudaram completamente o modo como os neurocientistas pensam sobre esse órgão e o nosso relacionamento com ele.[8]

Ao segurar o cérebro nas mãos enquanto abre sua palestra, a doutora Jill deixa o público fascinado e mais vividamente concentrado em suas palavras, e não apenas no adereço cênico que leva nas mãos. Com isso, eles ficam receptivos ao tema central e a lição que ela quer transmitir: o cérebro dos adolescentes é vulnerável, mas os adolescentes também têm como escolher o que pensam, levando a uma reação fisiológica positiva ou negativa. "Este é o seu cérebro. Este é o seu instrumento. Esta é a sua ferramenta. E este é o seu poder", ela concluiu. Em 16 minutos, a doutora Jill deu aos adolescentes da plateia uma apresentação mais profunda e memorável do que eles provavelmente verão na escola.

Então, voltando à mensagem original do início deste capítulo: por que você se lembra dos detalhes de um evento como o 11 de Setembro, mas tende a esquecer onde deixou suas chaves? Por que nos lembramos da apresentação da doutora Jill ou dos mosquitos de Gates, mas nos esquecemos de 99% das apresentações de PowerPoint que vemos? O cérebro é programado para recordar acontecimentos emocionalmente vívidos e ignorar eventos comuns e mundanos. Se você quer se destacar em um mar de apresentações medíocres, deve assumir o controle emocional do seu público.

---

8 YouTube. The neuroanatomical transformation of the teenage brain: Jill Bolte Taylor at TEDxYouth@Indianapolis. YouTube, 21 fev. 2013. Disponível em: <http://www.youtube.com/watch?v=PzT_SBI31-s>. Acesso em: 14 maio 2014.

5. CRIE MOMENTOS SURPREENDENTES

"O cérebro se lembra mais dos componentes emocionais de uma experiência do que de qualquer outro aspecto."

— JOHN MEDINA,
biólogo molecular e autor de *Aumente o poder do seu cérebro*

O REI INDISCUTÍVEL DO ENCANTAMENTO

STEVE JOBS FOI um verdadeiro rei do evento emocionalmente carregado, o "momento uau!". Em todas as apresentações que dava, ele conseguia informar, instruir e entreter. Ele transformava uma apresentação em um espetáculo digno de uma produção da Broadway. Suas apresentações incluíam heróis, vilões, adereços cênicos, personagens e uma cena memorável, aquele momento no qual a plateia tinha certeza de que valeu a pena pagar o preço do ingresso.

Anos antes de aplicativos como o PowerPoint ou o Keynote serem inventados e anos antes de o TED entrar em cena, Steve Jobs já fazia apresentações ao estilo do TED, mantendo o público eletrizado e fascinado.

Em 1984, mais de 2.500 funcionários, analistas e jornalistas encheram o Flint Center na De Anza College para o lançamento de um produto que revolucionaria o modo como usamos computadores: o Macintosh. O lançamento de 16 minutos também resiste ao teste do tempo e é considerado uma das apresentações mais dramáticas já feitas por um titã corporativo.

Jobs começou com uma descrição da potência e dos recursos do novo computador, acompanhada de fotos. "Toda essa potência cabe em um gabinete que tem apenas um terço do tamanho e do peso de um PC da IBM",[9] ele anunciou. A maioria dos apresentadores teria concluído a apresentação aí, informando ao público quando o produto

---

[9] YouTube. The lost 1984 video (The original 1984 Macintosh introduction). YouTube. Disponível em: <http://www.youtube.com/watch?v=2B-XwPjn9YY>. Acesso em: 30 jan. 2009.

171

seria colocado à venda e qual seria sua faixa de preço. Em vez disso, Jobs encantou a multidão com uma surpresa adicional, inesperada.

"Vocês acabaram de ver fotos do Macintosh. Agora eu gostaria de lhes mostrar o Macintosh. Todas as imagens que você está prestes a ver no telão estão sendo geradas pelo conteúdo daquela bolsa." Jobs foi até uma pequena mesa no meio do palco. Uma bolsa de lona preta era o único objeto, posicionado no meio da mesa. Lentamente, e sem dizer uma única palavra por quase um minuto, Jobs retirou o Macintosh da bolsa, colocou-o sobre a mesa, enfiou a mão no bolso, retirou um disquete, inseriu cuidadosamente o disquete no computador, e se afastou. As luzes se apagaram, a música-tema de *Carruagens de fogo* começou a tocar e uma série de imagens encheu a tela, com fontes e arte que jamais tinham sido vistas antes em um computador pessoal.

O público vibrou, gritou e aplaudiu. Se Jobs tivesse terminado ali, aquela já teria sido uma das apresentações mais memoráveis de todos os tempos. Mas, não satisfeito, Jobs ainda tinha outro "momento uau!" para apresentar à plateia. Jobs disse que deixaria "o Macintosh falar por si só, pela primeira vez na história". Seguindo a deixa, o Macintosh falou com uma voz digitalizada: "Olá, sou o Macintosh. Que alívio poder sair daquela bolsa. Desacostumado como sou a falar em público, gostaria de contar a vocês uma máxima que me ocorreu na primeira vez que encontrei um mainframe da IBM: 'Nunca confie em um computador que você não consegue levantar'".

O vídeo do evento foi visto mais de três milhões de vezes no YouTube. Foi um momento profundo – inesperado e sem igual –, um evento emocionalmente carregado que deixou uma marca indelével na plateia naquele dia e nos milhões de pessoas que o viram desde então.

A apresentação do Macintosh, em 1984, estava longe de ser a única apresentação dramática de Steve Jobs. Felizmente para os apresentadores do mundo todo, ele continuou refinando seu estilo e proporcionando "momentos uau!" a cada grande anúncio de produto,

5. CRIE MOMENTOS SURPREENDENTES

sendo que a maioria deles foi registrada e está disponível no YouTube. Veja apenas alguns exemplos de como Steve Jobs incorporou esses momentos a suas apresentações. Você pode ter algumas ideias com eles.

"Vislumbramos genialidade"

Em 1997, Steve Jobs voltou à Apple depois de 12 anos afastado. Com apenas cerca de dois minutos restantes em sua primeira apresentação ao público desde o seu retorno, Jobs reduziu a velocidade de sua fala, baixou a voz e disse:

> Acho que as pessoas sempre tiveram de ser um pouco diferentes para comprar um computador da Apple... Acho que as pessoas que os compram são os espíritos criativos do mundo. São aquelas pessoas que não se contentam em realizar uma tarefa, elas querem mudar o mundo e querem mudar o mundo usando todas as excelentes ferramentas que puderem obter. E nós fazemos ferramentas para esse tipo de gente... Muitas vezes, as pessoas acham que somos loucos. Contudo, nessa loucura, vemos genialidade. E é para essas pessoas que fazemos ferramentas. [10]

Um "momento uau!" pode ser tão simples quanto falar do coração – sem slides, sem adereços, sem vídeo, só você. Como vimos no Capítulo 1, costuma ser tão fácil quanto completar a seguinte frase: "O que faz o meu coração bater mais forte é...".

Mil músicas no seu bolso

Em 2001, a Apple lançou o iPod. O player de MP3 não foi o primeiro player portátil do mercado... Você se lembra do Walkman da Sony? É verdade que o MP3 possibilitava transferir músicas mais rapidamente

---

[10] YouTube. The Microsoft deal — Macworld Boston (1997). YouTube, 21 dez. 2012. Disponível em: <http://www.youtube.com/watch?v=PjT19XTxZaU>. Acesso em: 18 maio 2014.

TED: FALAR, CONVENCER, EMOCIONAR

de um computador ao dispositivo, mas não foi esse o "momento uau!" de Jobs, que decidiu se concentrar no tamanho do aparelho.

"O que o iPod tem de tão especial?",[11] ele perguntou à plateia.

> Ele é ultraportátil. O iPod é do tamanho de um baralho. Isso é minúsculo. E também é mais leve que a maioria dos celulares que vocês levam no bolso. Mas não paramos por aí... este pequeno e incrível dispositivo tem a capacidade de armazenar mil músicas e vai direto no seu bolso. A propósito, tenho um aqui comigo.

> Jobs colocou a mão no bolso do jeans e tirou o primeiro dispositivo capaz de armazenar tantas músicas e caber no bolso.

Jobs era genial usando estatísticas em "momentos uau!". Os executivos da Apple continuam a fazer isso, apresentando estatísticas com tamanha originalidade que as próprias estatísticas se tornam memoráveis. Apresentando o iPad Mini pela primeira vez, Phil Schiller, vice-presidente de marketing da Apple, disse que o tablet tem "7,2 mm de espessura. Isso é cerca de um quarto mais fino que um iPad de quarta geração". Schiller sabia que as estatísticas por si só não seriam memoráveis de modo que optou por um jeito original de representar os dados.

"Para contextualizar essa informação, o dispositivo é tão fino quanto um lápis", ele anunciou no momento em que um lápis apareceu ao lado do Mini iPad no telão. "Ele pesa pouco mais de 300 gramas. Em outras palavras, ele é mais que 50% mais leve que o iPad anterior. Isso é tão leve quanto um bloco de notas. Pensamos em comparar com um livro, mas os livros são muito mais pesados!" Conversei com blogueiros que cobriram o evento. A maioria não se lembrou das especificações exatas do tablet, mas todos se lembraram do lápis e do bloco de notas. A abordagem original de Schiller para apresentar os dados criou um evento emocionalmente carregado.

---

11 YouTube. Apple music event 2001 – the first ever ipod introduction. YouTube. Disponível em: <http://www.youtube.com/watch?v=kN0SVBCJqLs&feature=related>. Acesso em: 15 maio 2014.

5. CRIE MOMENTOS SURPREENDENTES

Três produtos em um

Em 2007, Steve Jobs apresentou o iPhone. Lembre que um evento emocionalmente carregado pode incluir um elemento-surpresa. E foi exatamente o que Steve Jobs fez. Ele disse à plateia que a Apple lançaria três novos produtos naquele dia. "O primeiro é um iPod com tela widescreen e sensível ao toque. O segundo é um celular revolucionário. E o terceiro é um dispositivo absolutamente inovador de comunicações pela internet."[12] Ele repetiu os três produtos e disse: "Um iPod, um celular e um comunicador on-line. Um iPod, um celular... vocês estão entendendo? E não são três aparelhos separados. É tudo isso num dispositivo só. Nós o chamamos de iPhone".

A plateia irrompeu em risos, aplausos e assobios. Este é um dos meus exemplos favoritos de um evento emocionalmente carregado por provar que não é preciso ter adereços extravagantes ou elaborados para suscitar um momento memorável. Às vezes, basta uma reviravolta surpreendente e criativa na mensagem.

CRIE UM "MOMENTO CARAMBA"

GOSTO DE CHAMAR o "evento emocionalmente carregado" – ou o que alguns chamam de "momento uau!" – de "momento caramba". É aquele momento numa apresentação quando você revela a ideia central, seu ouvinte fica boquiaberto e pensa: "Caramba, agora eu entendi!". É a primeira coisa que eles lembram sobre a sua apresentação e a primeira coisa que eles dizem para explicar a sua apresentação para alguém que não a viu. Um momento caramba não precisa ser nada sofisticado. Pode ser algo tão simples quanto uma historieta pessoal. Veja cinco maneiras de criar um momento caramba na sua próxima apresentação (todas elas foram usadas em apresentações do TED).

---

12 Apple. Macworld San Francisco 2007 keynote address. Apple. Disponível em: <http://www.apple.com/quicktime/qtv/mwsf07/>. Acesso em: 30 jan. 2009.

Adereços e demos

Mark Shaw criou o Ultra-Ever Dry, uma invenção com uma surpreendente característica: ela repele líquidos e se mantém seca. No TED de 2013, ele demonstrou seu revestimento nanotecnológico super-hidrofóbico que, segundo ele, age como um escudo contra a maioria dos líquidos.

Shaw levou um balde de tinta vermelha e a jogou em um quadro branco. Enquanto a tinta escorria pelo quadro, letras começaram a surgir: as letras maiúsculas garrafais tinham sido revestidas com o Ultra-Ever Dry. Aos poucos, o público viu surgir um *T* seguido de um *E* e, finalmente, o *D*, formando TED. O público aplaudiu e se levantou. Shaw criou um demo memorável voltado exclusivamente à conferência e a seu público. Os ouvintes sem dúvida se lembrariam dessa demonstração.

Quando trabalhei com um grupo de cientistas nucleares em um dos principais laboratórios dos Estados Unidos que reportava ao Departamento de Energia, aprendi duas lições sobre a ciência nuclear. Em primeiro lugar, não há nada mais complicado que a tecnologia nuclear. Então, jamais use a desculpa de que o seu conteúdo é complexo ou técnico demais para ser explicado com simplicidade. Em segundo lugar, os laboratórios nucleares dos Estados Unidos fazem muito mais do que apenas proteger a estabilidade dos nossos recursos nucleares. Eles conduzem pesquisas e fornecem dados importantes nas áreas de mudanças climáticas globais, não proliferação nuclear, energia limpa e contraterrorismo.

Aquele grupo específico da organização estava encarregado de desenvolver a apresentação que os cientistas levariam ao Congresso para tentar financiar seus projetos. Um dos projetos envolvia armamentos de próxima geração. Um exemplo foi uma bomba que poderia ser remotamente guiada a uma sala cheia de terroristas, destruir a sala e deixar ilesos os cômodos adjacentes e casas ou edifícios vizinhos.

Sei que é polêmico, mas a tecnologia pode salvar vidas, eliminando os terroristas e poupando os inocentes.

5. CRIE MOMENTOS SURPREENDENTES

Os cientistas decidiram incorporar um evento emocionalmente carregado na apresentação. Eles marcaram a sala de reunião na qual a apresentação seria feita com duas linhas de fita no chão. Durante a apresentação, eles apontariam para o chão. "Todo mundo que estiver a *x* centímetros desta linha seria eliminado [eles nunca chegaram a me dizer quantos centímetros]. Aqueles de vocês que estiverem para trás da segunda linha de fita sobreviveriam sem um arranhão." Eu não vi a apresentação, mas estou certo de que os legisladores na sala tiveram um momento surpreendente.

Basta dizer que eles receberam o financiamento.

Dica do TED

A sua apresentação precisa de um adereço cênico? Pode ser que sim. Vejamos um exemplo disso. Eu trabalho com muitos clientes do setor de agronegócio e sei mais sobre sustentabilidade e proteção contra a intoxicação alimentar que a maioria das pessoas em virtude do meu extenso trabalho com produtores que fornecem a maior parte da produção do país. Um cliente estava lançando um produto para ajudar os produtores a rastrear caixas de produtos até a sua origem, e a tecnologia que possibilitava esse produto ficava instalada em uma caixa verde contendo todos os dispositivos necessários para executar o "rastreamento". Orientando o cliente para a principal apresentação que lançaria o produto à comunidade agrícola em geral, percebi que algo estava faltando. Perguntei ao grupo: "Vocês pretendem incorporar a caixa à apresentação de algum jeito?". Eles responderam: "Não. Não pensamos nisso. Só pensamos em mostrar slides de PowerPoint".

Os apresentadores normalmente "não pensam nisso". É muito possível que a sua apresentação se beneficiaria do uso de algum tipo adereço para enfatizar uma mensagem-chave. Às vezes é preciso alguém de fora para ajudá-lo a perceber isso, então não hesite em mostrar o conteúdo a um amigo ou colega e pedir opiniões e sugestões. Várias cabeças pensando juntas podem se sair com a ideia perfeita.

Estatísticas inesperadas e chocantes

Quase todas as apresentações de maior sucesso do TED contêm dados, estatísticas ou números para reforçar o tema. Toda apresentação que objetive influenciar uma decisão deve fazer o mesmo. No entanto, alguns dos melhores palestrantes do TED são famosos por apresentar estatísticas chocantes, como:

- "Este país é muito diferente hoje do que foi há 40 anos. Em 1972, havia 300 mil pessoas em cadeias e prisões. Hoje, esse número subiu para 2,3 milhões. Os Estados Unidos têm hoje a maior taxa de encarceramento do mundo." — Bryan Stevenson;

- "Por que estamos ignorando os oceanos? Se pegarmos o orçamento anual da NASA para explorar o céu, esse orçamento anual seria o suficiente para a NOAA explorar os oceanos por 1.600 anos." — Robert Ballard;

- "Uma em cada cem pessoas é um psicopata. Temos 1.500 pessoas neste auditório. Quinze de vocês são psicopatas." — Jon Ronson.

Eu trabalho com muitos executivos para ajudá-los a elaborar suas histórias. Apresentar estatísticas de maneira inovadora muitas vezes resulta em momentos surpreendentes, de cair o queixo. Lembro-me de uma reunião com um executivo que representava a indústria de morangos da Califórnia, o mesmo executivo do qual falei no Capítulo 1. A maioria dos californianos não sabe que os morangos são uma cultura importante para o estado, inclusive pessoas que moram nas regiões onde eles são cultivados.

Noventa porcento de todos os morangos consumidos nos Estados Unidos são cultivados na Califórnia. Também é importante notar que os morangos enriquecem as comunidades onde são cultivados. Conversando com o palestrante, fiquei sabendo que os morangos ocupam apenas 0,5% das terras cultiváveis da Califórnia mas geram 10% de todos os empregos agrícolas no estado. Descobri que os impostos sobre salários pagos em apenas um condado da Califórnia

5. CRIE MOMENTOS SURPREENDENTES

equivaliam aos salários combinados de todos os professores do ensino primário no município e que, de modo geral, o lavrador de morango ganhava mais que a média dos trabalhadores de lojas de varejo.

Essas estatísticas objetivavam demonstrar a importância do setor para a economia da Califórnia, mas os números brutos perderiam o impacto se fossem apresentados fora de contexto. Os executivos já conheciam as estatísticas que a maioria das pessoas que eles queriam influenciar (consumidores, imprensa, compradores de varejo, parceiros) desconhecia.

Dica do TED

Dados estatísticos podem dar uma sacudida na plateia. A persuasão ocorre quando se consegue tocar a mente e o coração do ouvinte – com lógica e emoção. Você precisará de evidências, dados e estatísticas para sustentar seu argumento. Faça com que os números sejam expressivos, memoráveis e de cair o queixo, colocando-os em um contexto com o qual o público pode se identificar. Uma estatística não precisa ser chata. Meu conselho: nunca apresente dados descontextualizados. O contexto é importantíssimo. Se a sua apresentação incluir um número ou ponto de dados novo ou importante, pense em um jeito de "embalá-lo" para torná-lo atraente para o ouvinte. Peça ajuda aos seus colegas de equipe. Às vezes é preciso um brainstorming para descobrir como empacotar as estatísticas da maneira mais memorável.

Fotos, imagens e vídeos

Raghava KK é um artista que usa ondas cerebrais para manipular sua arte em tempo real. Ao falar para a plateia do TED, Raghava usava na cabeça um aparelho de *biofeedback* que registrava sua atividade cerebral. O aparelho foi conectado ao computador usado para mostrar as imagens.

A plateia viu uma foto do rosto de uma mulher idosa que Raghava carinhosamente chamou de "Mona Lisa 2.0". As margens do slide revelavam a atividade das ondas cerebrais dele. Na demonstração ao vivo, Raghava disse que a plateia não apenas poderia ver o seu estado mental (atento, meditativo, focado), mas que ele também poderia projetar seu estado no rosto da senhora. "Quando estou tranquilo, ela está tranquila. Quando estou estressado, ela está estressada",[13] ele anunciou. E, de fato, quando suas ondas cerebrais ou estado mental mudou, o sorriso da mulher também se alterou. Sua carranca se intensificou antes de se transformar em um sorriso.

Os elementos visuais têm um enorme impacto. Um slide evocativo, um vídeo engraçado ou perspicaz, uma demonstração emocionante, são todos elementos originais com o poder de cativar o seu público.

Títulos memoráveis

Stewart Brand é um futurista que apresentou uma previsão ousada à plateia do TED de 2013, em Long Beach. A biotecnologia está avançando quatro vezes mais rápido que a tecnologia digital, ele declarou. Na opinião de Brand, uma das implicações disso é que será possível trazer animais extintos de volta à vida. "Os mamutes peludos voltarão a andar pela Terra", ele anunciou. *Os mamutes peludos voltarão a andar pela Terra.* No jornalismo, chamamos isso de frase de efeito – uma frase breve, provocativa e passível de ser repetida, que convida a retuítes, posts no Facebook e citações no noticiário. Neste ponto da minha carreira, consigo reconhecer uma frase de efeito assim que a ouço. E, como era de se esperar, a previsão de Brand explodiu nas redes de mídia social, incluindo o Twitter, graças a um retuíte do National Geographic Channel.

Quando comecei a treinar executivos em técnicas de comunicação, para que a história fosse relatada em jornais e noticiários de TV,

---

13 KK, Raghava. Raghava KK: my 5 lives as an artist. TED.com, fev. 2010. Disponível em: <http://www.ted.com/talks/raghava_kk_five_lives_of_an_artist.html>. Acesso em: 19 maio 2014.

5. CRIE MOMENTOS SURPREENDENTES

a frase de efeito era crucial ou a história estaria fadada a morrer na obscuridade. Hoje, as mídias sociais fazem com que a frase de efeito seja ainda mais importante. Para ser um excelente apresentador também é preciso elaborar uma mensagem sucinta que transmita a grande ideia. Quando as pessoas compartilham citações pelo Twitter, Facebook, LinkedIn e outras redes sociais, é ainda mais importante alimentar essas plataformas com citações com uma boa "pegada" e boas chances de serem repetidas.

A frase de efeito é tão importante que o TED tem um site e uma conta do Twitter dedicados a divulgar as melhores citações de seus palestrantes (@TEDQuote). Veja algumas das mais populares:

- "Se você não estiver preparado para estar errado, jamais se sairá com qualquer coisa original." — Sir Ken Robinson;
- "A correlação entre ser o melhor palestrante e ter as melhores ideias é nula." — Susan Cain;
- "Não finja até conseguir. Finja até se transformar." — Amy Cuddy;
- "Por trás da maioria das meninas afegãs que atingem o sucesso está um pai que reconhece que o sucesso dela é o sucesso dele também." — Shabana Basij-Rasikh;
- "Os números são as notas musicais com as quais a sinfonia do universo é composta." — Adam Spencer.

Se quiser ler mais citações, visite TED.com/quotes e veja mais de duas mil citações dos palestrantes. Você pode pesquisar todas as citações, as citações mais populares ou navegar por categoria. Citações com grande potencial de serem repetidas são tão importantes na difusão da mensagem que o TED procura as citações mais memoráveis da palestra para usar de gancho para atrair o público.

Use um gancho para fisgar a atenção das pessoas. Forje e apresente citações com grandes chances de serem repetidas. As suas ideias merecem ser lembradas.

Histórias pessoais

Dediquei um capítulo inteiro ao *storytelling*, mas é impossível não voltar a falar sobre isso aqui porque as histórias pessoais muitas vezes são o momento surpreendente de uma apresentação. Freeman Hrabowski, por exemplo, conta histórias para atrair publicidade para a sua causa. Ele é o chanceler da University of Maryland, em Baltimore. Foi entrevistado no *60 Minutes* e foi nomeado uma das pessoas mais influentes da revista *Time* por seu trabalho inspirando estudantes de baixa renda e de minorias étnicas a se especializar em ciência e engenharia.

Em fevereiro de 2013, Hrabowski fascinou uma plateia do TED com histórias – histórias de sucesso de seus alunos, bem como histórias de sua própria transformação pessoal. Ele começou contando uma experiência que transformou sua vida quando ele tinha 12 anos de idade.

Um dia fui à igreja, como fazia toda semana, sem querer estar lá, e ouvi aquele homem dizer: "Se convencermos as crianças a participar desta manifestação pacífica aqui em Birmingham, podemos mostrar à América que até as crianças sabem a diferença entre o certo e o errado e que as crianças querem ter a melhor educação possível". Olhei para cima e perguntei: "Quem é ele?". Disseram-me que era o doutor Martin Luther King. Declarei aos meus pais: "Eu quero ir". E eles disseram: "De jeito nenhum". A briga foi feia. De um jeito ou de outro, eu disse: "Vocês são hipócritas. Vocês me forçam a ir à igreja, me obrigam a ouvir, o homem quer que eu vá e vocês não querem deixar". Eles passaram a noite inteira pensando sobre o assunto. Eles literalmente choraram, rezaram e pensaram: "Vamos deixar o nosso menino de 12 anos participar dessa manifestação? Ele provavelmente vai acabar na cadeia". Eles decidiram me deixar ir... enquanto eu estava na cadeia, o doutor King entrou e

5. CRIE MOMENTOS SURPREENDENTES

declarou: "O que vocês, crianças, fizeram hoje afetará crianças que ainda nem nasceram".[14]

Os bons comunicadores são bons contadores de histórias. As histórias criam momentos fortes, incisivos. Histórias bem contadas não apenas produzem um impacto emocional, como vimos no Capítulo 2, como também reforçam o tema para atrair o seu público.

Sempre sugiro que os executivos baixem a guarda para derrubar a barreira entre eles e o público, revelando algo sobre si mesmos que ajudará os ouvintes a vê-los sob uma luz diferente. As histórias que eles contam costumam ser carregadas de emoção. Trabalhei com uma mulher que teve um papel importantíssimo em uma das maiores e mais admiradas empresas do mundo da tecnologia, a Intel. Ela cresceu em um lar afro-americano pobre com mais cinco irmãos. Aquela menininha se apaixonou pela ciência e matemática e se tornou uma engenheira. Mas a história não termina por aqui. Todos os seus cinco irmãos também se tornaram engenheiros de sucesso. Quando aquela engenheira da Intel terminou sua história, lágrimas rolavam pelo rosto dos colegas, inspirados por aquela "nova" informação. A história não era novidade para ela, mas seus colegas não sabiam.

TERMINANDO COM CHAVE DE OURO

ENQUANTO ESCREVIA ESTE LIVRO, fiz uma pausa para acompanhar a minha esposa a um show da cantora e compositora pop Pink. Eu gosto de algumas músicas da Pink e esperava um desempenho razoável ou, em outras palavras, os velhos truques de sempre. Mas, como uma grande apresentação no TED, Pink não se limitou a um show qualquer de música pop.

---

14 HRABOWSKI, Freeman. Freeman Hrabowski: 4 pillars of college success in science. TED. com, abr. 2013. Disponível em: <http://www.ted.com/talks/freeman_hrabowski_4_pillars_ of_college_success_in_science.html>. Acesso em: 19 maio 2014.

Perto do fim do show, Pink, de collant dourado, flutuou pelo ar como a Sininho do Peter Pan, puxada por fios de segurança que a levaram por toda a extensão do estádio lotado com 17 mil pessoas. Pequenas plataformas tinham sido instaladas pelo estádio, nas quais Pink pousava e ficava empoleirada por alguns momentos, mais perto dos fãs, para, em seguida, voltar a voar pelo estádio enquanto cantava um de seus hinos. Um jornalista do *Hollywood Reporter* descreveu a cena como fenomenal. "Estava começando a parecer mais um show de música pop, com as velhas rotinas de música e dança, mas ela se superou no bis do *So what...* A façanha foi tão impressionante que a maior parte da multidão tentou registrá-la no celular enquanto outros assistiam boquiabertos."

O momento "alucinante" de Pink no show foi criado para fechar o espetáculo com chave de ouro. Todo mundo precisa de um "momento uau!": músicos, atores e artistas de todo tipo, inclusive apresentadores e oradores. O "momento uau!" comunica a mensagem e a grava para sempre na nossa cabeça.

Como já vimos, um "momento uau!" pode ser algo tão simples quanto uma breve história pessoal. Em uma ocasião, eu estava em uma sala de conferências com o diretor de desenvolvimento de negócios de uma das maiores companhias de petróleo e energia do mundo. Sua equipe e eu tínhamos criado uma narrativa para sua apresentação no encontro anual global dos funcionários. Ele tinha robustas informações sobre os resultados do ano anterior e uma mensagem positiva sobre o futuro. Estruturamos a história para que ela fosse concisa, clara e memorável. Mas ainda estava faltando um momento surpreendente.

Virei-me para o executivo e perguntei: "Por que o senhor é apaixonado por esta empresa? Esqueça a sua apresentação de PowerPoint. Só responda de coração".

O que aconteceu em seguida foi uma lição surpreendente sobre a criação de um evento emocionalmente carregado. O executivo fez

5. CRIE MOMENTOS SURPREENDENTES

uma pausa, pensou a respeito, enfiou a mão no bolso e tirou seu cartão de visita da carteira. "Carmine, este cartão me garante reuniões com primeiros-ministros e presidentes. Ele me abre portas. Mas é o nosso compromisso com a proteção dos recursos mais preciosos que mantém a porta aberta." Ao pronunciar essas palavras, os olhos do executivo se encheram de lágrimas e a voz saiu tremida. Ele prosseguiu:

> Quando a Rússia nos concedeu um contrato de exploração no mar Báltico [um contrato no valor de US$ 32 bilhões], o presidente russo me disse: "Estamos lhes dando acesso aos ativos mais valorizados da Rússia porque confiamos que vocês os protegerão". Os nossos parceiros confiam em nós porque o nosso pessoal trabalha com integridade. Nunca tive mais orgulho de trabalhar em qualquer outra organização em toda a minha vida.

Todos nós, eu e a equipe dele, nos olhamos um pouco embaraçados porque o executivo estava claramente emocionado... e nós também. Depois de uma breve pausa, perguntei calmamente: "O senhor já contou isso em alguma apresentação pública?".

"Nunca."

"Bem, então o senhor contará agora", eu declarei.

O executivo fez sua apresentação para milhares de funcionários e a concluiu sacando um cartão de visitas da carteira e repetindo exatamente o que nos contou naquela sala de conferências. Não achei que ele voltaria a se emocionar na apresentação, mas foi o que aconteceu. Os funcionários viram um lado diferente de seu líder. Eles aplaudiram de pé, alguns funcionários tinham lágrimas nos olhos e pelo menos uma pessoa abordou o executivo e disse: "Nunca tive tanto orgulho de trabalhar nesta empresa".

Várias semanas depois, analisamos os questionários que os funcionários tinham sido solicitados a responder. Eles deram àquele executivo as notas mais altas em comparação com todos os líderes na longa história da empresa. Depois disso, ele faz questão de incluir um "momento uau!" em todas as suas apresentações. Normalmente é uma história, um vídeo, uma demonstração, um convidado surpresa ou um simples relato pessoal. Todas as táticas são eficazes.

SEGREDO Nº 5
CRIE MOMENTOS SURPREENDENTES

Todo bom apresentador tem pelo menos um momento surpreendente, de cair o queixo – um evento emocionalmente carregado sobre o qual os ouvintes vão querer falar no dia seguinte. Toda apresentação precisa de um instante como esse. Crie e use esse momento. O conteúdo da sua apresentação terá mais impacto se ficar gravado na mente dos seus ouvintes.

6
FAÇA UMA
APRESENTAÇÃO LEVE

Ao longo do último século, o senso de humor se
tornou um traço de personalidade altamente valorizado.

— ROD A. MARTIN, psicólogo

A palestra mais popular do TED de todos os tempos foi um azarão: Sir Ken Robinson explicando por que as escolas matam a criatividade. Já mencionei que a apresentação dele foi a palestra mais popular do TED de todos os tempos, mas como essa palestra de 18 minutos sobre a reforma do sistema educacional conseguiu atrair mais de 15 milhões de visualizações? Pessoas muito mais famosas que Robinson fizeram apresentações postadas no YouTube – Conan O'Brien, Stephen Colbert, J. K. Rowling e Oprah Winfrey –, mas nenhum desses vídeos chega perto da popularidade de Robinson.

O seu vídeo se tornou um fenômeno viral porque o nosso cérebro não consegue ignorar a novidade. E também porque adora uma boa piada. Combine o senso de humor com a novidade e você tem uma apresentação espetacular. Robinson usou uma abordagem original para falar sobre um velho problema – como ensinar melhor as crianças. A novidade: senso de humor.

TED: FALAR, CONVENCER, EMOCIONAR

"Se você está em um jantar e diz que trabalha na educação... na verdade, você não é convidado a muitos jantares, francamente, se trabalha na educação",[1] Robinson disse ao abrir sua palestra. O público começou imediatamente a rir e as risadas não deram trégua enquanto Robinson prosseguiu com outra observação engraçada sobre o trabalho na educação: "Mas, se você for [convidado a um jantar], e alguém perguntar: 'O que você faz?' E você responde que trabalha na educação, dá para ver o sangue se esvaindo do rosto da pessoa. E você fica tipo, 'Oh, céus, por que eu? Justo na única noite da semana que tive a chance de sair!'."

SEGREDO Nº 6
FAÇA UMA APRESENTAÇÃO LEVE
Não leve você mesmo (ou o seu tema) a sério demais. O cérebro também adora uma boa piada. Dê ao seu público uma razão para sorrir.
A técnica funciona porque...: o senso de humor derruba defesas, deixando o seu público mais receptivo à sua mensagem. As pessoas também acabam simpatizando mais com você e têm mais chances de apoiar ou fazer negócio com pessoas de quem gostam.

Sir Ken Robinson entrelaçou de maneira magistral anedotas, histórias e piadas em uma narrativa que comunicou muito bem o tema principal: o sistema educacional dos Estados Unidos recompensa os alunos treinados para fazer provas e sufoca a criatividade, a disposição a correr riscos e a inovação. Veja alguns outros exemplos de como Robinson fez o seu público pensar e rir ao mesmo tempo.

• "Um dia desses ouvi uma história ótima, que adoro contar, de uma mininha numa aula de desenho. Ela tinha 6 anos e estava nos fundos da sala, desenhando. A professora disse que aquela

---

1   ROBINSON, Ken. Ken Robinson: how schools kill creativity. TED.com, jun. 2006. Disponível em: <http://www.ted.com/talks/ken_robinson_says_schools_kill_creativity.html?qsha=1&utm_expid=166907-20&utm_referrer=http%3A%2F%2Fwww.ted.com%2Fsearch%3Fcat%3Dss_all%26q%3Dken%2Brobinson>. Acesso em: 16 maio 2014.

6. FAÇA UMA APRESENTAÇÃO LEVE

menininha quase nunca prestava atenção, mas que, naquela aula de desenho, ela estava muito concentrada. A professora ficou intrigada, foi até a menininha e perguntou: 'O que você está desenhando?'. E a menininha respondeu: 'Estou desenhando Deus'. A professora disse: 'Mas ninguém sabe como Deus é'. E a menininha disse: 'Vocês vão saber daqui a pouco'."

- "Morei em Stratford-on-Avon [uma pequena cidade da Inglaterra], até uns cinco anos atrás. Nós nos mudamos direto de Stratford para Los Angeles. Então dá para imaginar a transição tranquila que foi. (Risos.) Na verdade, nós moramos num lugar chamado Snitterfield, nas cercanias de Stratford, que foi onde o pai de Shakespeare nasceu. Vocês não acham isso esquisito? Eu acho. Ninguém pensa que Shakespeare teve um pai, não é mesmo? Vocês já pensaram nisso? Porque ninguém pensa em Shakespeare como um moleque, não é? Dá para imaginar Shakespeare com 7 anos de idade? Eu nunca pensei nisso. Quero dizer, um dia ele teve 7 anos. E estudou na aula de inglês de alguém, não é mesmo? Dá para imaginar como isso teria sido irritante? Imagine o pai de Shakespeare mandando ele ir dormir: 'Largue esse lápis e vá para a cama. E pare de falar desse jeito. Você está deixando todo mundo confuso'. Então, nós nos mudamos de Stratford para Los Angeles e eu só gostaria de dizer uma palavra sobre a transição, na verdade. Meu filho não queria vir. Eu tenho dois filhos. Hoje ele tem 21 anos e a minha filha tem 16. Ele não queria vir para Los Angeles. Ele adorava a cidade, mas tinha uma namorada na Inglaterra. Era o amor da vida dele, a Sarah. Eles só se conheciam havia um mês. Veja bem, eles comemoraram o quarto aniversário porque isso é muito tempo quando se tem 16 anos. De qualquer maneira, ele estava muito chateado no avião e disse: 'Nunca mais vou encontrar outra garota como a Sarah'. E nós estávamos bastante satisfeitos com isso, francamente, porque ela foi a principal razão pela qual estávamos deixando o país."

TED: FALAR, CONVENCER, EMOCIONAR

- "Eu gosto de professores universitários, mas, vejam bem, eles não representam o auge de toda a realização humana. Eles não passam de uma forma de vida. E eles são bastante estranhos, e digo isso porque tenho muito carinho por eles. Pela minha experiência, os professores têm uma coisa curiosa – não todos, mas em geral –, eles vivem na cabeça deles. Eles vivem aqui em cima, e um pouco deslocados para o lado. Eles são desencarnados, sabem? Eles vivem numa espécie de forma literal. Eles acham que o corpo não passa de um meio de transporte para a cabeça, não é verdade? (Risos.) É só um jeito de levar a cabeça às reuniões."

Robinson recebeu uma longa ovação de pé. Ele inspirou uma plateia de 1.200 pessoas que incluiu bilionários, filantropos, cientistas, pensadores e formadores de opinião. E também inspirou milhões de pessoas na internet.

Uma das coisas que faço é estudar comunicadores inspiradores: quem eles são, como conseguem fazer o que fazem e como qualquer outra pessoa também poderia aprender a inspirar os outros. Se Robinson se limitasse ao conteúdo, poucas pessoas teriam prestado atenção à sua apresentação, porque fatos e conteúdo literal, por si só, não possuem qualquer carga emocional. Como vimos no Capítulo 5, as estatísticas são chatas a menos que sejam embaladas em um pacote emocionalmente atraente. Quando um bom comunicador dá vida às estatísticas, os dados têm o poder de nos comover, nos inspirar e nos levar a fazer alguma coisa a respeito.

O senso de humor é uma tática usada com destreza pelos palestrantes mais inspiradores do mundo. O humor funcionou para Robinson. E funcionará para você também. No entanto, você precisa aprender a incorporar o humor de uma maneira criativa e natural. Repetir piadas velhas ou, pior, grosseiras e sujas não o levará muito longe. Na verdade, isso pode até indispor a sua plateia.

6. FAÇA UMA APRESENTAÇÃO LEVE

Os oradores mais populares do TED não contam piadas! A menos que você seja um comediante profissional, as piadas não saem autênticas. Pense a respeito. Quando encontra um cliente pela primeira vez, você abre a conversa com a última piada que leu na internet? Não? Então por que você se sentiria compelido a abrir uma apresentação de negócios com uma piada? Abrir com uma observação cômica, em contrapartida, pode ser perfeitamente apropriado e bastante eficaz. Neste capítulo, você vai aprender cinco alternativas bem-humoradas para contar uma piada.

> Uma piada mal contada, ou pior, uma piada bem contada mas grosseira ou inoportuna pode denegrir rapidamente a sua reputação diante do seu público. Certa vez, conduzi um workshop para um grupo de representantes de vendas de uma grande companhia de viagens global. Todos os representantes de vendas fizeram uma breve apresentação para o resto do grupo. O homem que fez uma das apresentações mais bem elaboradas concluiu com uma piada grosseira sobre as mulheres.
>
> Piadas machistas são inaceitáveis em qualquer apresentação profissional de negócios e, considerando que a maior parte do público dele era constituída de vendedoras bem-sucedidas, a apresentação foi um terrível fracasso. Na sessão de *feedback*, quase todo mundo reclamou da piada. A piada só conseguiu distrair a plateia de uma excelente história que o apresentador tinha contado sobre o produto. Um comediante como Chris Rock consegue escapar impune de piadas machistas, é pago regiamente para fazer isso e o público dele já espera esse tipo de humor. No entanto, é pouco provável que o seu público espere que você seja um Chris Rock, então é melhor nem tentar.

O CÉREBRO ADORA UM BOM SENSO DE HUMOR

O DOUTOR A. K. PRADEEP é o fundador da NeuroFocus, uma empresa de pesquisa sediada em Berkeley que utiliza pesquisas neurológicas para descobrir como os consumidores decidem o que assistir e o que comprar. "Em seu núcleo emocional, o cérebro de todos os seres humanos modernos é bastante parecido",[2] ele escreve em *O cérebro consumista*. O senso de humor, ao que parece, é uma daquelas ferramentas para as quais o cérebro foi programado para responder e é uma chave para tornar uma mensagem original e inovadora.

Quando conversei com Pradeep em seu centro de pesquisas, soube que seus experimentos corroboram as pesquisas existentes, que demonstram que conversas breves, claras e interessantes têm mais chances de serem compreendidas pelos ouvintes. Os ouvintes, por sua vez, serão muito mais propensos a lembrar essas mensagens e a fazer alguma coisa a respeito. Como fazer com que as mensagens sejam interessantes? Segundo Pradeep, use o humor para dar um toque de originalidade à ideia. "O cérebro adora isso", ele explica.

Rod A. Martin, professor de psicologia da University of Western Ontario, explica que as pessoas usam o humor para "reforçar o próprio *status* na hierarquia de um grupo. Por exemplo, você é mais propenso a fazer piadas e divertir as pessoas de um grupo no qual você é o líder ou tem uma posição de dominância do que em um grupo no qual você tem um *status* inferior e menos poder que os outros".[3]

Em seu livro *The psychology of humor*, Martin argumenta que o humor é usado como uma "tática de adulação", na tentativa de ser aceito em um grupo. Isso explica por que tantos comediantes famosos tiveram uma infância difícil ou passaram por um período no qual foram tratados como párias. Eles usaram o humor para adular e se imiscuir no grupo e o fizeram com tanta frequência que refinaram suas técnicas a ponto de fazer disso uma profissão. De acordo com Martin:

---

2 PRADEEP, A. K. *The buying brain: secrets for selling to the subconscious mind.* Hoboken, NJ: John Wiley & Sons, 2010. p. 29. [*O cérebro consumista*. São Paulo: Cultrix, 2012.]

3 MARTIN, Rod A. *The psychology of humor: an integrative approach.* Burlington, MA: Elsevier Academic Press, 2007. p. 120.

6. FAÇA UMA APRESENTAÇÃO LEVE

Quando encontramos uma pessoa pela primeira vez, tendemos a formar rapidamente impressões e opiniões sobre seus traços de personalidade, como simpatia, sua credibilidade, suas motivações e assim por diante. Com efeito, a capacidade de formar impressões relativamente precisas dos outros com rapidez e eficiência pode ter sido importante para a sobrevivência da humanidade na nossa história evolutiva. Uma fonte de informações que contribuem para formar as nossas impressões iniciais dos outros é a maneira como eles expressam o humor. O humor é uma forma de comunicação interpessoal, de modo que um bom senso de humor é uma importante habilidade social que em geral admiramos nos outros.[4]

O riso também desempenha um importante papel reforçando a coesão do grupo, segundo Martin. O humor e o riso são exemplos do que Martin chama de indução de estados emocionais:

Um método de comunicação projetado para chamar a atenção dos outros, para transmitir informações emocionais importantes e para ativar emoções similares nos outros... O riso não só transmite informações cognitivas aos outros como também induz a acentuação de emoções positivas para influenciar seu comportamento e promover uma atitude mais favorável daquele que ri.[5]

De acordo com Martin, estudos demonstram que, quando encontramos pessoas com um bom senso de humor, somos mais propensos a atribuir outros aspectos desejáveis à personalidade dessas pessoas. Estudos revelam que as pessoas bem-humoradas são vistas como simpáticas, extrovertidas, atenciosas, agradáveis, interessantes, criativas, inteligentes, perspicazes e emocionalmente estáveis.

---

4 MARTIN, 2007, p. 120.

5 MARTIN, 2007, p. 128.

Quando sites americanos de namoro na internet perguntam aos membros qual qualidade eles consideram mais desejável em um parceiro, mais de 80% respondem "bom senso de humor". Quando se trata de encontrar um companheiro, um levantamento após o outro mostra que o senso de humor é mais importante que o grau de escolaridade, sucesso profissional ou atratividade física. A menos que esteja tentando se vender em uma rodada de *speed dating*, você provavelmente não está em busca de um companheiro ao fazer uma apresentação, mas sim procurando prender a atenção e conquistar o respeito da sua plateia. O seu público adora o humor. Dê-lhes o que eles querem. A devoção deles o ajudará a ter muito mais sucesso.

RINDO O CAMINHO TODO ATÉ O BANCO

TER UM BOM senso de humor é importante no palco do TED, nos relacionamentos pessoais e em qualquer ambiente de negócios. Em um estudo publicado na *Harvard Business Review* (intitulado "Laughing all the way to the bank" ou "Rindo o caminho todo até o banco", em tradução livre), Fabio Sala compilou mais de quatro décadas de pesquisas sobre o humor e descobriu que "o humor, se utilizado com destreza, lubrifica as engrenagens da gestão. O humor reduz a hostilidade, evita críticas, alivia a tensão, reforça a moral e ajuda a transmitir mensagens difíceis ou delicadas".[6]

Além dessa compilação, Sala também conduziu suas próprias pesquisas. Ele escolheu 20 executivos de uma empresa de alimentos e bebidas, metade dos quais foi classificada como de desempenho mediano pelos colegas, enquanto a outra metade foi caracterizada como de desempenho acima da média. Todos os executivos participaram de uma entrevista de duas horas para falar sobre o

---

6 SALA, Fabio. Laughing all the way to the bank. *Harvard Business Review*, set. 2003. Disponível em: <http://hbr.org/2003/09/laughing-all-the-way-to-the-bank/ar/1>. Acesso em: 18 maio 2014.

6. FAÇA UMA APRESENTAÇÃO LEVE

desempenho da liderança. Dois observadores categorizaram o conteúdo das entrevistas e anotaram as referências cômicas. O humor que incluiu humilhar os outros foi codificado como negativo, enquanto o humor utilizado para apontar coisas engraçadas ou absurdas foi codificado como positivo. De acordo com Sala:

> Os executivos classificados como de desempenho acima da média usaram o humor com uma frequência mais que duas vezes maior que os executivos medianos, atingindo uma média de 17,8 vezes por hora em comparação com 7,5 vezes por hora... Quando analisei a remuneração dos executivos naquele ano, descobri que o montante do bônus que eles receberam apresentou uma correlação positiva com o uso do humor durante as entrevistas. Em outras palavras, quanto mais engraçados os executivos eram, maior foi o bônus recebido.

Sala observa que "ser engraçado" não foi o fator-chave, mas refletiu um importante componente de sucesso: a inteligência emocional.

> Nos meus estudos, os executivos de destaque usaram mais todos os tipos de humor em comparação com os executivos medianos, embora favorecessem o humor positivo ou neutro. No entanto, não queremos sugerir que é sempre bom usar mais humor ou que o humor positivo é sempre melhor do que o humor negativo, depreciativo. Tanto na vida profissional quanto pessoal, o que decide o uso eficaz do humor é o modo como ele é executado. Não tente forçá-lo. Mas preste mais atenção ao modo como você usa o humor, como os outros reagem a isso e as mensagens que você transmite. Tudo depende do jeito de falar.

Se tudo depende do jeito de falar, como fazer graça em uma apresentação? O primeiro passo pode parecer um contrassenso, mas garanto que é fundamental: *não tente ser engraçado*. Evite contar

TED: FALAR, CONVENCER, EMOCIONAR

piadas. Assim que você começa a contar a piada da loira no bar ou do rabino e do sacerdote no avião, você está morto. As piadas só funcionam para os melhores comediantes profissionais.

Você não é o Jerry Seinfeld. Ele revela que, quando trabalha em um novo show, dois terços de suas piadas são um lixo e, em sua maioria, seriam um enorme fracasso no palco. Seinfeld passa anos trabalhando nas piadas antes de chegar ao ponto certo.

Em um vídeo para o site do New York Times, Seinfeld desconstruiu detalhadamente a anatomia de uma piada. Ele contou que passou dois anos trabalhando em uma piada sobre o Pop-Tart, um biscoito pré-assado recheado. "É muito tempo para gastar em algo que não faz sentido algum, mas é o que eu faço e é o que as pessoas querem que eu faça",[7] ele explicou. Em seguida, desconstruiu a piada na qual estava trabalhando: "Gosto que a primeira frase já seja, de cara, engraçada. 'Quando eu era um moleque e eles inventaram o Pop-Tart, a parte de trás da minha cabeça quase explodiu.' A frase preparava o terreno [para a piada]: foi uma parte específica da minha cabeça que quase explodiu, e não a minha cabeça como um todo...". Dito isso, Seinfeld passou os próximos cinco minutos dissecando cada componente – cada frase – do resto da piada. Se uma frase for comprida demais, ele tira letras de palavras e conta sílabas para obter o comprimento perfeito.

O vídeo de Jerry Seinfeld nos dá um vislumbre fascinante da mente de um comediante admirável. Aprendi duas lições: (1) dá muito trabalho fazer comédia e (2) o humor que usamos nas apresentações e o modo como executamos esse humor devem ser meticulosamente elaborados e considerados.

Como é possível ser engraçado sem contar piadas? Eu seria um milionário se fosse pago a cada vez que um cliente me disse: "Eu não sou engraçado". Você não precisa ser engraçado para ser divertido.

---

7 YouTube. Jerry Seinfeld interview: how to write a joke. *The New York Times*. YouTube.com, 20 dez. 2012. Disponível em: <http://www.youtube.com/watch?v=itWxXyCf W5s>. Acesso em: 16 maio 2014.

6. FAÇA UMA APRESENTAÇÃO LEVE

Você só precisa estar disposto a fazer a sua lição de casa para injetar um pouco de diversão e leveza na sua apresentação. Veja cinco maneiras de dar o toque certo de humor na sua palestra ou apresentação sem passar dois anos lapidando uma piada.

1. Anedotas, observações e histórias pessoais

A maioria dos apresentadores do TED que arranca risos da plateia tende a contar anedotas sobre si mesmos ou sobre conhecidos, fazer observações sobre o mundo ou contar histórias pessoais. Se alguma coisa aconteceu com você e você achou graça na situação, grandes são as chances de os outros também considerarem a situação cômica. A maior parte do humor de Sir Ken Robinson foi apresentada na forma de anedotas e histórias sobre si mesmo, seu filho, sua esposa etc.

Esse é o tipo de humor mais eficaz na maioria das apresentações de negócios. Anedotas e observações são historietas ou exemplos que não têm a pretensão de provocar grandes gargalhadas, mas sim colocar um sorriso no rosto das pessoas e fazer com que a plateia simpatize com o palestrante. Por exemplo, no TED de 2013, Dan Pallotta, fundador do AIDS Rides, fez a seguinte observação: "E, por falar nisso, eu sou gay. Ser gay e ser pai de trigêmeos é, de longe, a coisa mais socialmente inovadora, socialmente empreendedora que já fiz".[8]

A doutora Jill Bolte Taylor provocou grandes risadas quando fez uma piada sobre si mesma relatando o momento em que teve um derrame. Ela disse: "Eu me dei conta: 'Meu Deus! Estou tendo um AVC! Estou tendo um AVC!'. A próxima coisa que meu cérebro me diz é: 'Uau! Que legal! Quantos cientistas cerebrais têm a chance de estudar o próprio cérebro de dentro para fora?'".[9] E, com o *timing*

---

8   PALLOTTA, Dan. Dan Pallotta: the way we think about charity is dead wrong. TED.com, mar. 2013. Disponível em: <http://www.ted.com/talks/dan_pallotta_the_way_we_think_about_charity_is_dead_wrong.html>. Acesso em: 16 maio 2014.

9   TAYLOR, Jill Bolte. Jill Bolte Taylor: my stroke of insight. TED.com, mar. 2008. Disponível em: <http://www.ted.com/talks/jill_bolte_taylor_s_powerful_stroke_of_insight.html>. Acesso em: 14 maio 2014.

perfeito de um comediante, a doutora Jill arrematou: "E foi quando o pensamento passou pela minha cabeça: 'Mas eu sou uma mulher muito ocupada! Não tenho tempo para um derrame!'".

É sempre um bom caminho abrir uma apresentação falando sobre algo cômico ou divertido que você observou. Mas não tente provocar gargalhadas logo de cara. Você pode arrancar risadas da plateia mais tarde, mas, se tentar fazer isso assim que pisar no palco ou iniciar a sua apresentação, pode dar de cara com a parede e, apesar de momento algum ser um "bom momento" para dar de cara com a parede, você pode nunca se recuperar se isso acontecer cedo demais.

Dica do TED

Lembre-se do que deu certo. Pense nas anedotas, histórias, observações ou comentários que o fizeram sorrir no passado ou provocaram um sorriso nos seus colegas. Se esse tipo de humor deu certo na ocasião e for apropriado para a sua apresentação, incorpore-o à sua narrativa e pratique sua execução.

2. Analogias e metáforas

Uma analogia é uma comparação que aponta para as semelhanças entre duas coisas diferentes. É uma excelente técnica de retórica que ajuda a explicar temas complexos. No meu trabalho com a Intel, usamos a clássica analogia tecnológica de que um semicondutor (chip de computador) é "como o cérebro do computador". Quando a Intel lançou seu primeiro chip dual-core, explicamos a tecnologia com uma frase simples: "É como ter dois cérebros em um computador". Trabalhei, naquela mesma empresa, com a diretora de armazenamento computacional, que declarou: "Em 2020 o mundo terá 40 zetabytes de dados. Isso é 57 vezes mais dados que cada grão de areia do mundo. Carmine, onde você acha que vamos enfiar toda essa informação?!".

Ao comparar os dados com grãos de areia, a especialista em armazenamento colocou a enorme estatística em perspectiva e se

6. FAÇA UMA APRESENTAÇÃO LEVE

divertiu relatando os dados. Aconselhei-a a abrir suas apresentações assim. Ela passou a fazer isso e foi muito bem recebida pelo público, tanto interno quanto externo. Ora, não adianta mandar alguém "ser engraçado" ou contar uma piada. Se orientar as pessoas a fazer algo no palco que elas não costumam fazer numa conversa do dia a dia, você está preparando o terreno para o fracasso. Em geral, uma analogia simples pode levar os ouvintes a sorrir.

Muitos dos melhores apresentadores do TED provocam o riso usando analogias. Por exemplo:

- "Chris Anderson me perguntou se eu poderia relatar os últimos 25 anos de campanhas contra a pobreza em dez minutos no TED. Estamos falando de um inglês pedindo a um irlandês para ser sucinto." — Bono;
- "Um especialista falando sobre a internet e dizendo que ela fará isso ou aquilo no futuro deve ser recebido com o mesmo ceticismo que os comentários de um economista sobre a economia ou um meteorologista sobre o clima." — Danny Hillis, inventor, TED de 2013;
- "Tentar governar o Congresso sem relações humanas é como tentar rodar um carro sem óleo no motor. Você se surpreenderia se a coisa toda emperrasse?" — Jonathan Haidt, psicólogo social, TED de 2012;
- "Se os americanos quiserem viver o sonho americano, eles deveriam ir à Dinamarca." — Richard Wilkinson, professor da University of Nottingham, TEDGlobal de 2011.

3. Citações

Um jeito fácil de provocar risadas sem ser um comediante ou contar uma piada é citar alguém dizendo algo engraçado. As citações podem ser de pessoas famosas, anônimas ou de parentes e amigos. Os oradores do TED fazem isso o tempo todo. Por exemplo, Carmen Agra Deedy citou sua mãe, que disse: "Larguei

TED: FALAR, CONVENCER, EMOCIONAR

a vergonha junto com a meia-calça – as duas me impedem os movimentos". Alguns palestrantes fazem citações e uma observação incisiva para enfatizar a piada. "Em 2006, o presidente da American Mortgage Bankers Association (associação americana dos bancos de crédito hipotecário) declarou: 'Está mais do que claro que nenhum evento sísmico está prestes a abalar a economia dos Estados Unidos'. Isso sim é um homem que sabe o que diz", ironizou Rory Bremner. (Dois anos depois, a crise do subprime levou ao colapso financeiro de várias grandes instituições financeiras, anunciando a pior retração econômica dos Estados Unidos desde a Grande Depressão.)

No TED de 2013, John McWhorter, linguista da Columbia University, ensinou algo novo à plateia sugerindo uma nova maneira de ver os 22 milhões de mensagens de texto enviadas todos os dias. Ele argumenta que, em vez de nos lamentar da linguagem abreviada que define as mensagens de texto enviadas pelos adolescentes, devemos ver o fenômeno como um "milagre linguístico" na evolução da língua falada.

McWhorter mostrou uma série de cinco slides, cada qual com uma citação de alguém criticando o jeito de falar dos jovens. No caso, as citações em si não eram engraçadas, mas a maneira como McWhorter usou os slides para reforçar seu argumento provocou risadas da plateia.

Ele começou com uma citação de um professor de inglês em 1956: "Muitos desconhecem o alfabeto ou a tabuada de multiplicação, não sabem escrever seguindo as regras gramaticais...".[10] A plateia não riu, nem McWhorter esperava isso. Ele avançou para o segundo slide, que exibia uma citação de 1917 de um professor de Connecticut: "As escolas do ensino médio estão em desespero porque os alunos ignoram até

---

[10] MCWHORTER, John. John McWhorter: txtng is killing language. JK!!! TED.com, abr. 2013. Disponível em: <http://www.ted.com/talks/john_mcwhorter_txtng_is_killing_language_jk.html>. Acesso em: 16 maio 2014.

6. FAÇA UMA APRESENTAÇÃO LEVE

os mais básicos rudimentos". Nenhuma risada. "E dá para voltar ainda mais no tempo", McWhorter anunciou.

No terceiro slide, ele mostrou uma citação de Charles Eliot, presidente da Harvard, em 1871: "Erros ortográficos, incorreções, bem como deselegância da expressão por escrito... estão longe de ser raros entre os jovens de 18 anos, de outra forma bem preparados para o ensino superior". A plateia começou a entender e alguns começaram a rir.

McWhorter prosseguiu, mostrando citações cada vez mais antigas até chegar a uma de 63 d.C., um homem inconformado com a maneira como as pessoas estavam falando latim, chateado ao ver que o idioma estava se transformando no francês. Depois de várias citações, o público entendeu a premissa e passou a dar risada tanto das citações quanto de si mesmos por não ter visto antes a evolução da linguagem da perspectiva de McWhorter. As pessoas sempre se queixam do modo como os jovens usam a linguagem, mas "o mundo continua girando", McWhorter arrematou.

Incluir citações com criatividade na sua apresentação proporciona um intervalo mental para os ouvintes. Tente evitar citações comuns e batidas. E não se limite a visitar um site de citações na internet, escolhendo aleatoriamente uma citação de acordo com a categoria. Pondere com cuidado o humor e as citações a utilizar. Eles devem ser relevantes.

Quando dou palestras em uma associação ou conferência de negócios, costumo usar citações de membros da associação, dos fundadores ou do CEO das empresas às quais estou falando. As citações arrancam risadas dos ouvintes e me ajudam a me conectar com eles. Incorporar boas citações requer algum empenho. Seria mais fácil me limitar a usar uma citação famosa qualquer, mas estaria longe de ser tão criativo e eficaz. Faça a sua lição de casa.

Dica do TED

Faça a sua lição de casa e pesquise as citações. Procure citações que possam dar um toque de leveza à sua apresentação ou atenuar a complexidade do tema. Você não precisa se ater a citações famosas. Evite o caminho batido. Em muitos casos, citações de conhecidos podem ser muito divertidas e envolventes.

4. Vídeo

No TEDxYouth de 2011, Kevin Allocca, diretor de tendências do YouTube, fez o público rir histericamente com três breves vídeos do site: um homem em êxtase vendo um arco-íris, uma adolescente cantando uma música bobinha chamada "Friday" e uma animação idiótica a ponto de ser hipnotizadora intitulada "Nyan cat". O tema de Allocca, por sua vez, não tinha nada de idiota.

Em uma apresentação perspicaz, ele revelou as três razões pelas quais aqueles vídeos se tornaram virais (os vídeos tinham centenas de milhões de visualizações): "formadores de opinião, comunidades de participação e o inesperado". Entre um vídeo e o outro, ele apresentou gráficos e estatísticas sobre cada um. Por si só, as estatísticas teriam sido áridas, mas Allocca incluiu vídeos bobos para arrancar gargalhadas da plateia.

Muito poucas pessoas usam vídeos nas apresentações, até nas palestras do TED. O vídeo, no entanto, é uma excelente maneira de incluir o humor em uma apresentação: ele se encarrega de ser engraçado por você, e você não se sente tão pressionado a fazer graça.

Em palestra sobre as Apple Stores e o atendimento ao cliente, costumo mostrar dois vídeos. Em um deles, um cliente testa até onde pode ir em uma Apple Store: ele entra com uma cabra, pede uma pizza para ser entregue na loja e até chega a contratar uma pequena banda para fazer uma serenata para ele e a esposa, que saem bailando pela loja. No segundo vídeo, a plateia vê uma jovem dançando em uma Apple Store enquanto os funcionários continuam trabalhando

6. FAÇA UMA APRESENTAÇÃO LEVE

na área de vendas como se nada estivesse acontecendo. O objetivo dos vídeos é reforçar o argumento de que os funcionários da Apple Store são treinados não para "vender coisas", mas sim para "enriquecer vidas" e para garantir que as pessoas sejam felizes na loja. Os vídeos sempre provocam boas risadas e, o melhor de tudo, eu não tenho de fingir que sou um comediante; eu simplesmente deixo que os outros façam isso por mim.

5. Fotos

Quando você pensa na sua disciplina preferida na faculdade, grandes são as chances de o professor ter injetado uma boa dose de humor nas aulas. Se eu pudesse adivinhar, diria que você não incluiu um curso de economia na sua lista quando pensou nos professores mais divertidos. Se for o caso, o seu professor definitivamente não foi o palestrante do TED Juan Enriquez. Caso contrário, garanto que teria adorado ir à aula de economia.

Enriquez fez quatro palestras no TED e tem o dom de eliminar a complexidade da economia com o humor, geralmente na forma de fotografias. Seus temas são complexos e o humor facilita o entendimento porque as fotos colocam o tema em um contexto que todos conseguem entender.

No TED de 2009, ele abriu a palestra dizendo: "Há um grande elefante na sala chamado economia. Então, vamos começar falando sobre isso. Eu queria mostrar a vocês uma visão atual da economia".[11] A "visão" que ele mostrou foi um slide intitulado "A economia". Não havia nada no resto do slide, só um fundo preto. Em 2009, os Estados Unidos estavam mergulhados em uma profunda recessão, de modo que nem foi preciso explicar. O slide vazio e escuro disse tudo e provocou uma grande gargalhada da plateia já no início da apresentação.

---

11 ENRIQUEZ, Juan. Juan Enriquez: the next species of human. TED.com, fev. 2009. Disponível em: <http://www.ted.com/talks/juan_enriquez_shares_mindboggling_new_science. html>. Acesso em: 16 maio 2014.

No que se refere à economia, Enriquez prosseguiu: "Ainda temos dois grandes problemas por aí. Um deles é a alavancagem. É esse problema que faz com que o sistema financeiro americano se pareça com isso". Enriquez avançou para um slide mostrando uma foto de pessoas em uma piscina. O grupo dava risada, com um rádio sobre uma mesinha no meio da piscina e o fio elétrico passando pela água ligado a uma tomada elétrica que pendia sobre a borda da piscina.

Mais uma vez, Enriquez não precisou explicar o slide. A foto era uma metáfora do problema de tomar empréstimos dando o patrimônio como garantia. É tudo muito divertido quando o dinheiro está entrando, mas as consequências podem ser terríveis. A definição técnica de "alavancagem econômica" é: volatilidade do patrimônio dividida pela volatilidade de um investimento não alavancado nos mesmos bens. Ele nunca chegou a dar essa definição. Isso teria sido demais e teria colocado a plateia para dormir. Em vez disso, ele foi criativo e escolheu uma foto que atuou como uma metáfora para os problemas causados pela alavancagem. Enriquez fez o público rir... e pensar.

Mostrando outra série de fotos, ele diz: "O governo, por sua vez, acha que é o Papai Noel. E quem é que não gosta do Papai Noel?". Nesse ponto, Enriquez mostra a foto de um Papai Noel típico que se esperaria ver em um shopping center. Ele prossegue: "Mas o problema do Papai Noel é que, se analisarmos os gastos compulsórios que esses sujeitos vêm fazendo e prometendo [na forma de direitos como benefícios previdenciários]... agora que a conta precisa ser paga, o Papai Noel não parece tão legal assim".

O próximo slide mostra um homem gordo com uma barba branca sentado em um carrinho de golfe... nu, com as partes íntimas censuradas. A plateia cai na gargalhada. Eles sacaram a ideia: nós adoramos o dinheiro do governo quando o recebemos, mas nos incomodamos quando os resultados dos gastos do governo são expostos.

6. FAÇA UMA APRESENTAÇÃO LEVE

Os comediantes testam as piadas com públicos diferentes para ver o que cai bem, e eu costumo usar fotos e histórias da mesma maneira. Em um trecho da minha palestra sobre atendimento ao cliente e comunicação, uso uma série de fotos do Ritz-Carlton. A história (narrativa) diz assim:

> Quando os funcionários têm a liberdade de fazer o melhor para o cliente, a magia é possível. Uma família se hospedou no Ritz-Carlton da Ilha Amélia, na Flórida. Quando chegaram em casa, perceberam que tinham esquecido o "Joshi", o bichinho de pelúcia do menino, no hotel. O pai telefonou para o hotel, os funcionários encontraram o brinquedo no quarto e se ofereceram para enviá-lo pelo correio. "Vocês poderiam me fazer um favor?", perguntou o pai do menino. "Será que vocês poderiam tirar uma foto para eu mostrar ao meu filho que o Joshi está bem?" Os funcionários concordaram e foram ainda mais longe. Eles enviaram várias fotos mostrando Joshi curtindo o resort. Este é o Joshi tomando sol na piscina; Joshi na praia; Joshi em um carrinho de golfe; e Joshi fazendo um tratamento facial.

Quem ler a história pode reconhecer o valor do atendimento ao cliente, mas não necessariamente cairá na risada. E eu garanto que as fotos são hilárias. Ver um bicho de pelúcia deitado em uma cama de massagem com pepinos nos olhos enquanto alguém massageia seus ombros é muito engraçado. O humor ajuda as pessoas a lembrar as fotos. E, o mais importante, as imagens reforçam a minha mensagem: funcionários qualificados criam momentos memoráveis para os clientes.

Note que, no exemplo do Ritz-Carlton, são as *fotos* que provocam risadas; eu mesmo não tento fazer a plateia rir, contando alguma piada forçada. É um humor natural e autêntico. Não estou tentando ser algo que não sou. Você pode não ter a mínima chance de ser um comediante de sucesso, mas isso não deve impedi-lo de fazer uma apresentação ao mesmo tempo informativa *e* divertida.

TED: FALAR, CONVENCER, EMOCIONAR

> **Dica do TED**
>
> Faça uma apresentação leve incluindo vídeos e fotos. A maioria das apresentações de PowerPoint é terrível por ter muito pouco – se é que tem algum – impacto emocional. Inclua uma imagem ou vídeo divertido para dar mais leveza à sua apresentação.

Uso todas essas cinco técnicas nas minhas apresentações. Nunca fui de contar piadas. Adoro comédias, gosto de assistir a comediantes stand-up, mas raramente me lembro das piadas e costumo destruí-las quando tento contá-las. No entanto, não é difícil me fazer rir e consigo ver o lado cômico de praticamente todas as situações. Minha esposa e eu damos muita risada. Ao me desenvolver como um palestrante, percebi que não precisava *fazer* o público rir; bastava eu *revelar* o lado cômico de uma situação. Você não precisa tentar arrancar risadas o tempo todo, mas deve tentar provocar pelo menos um sorriso.

> "Um prazer mental se segue à reação física do riso, que, não por coincidência, libera endorfinas no cérebro. E, simples assim, você é seduzido a ver algo de um jeito diferente, porque as endorfinas derrubaram as suas defesas. A raiva, o medo, o pânico e todas as reações de luta ou fuga, fazem exatamente o contrário. A reação de lutar ou fugir libera adrenalina, que coloca as suas defesas nas alturas. E aí a comédia entra em cena, lidando com várias das mesmas áreas nas quais as nossas defesas são mais fortes – raça, religião, política, sexualidade. Abordando essas áreas com o humor, em vez de usar a adrenalina, liberamos endorfinas e a alquimia do riso transforma os nossos muros em janelas, revelando uma perspectiva original e inesperada."[12]
>
> **— CHRIS BLISS, TEDX**

---

[12] BLISS, Chris. Chris Bliss: comedy is translation. TED.com, fev. 2012. Disponível em: <http://www.ted.com/talks/chris_bliss_comedy_is_translation.html>. Acesso em: 16 maio 2014.

6. FAÇA UMA APRESENTAÇÃO LEVE

VAMOS FALAR BOBAGENS

SEMPRE BUSQUE INJETAR um pouco de humor ao ajudar as pessoas a entenderem um tema complexo, especialmente se o público não dominar o assunto. O humor também é uma ferramenta interessante para evitar controvérsias ou mitigar o peso de eventos traumáticos. Milhões de pessoas viram o *Saturday Night Live* depois dos ataques de 11 de Setembro em busca de algum alívio para o bombardeio constante de imagens horríveis que se viam por toda a parte na TV, nos jornais e na internet. Quando o comediante Will Ferrell apareceu em um dos primeiros esquetes vestindo apenas uma tanga com as cores da bandeira americana que revelava suas nádegas, o mundo soube que podia voltar a rir – não esquecer, mas dar ao cérebro uma distração.

Rose George vê o lado cômico do cocô. Um dia, a jornalista britânica foi ao banheiro e se perguntou: "Para onde é que vai essa coisa?". Sendo uma jornalista, ela ficou intrigada e decidiu desvendar o mistério. Ela passou os próximos dez anos mergulhada até o pescoço, por assim dizer, no mundo do saneamento, escrevendo artigos e um livro sobre como o saneamento salva vidas em países do terceiro mundo.

Ela leva o tema a sério, mas não se leva muito a sério e sabe que o público precisa de um alívio de algumas das imagens desalentadoras que ela mostra em sua apresentação. Sua combinação de humor e seriedade conquistou o coração e, sim, a mente, da plateia do TED em 2013. Ela sabe muito bem que a defecação a céu aberto não é um tema muito agradável. Sua solução foi oferecer uma mistura criteriosa e criativa de humor e choque. O primeiro slide de George mostrava a foto de uma bela modelo ao lado de um vaso sanitário high-tech em uma conferência da World Toilet Organization (organização mundial do saneamento).

Ela conta que cresceu "achando que tinha direito a um vaso sanitário como aquele. Eu estava errada. Isso não é um direito, é um privilégio. Dois bilhões e meio de pessoas no mundo não têm um

TED: FALAR, CONVENCER, EMOCIONAR

saneamento adequado".[13] George avançou para o segundo slide, que mostrava um menino fazendo cocô na beira da estrada, enquanto as pessoas caminham por ele, uma cena comum em muitos países do terceiro mundo.

Ela explica que o problema é que as fezes transportam patógenos que causam muitos problemas, inclusive a diarreia. "A diarreia é meio que uma piada", diz George, enquanto avança ao próximo o slide – desta vez um slide divertido. "Se você fizer uma busca pela palavra 'diarreia' no maior banco de imagens do mundo, encontrará esta foto." A plateia vê a foto de uma mulher de biquíni esperando do lado de fora de um banheiro, com os olhos fechados e os punhos cerrados, fazendo uma careta enquanto claramente tenta segurar o dito-cujo. A foto é engraçada e a plateia ri. Então George choca os ouvintes ao prosseguir:

> Aqui está outra imagem relacionada à diarreia. Esta é Maria Salie. Ela tem 9 meses de idade [o público vê a foto de um homem chorando em um campo]. Vocês não conseguem vê-la porque ela está enterrada sob a grama verde em uma pequena aldeia da Libéria. Ela morreu em três dias, de diarreia. E ela não foi a única naquele dia. Quatro mil outras crianças morreram de diarreia... é uma arma muito potente de destruição em massa.

Nesse ponto dá para ver qual é a fórmula de George: humor, choque, estatísticas. As estatísticas sozinhas fariam a plateia cair no sono. Uma apresentação excessivamente chocante seria rejeitada pelos ouvintes. Humor demais diluiria as sérias implicações do tema. Ela combina com destreza os três elementos em uma fórmula mágica para a persuasão.

---

13 GEORGE, Rose. Rose George: let's talk crap. Seriously. TED.com, abr. 2013. Disponível em: <http://www.ted.com/talks/rose_george_let_s_talk_crap_seriously.html>. Acesso em: 16 maio 2014.

6. FAÇA UMA APRESENTAÇÃO LEVE

Se Rose George pode incorporar o humor ao tema dela, você certamente também pode fazê-lo. Não leve o seu tema, nem você mesmo, a sério demais. O famoso físico teórico Stephen Hawking foi diagnosticado com esclerose lateral amiotrófica aos 2 anos de idade. Hoje ele tem mais de 70 anos e passou a maior parte da vida confinado a uma cadeira de rodas e, desde 1985, precisou se comunicar através de um computador.

Apesar de suas circunstâncias, ele tem um incrível e afável senso de humor. Por ser uma pessoa tão espirituosa, ele consegue deixar a plateia à vontade. Em 2003, Jim Carrey estava promovendo o filme *Débi & Lóide*. Ao ser entrevistado no programa de Conan O'Brien, Carrey recebeu um telefonema de Hawking e os dois deram início a um esquete cômico. "Só liguei para dizer que estou muito feliz que você esteja animado com a nova teoria do universo ecpirótico",[14] disse Hawking a Carrey enquanto os dois se revezavam em cumprimentos pela genialidade do outro. Posteriormente, quando lhe perguntaram sobre o esquete, Hawking disse que decidiu participar porque seria divertido. Ele não se leva muito a sério.

Hawking também leva seu senso humor às suas apresentações. Ele sabe que o cérebro dos seus ouvintes se transformaria em mingau tentando entender suas teorias. Assim, sua leveza inclui as tão providenciais risadas da plateia.

Em fevereiro de 2008, Hawking subiu ao palco do TED para falar sobre as grandes questões: "De onde viemos? Como o universo passou a existir? Estamos sozinhos no universo? Existe vida alienígena lá fora? Qual é o futuro da raça humana?". Um tema bastante pesado. Entre as teorias que ele derruba estão as visitas de alienígenas.

---

14 YouTube.com. Jim Carrey and Stephen Hawking on Late Night with Conan O'B. YouTube. com, 26 fev. 2010. Disponível em: <http://www.youtube.com/watch?v=sRO4fAevMZQ>. Acesso em: 16 maio 2014.

Parece que somos visitados por alienígenas. Não costumo levar a sério os relatos de óvnis. Por que será que eles só aparecem para gente excêntrica e maluca? Se realmente existe uma conspiração do governo para abafar os relatos e manter para si o conhecimento científico que os alienígenas trazem à Terra, parece que essa política tem sido especialmente ineficaz até agora. Além disso, apesar da extensa busca realizada pelo projeto SETI, ainda não ouvimos nenhum programa de variedades da TV alienígena. Isso provavelmente indica que não existem civilizações alienígenas no nosso estágio de desenvolvimento dentro de um raio de algumas centenas de anos-luz. Fazer uma apólice de seguro contra a abdução por alienígenas me parece uma aposta bastante segura.[15]

SEGREDO Nº 6
FAÇA UMA APRESENTAÇÃO LEVE

O humor envolve algum risco e muita gente não tem coragem de usá-lo. É por isso que a maioria das apresentações de negócios é tão árida e enfadonha. É preciso ter coragem para ser vulnerável, para tirar sarro de si mesmo e do seu tema. A chave é ser autêntico. Não tente ser alguém que você não é. No entanto, se alguma coisa o leva a rir, grandes são as chances de os outros também enxergarem o lado cômico da coisa.

Se você ainda não está convencido de que o humor pode ajudá-lo a conquistar sua plateia, pense nos estudos que demonstram que o humor faz bem para saúde. O riso reduz a pressão arterial, fortalece o sistema imunológico, melhora a respiração, aumenta o nível de energia e, em geral, faz as pessoas se sentirem bem. Se você se sentir bem, fará uma apresentação melhor... e sairá sorrindo!

---

15 HAWKING, Stephen. Stephen Hawking: questioning the universe. TED.com, abr. 2008. Disponível em: <http://www.ted.com/talks/stephen_hawking_asks_big_questions_about_the_universe.html>. Acesso em: 16 maio 2014.

PARTE III

APRESENTAÇÕES
MEMORÁVEIS

É preciso ter muita coragem para seguir a sua intuição e defender as suas ideias. Caso contrário, você vai ceder, e coisas que poderiam ter sido memoráveis serão perdidas para sempre.

— FRANCIS FORD COPPOLA

7

ATENHA-SE À REGRA
DOS 18 MINUTOS

> Isso aqui, para mim, é uma fonte de grande desafio
> e empolgação. Empolgação porque tenho a chance de
> retribuir um pouco. Desafio porque o seminário mais
> curto que costumo fazer tem 50 horas.
>
> — TONY ROBBINS, TED de 2006

Larry Smith, professor de economia da University of Waterloo, dá aulas de três horas. Em novembro de 2011 ele deu uma palestra de 15 minutos para uma plateia do TEDx. Ele não fazia ideia de que sua apresentação seria vista – quase 1,5 milhão de vezes. "Para mim, foi um grande desafio pessoal condensar o conteúdo em 18 minutos", ele me contou. "Desconfio de que os meus alunos me pediram para fazer isso porque acharam que eu cairia morto!"[1]

"Por que você acha que a regra dos 18 minutos é tão eficaz?", perguntei a Smith.

"Dá muito trabalho pensar. Em 18 minutos dá para fazer um argumento convincente e chamar a atenção das pessoas."

---

[1] Larry Smith, professor de economia da University of Waterloo, Canadá, conversa com o autor, 26 jun. 2012.

TED: FALAR, CONVENCER, EMOCIONAR

É verdade, dá muito trabalho pensar e é por isso que a regra dos 18 minutos é fundamental para a transferência de ideias. Uma apresentação do TED não deve exceder 18 minutos. Essa é uma regra fundamental que se aplica a *todos* os palestrantes do TED. Não importa se você for Larry Smith, Bill Gates ou Tony Robbins, você só terá 18 minutos.

SEGREDO Nº 7
ATENHA-SE À REGRA DOS 18 MINUTOS

Dezoito minutos é o tempo ideal para uma apresentação. Se não tiver como escapar de uma apresentação mais longa, incorpore breves intervalos (histórias, vídeos, demonstrações) a cada dez minutos.

A técnica funciona porque...: os pesquisadores descobriram que o "*backlog* cognitivo" – ou, em outras palavras, informação demais – impede a boa transmissão de ideias. Chris Anderson, curador do TED, explica o conceito da seguinte maneira:

[18 minutos] é tempo suficiente para fazer uma apresentação séria e breve o suficiente para manter as pessoas atentas. Acontece que essa duração também funciona muito bem na internet. É o tempo de um intervalo para o café. Nesse tempo, você vê uma excelente palestra e encaminha o link para dois ou três conhecidos. Assim, a palestra pode se transformar em um fenômeno viral muito facilmente. A eficácia dos 18 minutos também força as pessoas a serem disciplinadas na seleção do conteúdo, como acontece no Twitter. Forçando palestrantes acostumados a falar por 45 minutos a reduzir o conteúdo para 18 minutos, você os leva a pensar a sério sobre o que eles realmente querem dizer. Qual é a mensagem principal que eles querem transmitir? A restrição tem um efeito esclarecedor. E força a disciplina.[2]

---

2   AGARWAL, Amit. *Why are TED talks 18 minutes long?* Digital Inspiration, 15 fev. 2010. Disponível em: <http://www.labnol.org/tech/ted-talk-18-minutes/12755/>. Acesso em: 16 maio 2014.

7. ATENHA-SE À REGRA DOS 18 MINUTOS

É EXAUSTIVO OUVIR

O DOUTOR PAUL King, da Texas Christian University, é um acadêmico influente no campo dos estudos da comunicação há 30 anos. Conversei com ele sobre suas pesquisas do "estado de ansiedade na performance da escuta". Tendemos a achar que a ansiedade afeta somente a pessoa que dá a palestra ou apresentação. Mas King descobriu que os ouvintes também ficam ansiosos.

"Estudamos participantes de pesquisas – estudantes universitários – que ouviram informações sabendo que teriam de responder a um questionário depois. Com o passar do tempo, o nível de ansiedade só aumentou até o momento em que eles finalmente fizeram o teste. Foi só então que seu nível de ansiedade caiu",[3] explicou. Segundo ele, o acúmulo de informações resulta no "*backlog* cognitivo", que aumenta cada vez mais o peso da carga mental. "À medida que as informações que você precisa lembrar se acumulam, você se sente cada vez mais pressionado e larga tudo em pouco tempo."

King explica que o processamento cognitivo – pensamento, fala e escuta – são atividades que exigem muito, fisicamente.

> Participei da equipe de debate na escola. Eu também jogava basquete e conseguia passar o dia inteiro correndo para cima e para baixo na quadra. Cheguei às finais do meu primeiro torneio de debate e tive uma série de três debates. Quando terminei, eu mal conseguia me mover. Entrei me arrastando como pude em um velho ônibus escolar amarelo, caí no sono é só acordei quando cheguei em casa. Foi estranho. Se você tiver de se concentrar muito, a escuta crítica é uma experiência fisicamente desgastante. É mais exaustivo ouvir uma apresentação do que costumamos acreditar.

---

3 Paul E. King, professor e diretor do Departamento de Estudos de Comunicação, conversa com o autor, 3 dez. 2012.

King diz que ouvir é uma atividade tão extenuante porque o ouvinte está continuamente acrescentando material a ser lembrado e recuperado depois. É isso que ele quer dizer com *"backlog* cognitivo". Simplificando, quanto mais tempo durar a tarefa ou quanto mais informações são transmitidas, maior é a carga cognitiva. Ouvir uma apresentação de cinco minutos produz um *backlog* cognitivo relativamente pequeno, uma apresentação de 18 minutos produz um *backlog* um pouco maior, enquanto uma apresentação de 60 minutos produz um *backlog* tão grande que o apresentador corre o risco de indispor o público, a menos que seja capaz de fazer uma apresentação extremamente envolvente com "intervalos soft" – histórias, vídeos, demonstrações ou outros palestrantes.

Quanto mais longa for a apresentação, mais o ouvinte precisa organizar, compreender e lembrar. A carga aumenta com a ansiedade do ouvinte. Ele fica cada vez mais frustrado... e até furioso. King diz que a maior parte das pesquisas atuais sobre o processamento da memória sugere que é melhor estudar o conteúdo em duas ou três ocasiões por um curto período em vez de passar a noite em claro se matando de estudar. "O que estou sugerindo é que, se você quiser defender uma ideia, repetir essa ideia à exaustão não ajudará os ouvintes a processar melhor a mensagem e armazenar o conteúdo na memória de longo prazo."

King aplica as constatações de suas pesquisas a suas aulas de pós-graduação sobre métodos de investigação. Se pudesse escolher, a maioria dos alunos da pós-graduação preferiria assistir a uma única aula de três horas a três aulas de 50 minutos. Quando King dava aulas uma vez por semana, ele percebeu que os alunos voltavam para a próxima aula tendo perdido a maior parte das informações que aprenderam na semana anterior. King descobriu que a "melhor prática" era transmitir o mesmo conteúdo de uma aula em três aulas distintas, como segunda, quarta e sexta-feiras. King contou que, apesar das objeções, quando ele dividiu a aula em três sessões mais

7. ATENHA-SE À REGRA DOS 18 MINUTOS

curtas, seus alunos tiraram notas melhores e apresentaram uma maior retenção do conteúdo complexo.

O CÉREBRO É UM DEVORADOR DE ENERGIA

OS DOIS PROFESSORES, Smith e King, falam sobre toda a energia necessária para ouvir e aprender. O cérebro se cansa facilmente. Você se lembra de como ficou exausto depois do primeiro dia num novo emprego ou depois de horas estudando um manual complicado pela primeira vez? Os alunos do ensino médio chamam a exaustão que sentem depois de fazer os exames de admissão na faculdade de "ressaca do vestibular". Processar novas informações requer energia.

Aprender pode ser desgastante. O cérebro humano de um adulto pesa em média apenas 1,4 quilo, mas é um verdadeiro devorador de energia, consumindo um volume excessivo de glicose, oxigênio e fluxo sanguíneo. Enquanto o cérebro absorve novas informações, milhões de neurônios disparam ao mesmo tempo, queimando energia e levando a fadiga e exaustão.

Em seu livro *Força de vontade*, Roy Baumeister explica que temos um "estoque" finito de força de vontade a cada dia, que se esgota à medida que o nosso cérebro consome energia. Ele descobriu que atividades totalmente não relacionadas (resistir a comer chocolate, resolver problemas matemáticos, ouvir uma apresentação) usavam a mesma fonte de energia. Isso ajuda a explicar por que ficamos tão cansados, especialmente no fim do dia, depois de passar a manhã inteira tomando decisões ou tentando suprimir distrações (como aquele tentador pedaço de torta no almoço).

O culpado é a glicose ou, melhor, a falta dela. A glicose é um açúcar simples fabricado no corpo com base em todos os tipos de alimentos. Ela entra na corrente sanguínea e é usada como combustível pelos músculos e órgãos como o coração, o fígado e o cérebro. Ela entra no cérebro depois de ser transformada em neurotransmissores, substâncias químicas que as células do cérebro usam para enviar sinais entre si.

Baumeister fala de uma série de experimentos concebidos para medir os níveis de glicose nas pessoas antes e depois de realizar tarefas simples, como assistir a um vídeo enquanto palavras eram exibidas rapidamente na parte inferior da tela.

> Algumas pessoas foram instruídas a ignorar as palavras, outras puderam relaxar e ver o que quisessem. Depois, os níveis de glicose voltaram a ser mensurados e uma grande diferença foi constatada. Os níveis permaneceram constantes nos espectadores descontraídos mas caíram significativamente nas pessoas que tentaram ignorar as palavras. Esse exercício aparentemente inconsequente de autocontrole foi associado uma grande queda do combustível do cérebro, a glicose.[4]

Uma apresentação longa, confusa e intricada força o cérebro do público a trabalhar duro e consumir muita energia. As células cerebrais precisam de duas vezes mais energia que outras células do corpo. A atividade mental esgota rapidamente a glicose. É por isso que uma apresentação de 18 minutos funciona tão bem. Ela deixa os ouvintes com alguma capacidade mental e glicose suficiente para pensar sobre a apresentação, compartilhar as ideias e fazer alguma coisa a respeito. Estenda demais a sua apresentação e o seu público encontrará maneiras de se distrair do conteúdo apresentado. Quando foi a última vez que você viu estudantes universitários tão inspirados com uma aula de três horas que voltaram correndo ao dormitório para se aprofundar mais no tema? Isso simplesmente não acontece. Em vez disso, eles vão à pizzaria ou ao bar mais próximo para se lamentar de sua desgraça e falar sobre qualquer coisa menos o tema da aula. Dezoito minutos é instigante. Três horas é um entorpecente mental.

---

4 Baumeister, Roy. *Willpower*: rediscovering the greatest human strength (brochura). New York: Penguin Books, 2012. p. 48. [*Força de vontade*. São Paulo: Escala, 2012.]

7. ATENHA-SE À REGRA DOS 18 MINUTOS

Passei um bom tempo deste capítulo explicando a ciência por trás da regra dos 18 minutos. Achei que seria necessário. A maioria dos CEOs e executivos com quem trabalhei reclama da orientação de encurtar as apresentações. Eles costumam se lamentar: "Mas, Carmine, o volume de informações que temos para transmitir é enorme!" Quando as pessoas entendem a ciência e a lógica por trás da regra dos 18 minutos e o conceito dos intervalos soft, elas ficam muito mais propensas a encurtar as apresentações. E, quando elas fazem isso, sua criatividade é liberada. Afinal, a criatividade adora restrições.

A CRIATIVIDADE ADORA RESTRIÇÕES

AS RESTRIÇÕES SÃO a chave para uma apresentação criativa. Costumam me perguntar: "Quanto tempo a minha apresentação deve ter?". Acredito que a melhor duração fica, ao melhor estilo do TED, entre 18 e 20 minutos. Não é curta e nem longa demais, e tem o tempo exato para convencer o seu público. Se a apresentação for mais curta que isso, alguns dos seus ouvintes (especialmente investidores, clientes e compradores) podem achar que não receberam informações suficientes. Se for mais longa você corre o risco de o seu público se desinteressar.

Costumo usar o discurso de posse de John F. Kennedy como um exemplo de uma boa duração para uma apresentação. Se ele inspirou uma nação inteira em um discurso de posse de 15 minutos, você também deve ser capaz de vender seu produto ou ideia no mesmo tempo. Kennedy instruiu seu redator de discursos, Ted Sorensen, para ser breve, porque "não quero que as pessoas pensem que sou um falastrão".

O resultado foi um dos discursos de posse mais curtos até aquele momento da história, com apenas 1.355 palavras. Kennedy sabia que prender a atenção do público exigia uma enunciação forte, frases lapidadas com cuidado e um discurso razoavelmente curto (a duração média dos discursos de posse presidencial é de 2.300 palavras).

O discurso de Kennedy é um excelente exemplo de mensagem curta e inspiradora. Um exemplo ainda mais instrutivo é um influente discurso, embora menos conhecido, que ele fez na Rice University em 12 de setembro de 1962. Foi lá que Kennedy apresentou sua visão para explorar a Lua. Quando convocou a América a "ir à Lua" até o fim da década, ele galvanizou o imaginário coletivo de milhões de norte-americanos e de milhares dos melhores cientistas do país, incitando-os a se dedicar à iniciativa. Foi um dos discursos mais importantes da história americana. Com 17 minutos e 40 segundos, o discurso de Kennedy teria sido o suprassumo de uma palestra do TED.

Algumas pessoas podem argumentar: "Tenho muito a dizer. É impossível transmitir todas as informações em 20 minutos". Tente assim mesmo. A sua apresentação terá muito mais impacto e será muito mais criativa se ao menos você der uma chance ao exercício.

No livro *The laws of subtraction*, Matthew May explica a ciência por trás disso. De acordo com ele, "A criatividade viceja sob restrições inteligentes".[5] Ele é bastante convincente em seu argumento de que, ao estabelecer limites para a sua apresentação, você proporciona o foco e a estrutura necessários para a criatividade florescer. "Estudos recentes oferecem evidências de que, ao contrário da crença popular, o principal evento da imaginação – a criatividade – não requer uma liberdade irrestrita, mas, pelo contrário, depende de limites e obstáculos."

May acredita que a lei da subtração beneficia quase todos os aspectos da nossa vida, não apenas as nossas apresentações em público. Mais importante do que o que está presente é o que está

---

5 MAY, Matthew. *The laws of subtraction*: 6 simple rules for winning in the age of excess everything. New York: McGraw-Hill, 2012. p. xiv.

7. ATENHA-SE À REGRA DOS 18 MINUTOS

ausente. "Ao remover a coisa certa do jeito certo, algo de bom sempre acontece", May afirma. As palestras do TED.com foram vistas mais de um bilhão de vezes, provando que uma apresentação "restrita" costuma ser mais inspiradora, criativa e envolvente que apresentações mais longas e divagantes, que são chatas, confusas e complicadas.

> "A criatividade costuma ser incompreendida. As pessoas pensam nela em termos de valor artístico – uma atividade desenfreada e não direcionada que leva a um belo efeito. Se você se aprofundar na sua análise, contudo, verá que as formas de arte mais inspiradoras – haicais, sonatas, pinturas religiosas – são repletas de restrições."
>
> — **MARISSA MAYER,**
> **CEO do Yahoo!**

A HISTÓRIA DO MUNDO EM 18 MINUTOS

UMA EXPLICAÇÃO SIMPLES de um tema complexo leva os ouvintes a confiar no domínio do orador sobre o assunto. Segundo Albert Einstein: "Se você não consegue explicar com simplicidade, é sinal de que não entendeu bem a coisa". Einstein teria se orgulhado de David Christian, que, em março de 2011, narrou a história completa do universo a uma plateia do TED... tudo em 18 minutos (17 minutos e 40 segundos, para ser exato).

Christian me contou que dá um curso de história do mundo cobrindo toda a história do universo, desde o Big Bang, 13 bilhões de anos atrás, até hoje. O curso "A Grande História" é oferecido pela The Teaching Company em uma série de 48 aulas de meia hora. O profundo conhecimento de Christian sobre o assunto o ajudou a condensar o conteúdo no tempo exato para manter o interesse dos ouvintes e inspirá-los a cuidar melhor do nosso frágil planeta. "Faz mais de 20 anos que dou o curso 'A Grande História', então tenho uma boa ideia da narrativa e sei contá-la em muitas versões diferentes",[6] Christian me disse.

E. F. Schumacher, economista e autor do livro *O negócio é ser pequeno*, declarou que qualquer tolo inteligente é capaz de fazer coisas maiores e mais complexas, mas para fazer o contrário é preciso um pouco de genialidade e muita coragem. A palavra-chave aqui é "coragem".

É preciso ter muita coragem para manter as coisas simples. É preciso ter muita coragem para usar apenas uma imagem num slide do PowerPoint em vez de um longo texto com uma fonte minúscula que a maioria das pessoas nem vai conseguir ler. É preciso ter muita coragem para reduzir o número de slides de uma apresentação. É preciso ter muita coragem para falar por 18 minutos em vez de divagar por muito mais tempo. Segundo Leonardo da Vinci: "A simplicidade é a sofisticação suprema". Seja sofisticado. Mantenha as suas apresentações e palestras breves e simples.

"Nossa vida é diluída em detalhes. Simplifique, simplifique."
— HENRY DAVID THOREAU

A REGRA DOS TRÊS

TODA A CIÊNCIA por trás da importância da concisão é interessante, mas não faz muito sentido a menos que você possa aplicá-la para aumentar o impacto da sua palestra ou apresentação. Como condensar o seu conhecimento em uma apresentação de 18 minutos? A regra dos três pode ajudá-lo nessa tarefa. Ela é bastante simples: as pessoas conseguem se lembrar muito bem de três informações e qualquer outra informação reduz consideravelmente o nível de retenção. Esse é um dos conceitos mais poderosos na comunicação.

---

[6] David Christian, historiador e estudioso anglo-americano de história russa e criador de uma abordagem interdisciplinar conhecida como "A Grande História", conversa com o autor, 13 dez 2012.

7. ATENHA-SE À REGRA DOS 18 MINUTOS

Tenho usado a regra dos três com muito sucesso com comunicadores de quase todos os setores. Ela nunca me deixa na mão e é aplicada em algumas das palestras mais populares do TED.

O blog de Neil Pasricha fala sobre muita coisa. Ele é dedicado às "mil coisas sensacionais", como um Natal com neve, o seu aniversário caindo num fim de semana, alguém que batiza o filho em sua homenagem etc. Essa simples ideia rendeu a Pasricha um contrato para escrever um livro, 25 mil seguidores no Twitter e uma palestra no TEDx em Toronto que já atraiu mais de um milhão de visualizações. Em sua apresentação, Pasricha não tentou cobrir todas as mil pequenas coisas que fazem a vida valer a pena. Em vez disso, ele se concentrou em três segredos para levar uma vida verdadeiramente gratificante. Ele intitulou a apresentação "Os três As do sensacional".

Os três As do sensacional

Em uma palestra extremamente pessoal, Pasricha contou sobre sua vida em 2008. Ele não ia muito bem. Um dia sua esposa o chamou para uma conversa e disse: "Eu não te amo mais".[7] Foi a coisa mais desalentadora que ele já tinha ouvido, até que, um mês depois, ele recebeu mais uma má notícia. "Meu amigo Chris vinha lutando com a depressão há algum tempo... e se suicidou."

Rodeado de "nuvens escuras", Pasricha entrou na internet e montou um pequeno site para se forçar a pensar em coisas positivas. O exercício o animou um pouco, mas ele não achou que o site levaria a alguma coisa, sabendo que 50 mil blogs são iniciados todo dia. No entanto, o blog, 1000awesomethings.com, ganhou popularidade rapidamente e um dia Pasricha recebeu um telefonema anunciando: "Você acaba de receber o prêmio de melhor blog do mundo". "Achei que fosse uma pegadinha", Pasricha contou aos

---

7 PASRICHA, Neil. Neil Pasricha: the 3 A's of Awesome. TED.com, jan. 2011. Disponível em: <http://www.ted.com/talks/neil_pasricha_the_3_a_s_of_awesome.html>. Acesso em: 19 maio 2014.

risos da plateia. Não era uma pegadinha. Ele foi agraciado com o Webby Award de melhor blog. Quando voltou a Toronto, dez agentes literários faziam fila para representá-lo. O livro que ele acabou escrevendo, *O livro do sensacional*, ficou 20 semanas consecutivas na lista dos mais vendidos.

Os três As do sensacional que Pasricha apresentou à plateia do TEDx naquele dia foram: atitude, atenção e autenticidade. Ele discorreu brevemente sobre cada um. Sobre a atitude, Pasricha contou que todos nós encontraremos obstáculos no caminho, mas temos duas escolhas para enfrentá-los.

A primeira é sentar-se e se lamentar para sempre da desgraça e a segunda é chorar e se lamentar e depois enfrentar o futuro com tranquilidade. Ter uma boa atitude é escolher a segunda opção por mais difícil que seja, por mais doloroso que seja. É escolher avançar e seguir em frente e avançar para o futuro com pequenos passos.

Sobre a atenção, Pasricha encorajou os ouvintes a acolher a criança de 3 anos que vive dentro cada um de nós. "Esse menininho de 3 anos ainda faz parte de você. Essa menininha de 3 anos ainda faz parte de você. Eles estão aí. E manter-se atento, manter-se ciente, é prestar atenção a todas aquelas coisinhas que um dia você também viu uma primeira vez."

Sobre a autenticidade:

É só uma questão de ser você mesmo e ser feliz com isso. E acho que, quando você é autêntico, acaba seguindo o seu coração e se coloca em lugares, situações e conversas que adora e curte. Você conhece pessoas com quem gosta de conversar. Você vai a lugares com os quais antes só podia sonhar. Você acaba seguindo o seu coração e se sentindo realizado.

7. ATENHA-SE À REGRA DOS 18 MINUTOS

O mágico número 7... mais ou menos 2

Pasricha intuitivamente entendeu e alavancou essa técnica de comunicação de enorme eficácia: a regra dos três. Simplificando, a mente humana só é capaz de consumir cerca de três informações na memória de curto prazo, ou operacional. À medida que mais itens são acrescentados à lista, em geral, a pessoa retém cada vez menos. É um pouco mais difícil lembrar quatro itens do que três. É ainda mais difícil lembrar cinco itens. Quando o número de itens de uma lista chega a oito, a maioria das pessoas tem poucas chances de lembrar a sequência toda.

Em 1956, a Bell Labs recorreu a George Miller, um professor da Harvard que publicou um artigo clássico intitulado "O mágico número 7, mais ou menos 2". Miller descobriu que a maioria das pessoas tem dificuldade de lembrar mais que sete novas informações. Os cientistas contemporâneos, contudo, afirmam que o número de itens que somos capazes de lembrar com facilidade está mais para três ou quatro informações. Pense um pouco a respeito. Quando alguém deixa um número de telefone em uma mensagem de voz, você provavelmente lembra o número "quebrando-o" em duas ou três partes.

A regra dos três permeia o nosso dia a dia

No dia 4 de julho, os americanos celebram os três direitos inalienáveis expressos na Declaração de Independência dos Estados Unidos: vida, liberdade e a busca da felicidade. Vida, liberdade e felicidade podem muito bem ser as três palavras mais importantes da história americana. Elas são tão eloquentes, tão impactantes, que a expressão ganhou um artigo na Wikipédia em inglês. Segundo a página, a expressão é considerada "uma das frases mais bem elaboradas e influentes da história da língua inglesa".

Essas três palavras inspiraram outros países, mais notadamente a França, a se libertar da opressão e esboçar os direitos de seus cidadãos em grupos de três. O lema francês "liberdade, igualdade e

225

TED: FALAR, CONVENCER, EMOCIONAR

fraternidade" remonta a Revolução Francesa. A lista de países que foram diretamente inspirados pela Declaração de Independência americana é tão grande que não considero um exagero afirmar que essas três palavras podem muito bem ser as três palavras mais importantes da história da humanidade.

Por que Jefferson escolheu três direitos, em vez de, digamos, 12? Jefferson foi um versado escritor e sua famosa expressão reflete uma técnica retórica que remonta da Grécia antiga, uma figura de linguagem que utiliza três palavras para expressar uma ideia.

A regra dos três permeia todos os aspectos da nossa vida profissional e social. Na literatura, encontramos três porquinhos, três mosqueteiros e três desejos concedidos ao ambicioso Aladim. Os pintores conhecem bem as três cores primárias... bem como as três cores secundárias. Na ciência, Newton descobriu três leis e os cientistas descobriram três elementos que compõem o átomo. À mesa do jantar, você encontra três tipos de talheres: colher, faca, garfo.

A bandeira dos Estados Unidos da América tem três cores, bem como a bandeira do Reino Unido, da França, da Itália, da Argentina, da Federação Russa, do Nepal e muitas outras nações. Há três medalhas nas Olimpíadas. Três sábios visitaram o menino Jesus com três presentes. O próprio Jesus faz parte da santíssima trindade: o Pai, o Filho e o Espírito Santo. A regra dos três ajudou o presidente dos Estados Unidos, Barack Obama, a se eleger: "Sim, nós podemos", foram as três palavras que os eleitores clamaram. Algumas das marcas mais famosas do mundo incluem as siglas ING, UPS, IBM, SAP, CNN e BBC. O três está por toda parte.

Tanto na comunicação escrita quanto oral, três é mais gratificante que qualquer outro número. Não é por acaso que estamos cercados de trios. É uma técnica que funcionou para Jefferson, funcionou para os maiores escritores do mundo e também funciona para muitos oradores do TED. A doutora Jill, que fez a segunda apresentação mais popular da história do TED, dividiu sua palestra

7. ATENHA-SE À REGRA DOS 18 MINUTOS

"A poderosa revelação pelo derrame" em três partes, cada uma com seis minutos de duração. Com isso, ficou mais fácil para ela lembrar e executar sua apresentação e o público também teve mais facilidade de acompanhar. Veja alguns outros exemplos da regra dos três em apresentações do TED.

Palestrantes do TED falam em trios

Você deve se lembrar de Kevin Allocca, sobre quem falamos no Capítulo 6, diretor de tendências do YouTube que é pago para ver vídeos. Na verdade, o que ele faz é estudar a natureza viral dos vídeos populares. Allocca diz que 48 horas de vídeo são carregadas no You-Tube a cada minuto e apenas uma pequena porcentagem se transforma em um fenômeno viral, gerando milhões de visualizações em pouco tempo.

"Então, como é que isso acontece? Três coisas: formadores de opinião, comunidades de participação e o inesperado",[8] Allocca começou. Em sua fala de dez minutos, ele apresentou aos marqueteiros informações valiosíssimas e, ao dividir sua apresentação em três, fez com que ficasse mais fácil para os ouvintes lembrar o conteúdo.

Allocca não é o único orador do TED que divide a palestra em três. Don Norman explicou as três maneiras nas quais o design deixa as pessoas felizes. Tom Wujec falou sobre os três processos pelos quais o cérebro cria significado. V. S. Ramachandran revelou as três pistas para entender o seu cérebro. Tim Leberecht falou sobre as três maneiras nas quais as marcas perdem o controle de sua identidade. Ric Elias discorreu sobre as três coisas que aprendeu quando seu avião caiu. Mikko Hypponen revelou as três maneiras nas quais os criminosos podem roubar seus dados digitais. Dan Ariely apresentou três lições irracionais aprendidas com o escândalo de Bernie

---

8 ALLOCCA, Kevin. Kevin Allocca: why videos go viral. TED.com, fev. 2012. Disponível em: <http://www.ted.com/talks/kevin_allocca_why_videos_go_viral.html>. Acesso em: 19 maio 2014.

Madoff, preso por fraude financeira em 2008. Há até uma série de palestras do TED de três minutos – "TED em 3 Minutos" – com pérolas de inspiração de Arianna Huffington, David Pogue, colunista de tecnologia do *New York Times*, e Terry Moore, que fez a primeira palestra de três minutos da história do TED, mostrando um jeito melhor de amarrar os sapatos. A "palestra dos sapatos" foi vista mais de 1,5 milhão de vezes. As pessoas querem aprender algo novo e não querem esperar muito tempo!

A ESTRUTURA DAS TRÊS HISTÓRIAS

NO ESPÍRITO DA regra dos três, muitos dos melhores palestrantes do TED e apresentadores dignos do TED usam três histórias para esquematizar suas apresentações. Veja um exemplo seguido de uma explicação detalhada de como criar a sua própria estrutura.

Três histórias sobre o ecoempreendedorismo

Majora Carter diz que gosta de criar ambientes nos quais todos os sonhos podem se realizar. Carter é conhecida como uma *expert* em infraestrutura ecológica e na revitalização verde de bairros urbanos como o South Bronx, o South Chicago ou o Ninth Ward de New Orleans. Sua palestra no TED de 2006, intitulada "Guetos verdes", foi uma das primeiras apresentações do TED a serem postadas na internet.

Quatro anos depois, ela foi convidada para fazer uma apresentação no TEDx Midwest sobre o ecoempreendedorismo. Sabendo que teria apenas 18 minutos, ela decidiu contar três histórias – histórias de três pessoas que não se conheciam, mas que "tinham muita coisa em comum".[9]

---

9   CARTER, Majora. Majora Carter: 3 stories of local eco-entrepreneurship. TED.com, dez. 2010. Disponível em: <http://www.ted.com/talks/majora_carter_3_stories_of_ecoactivism. html>. Acesso em: 16 maio 2014.

7. ATENHA-SE À REGRA DOS 18 MINUTOS

Carter começou contando a história de Brenda Palms-Farber, que abriu uma empresa de cosméticos à base de mel. Ela contratou homens e mulheres "aparentemente imprestáveis", muitos dos quais tinham passagens pela prisão, para cuidar da apicultura. Os produtos dela são vendidos na Whole Foods, a famosa cadeia americana de supermercados voltada a produtos naturais. E, o melhor de tudo, menos de 4% das pessoas que ela contrata voltam à cadeia.

A segunda história que Carter contou foi sobre um homem de Los Angeles, Andy Lipkis, que convenceu a cidade a substituir milhões de dólares de asfalto por grama e árvores em escolas urbanas. Lipkis "uniu árvores, pessoas e tecnologia para criar uma cidade mais habitável".

A protagonista da última história de Carter foi a filha de um mineiro de carvão, que lutou para introduzir a energia eólica como uma fonte de energia em sua cidade natal, no estado americano da Virgínia Ocidental. Depois de explicar o plano de Bonds, Carter fez uma pausa e deu a má notícia:

> Alguns meses atrás, Judy foi diagnosticada com câncer de pulmão, estágio III. E, desde então, o câncer se espalhou para seus ossos e cérebro. Acho bizarro que ela esteja sofrendo exatamente da doença que lutou tanto para proteger as pessoas. Mas o sonho do River Coal Mountain Wind é o legado dela. Ela pode não chegar ao topo dessa montanha. Mas, em vez de escrever alguma espécie de manifesto ou algo assim, ela está deixando um plano de negócios para concretizar esse sonho.

Carter amarrou as três histórias a um tema central: "Todas essas pessoas sabem como canalizar os recursos, de maneira produtiva, às nossas economias locais para atender às demandas de mercado existentes, mitigar os nossos problemas sociais atuais e evitar novos problemas no futuro".

Três histórias. Três exemplos. Três lições que reforçam o tema de Carter.

Elabore um mapa para a sua mensagem em três passos fáceis

Escrevi a popular coluna da *Forbes* "Como vender qualquer coisa em 15 segundos".[10] Na coluna, apresentei aos leitores uma ferramenta eficaz chamada "mapa da mensagem", uma ferramenta perfeita para uma apresentação de vendas. A técnica ajuda a manter o seu conteúdo claro e conciso, mas só funciona se você entender a regra dos três.

Um mapa da mensagem é a representação visual da sua ideia em uma página. É uma ferramenta extremamente eficaz que deve ser incluída em seu arsenal de comunicação. Elaborar um mapa da mensagem pode ajudá-lo a vender qualquer coisa (um produto, um serviço, uma empresa ou uma ideia) em apenas 15 segundos ou esboçar a estrutura para uma apresentação mais longa, de 18 minutos. Veja o processo de três passos para criar uma excelente apresentação com um mapa da mensagem. Para esse exercício, você vai precisar de um bloco de notas, um documento do Word, um template do PowerPoint ou um quadro branco.

Passo 1: Crie um título com jeito de Twitter

Como vimos no Capítulo 4, o título representa aquela mensagem geral que você quer que seus clientes entendam ao final da sua apresentação. Pergunte a si mesmo: "Qual é a coisa mais importante que eu quero que os ouvintes saibam sobre o meu [produto, serviço, marca, ideia]?". Desenhe um círculo na parte superior do mapa da mensagem (ou página) e inclua a resposta a essa pergunta – esse será o seu título. Lembre-se de que o seu título deve caber em um post do Twitter (não mais que 140 caracteres). Se você não

---

10 GALLO, Carmine. How to pitch anything in 15 seconds [Video]. *Forbes*, Leadership, 17 jul. 2012. Disponível em: <http://www.forbes.com/sites/carminegallo/2012/07/17/how-to--pitch-anything-in-15-seconds/>. Acesso em: 18 maio 2014.

7. ATENHA-SE À REGRA DOS 18 MINUTOS

conseguir explicar o seu produto ou ideia em 140 caracteres ou menos, repense o seu título.

Passo 2: Sustente o título com três mensagens-chave

Como já discutimos neste capítulo, a mente humana só consegue processar cerca de três informações na memória de curto prazo. Ao esquematizar a sua apresentação, inclua as três mensagens de apoio que sustentam o tema geral. Você deve lembrar que a doutora Jill dividiu sua famosa palestra do TED, "A poderosa revelação pelo derrame", em três seções de seis minutos cada: a configuração do cérebro, o dia do derrame e o insight que a experiência lhe proporcionou sobre a vida, o mundo e como ela se encaixa nesse mundo.

Passo 3: Reforce as três mensagens com histórias, estatísticas e exemplos

Inclua bullets para cada uma das três mensagens de apoio. Não precisa escrever a história toda; escreva apenas algumas palavras para

FIGURA 7.1: Um exemplo de mapa da mensagem: o discurso de Steve Jobs aos formandos de 2005 da Stanford

Fonte: Criada por Gallo Communications Group, www.carminegallo.com.

se lembrar da história. Não se esqueça de que o mapa da mensagem todo deve caber em uma página.

Para ilustrar o processo, a Figura 7. 1 mostra como seria o mapa da mensagem para o famoso discurso de Steve Jobs aos formandos de 2005 da Stanford University. O discurso foi feito ao estilo do TED, em apenas 15 minutos. Ele teve um único tema, o título com jeitão de Twitter: "Faça o que você gosta". O discurso foi dividido em três partes (ligue os pontos, amor e perda, e morte), com três pontos de apoio para cada parte. O resultado é uma visão clara do que o ouvinte precisa saber em um único vislumbre. Criar um mapa da mensagem para o conteúdo da sua apresentação é um jeito eficiente e eficaz de garantir que a sua apresentação não seja desorganizada ou longa demais.

FIGURA 7.2: Template para o mapa da mensagem

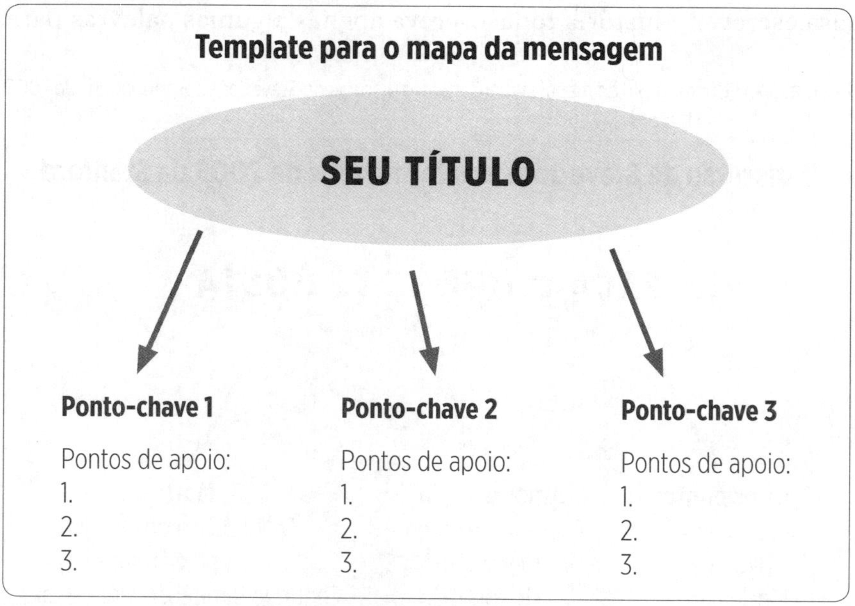

Fonte: Criada por Gallo Communications Group, www.carminegallo.com.

7. ATENHA-SE À REGRA DOS 18 MINUTOS

Dica do TED

Elabore o seu próprio mapa da mensagem. Usando o modelo apresentado na Figura 7.2, inclua no círculo da parte superior o título que o orientei a criar no Capítulo 4. Feito isso, responda: Qual é a sua regra dos três? Pegue o produto, serviço, marca ou ideia e crie três pontos para sustentá-lo. Se você tiver mais de três mensagens-chave, divida o conteúdo em três categorias. Inclua os seus pontos nos três círculos abaixo do título. Por fim, você consegue pensar em três pontos de apoio para cada categoria? Os pontos de apoio podem incluir histórias, exemplos, anedotas ou estatísticas relevantes, como vimos nos capítulos anteriores. Você pode usar o mapa da mensagem para vender qualquer ideia, produto, serviço ou empresa. É uma das ferramentas de comunicação mais eficazes e valiosas que você vai utilizar.

SEGREDO Nº 7
ATENHA-SE À REGRA DOS 18 MINUTOS
Apresentações arrastadas, intrincadas e divagantes são maçantes e um caminho certo para levar ao desinteresse do seu público. A regra dos 18 minutos é mais que um bom exercício para reforçar a disciplina. Ela é fundamental para evitar sobrecarregar o seu público. Lembre-se de que as apresentações restritas requerem mais criatividade. Em outras palavras, o que você deixa de fora reforça o que você decide incluir!

8

CRIE UMA REPRESENTAÇÃO MENTAL COM EXPERIÊNCIAS MULTISSENSORIAIS

É melhor apresentar uma explicação em palavras e imagens do que apenas em palavras.

— RICHARD MAYER, psicólogo,
University of California, Santa Barbara

A água só é emocionalmente vívida se você não a tiver. Nesse caso, você não consegue pensar em outra coisa. Michael Pritchard se inspirou a inventar um sistema portátil de filtragem de água depois das tragédias do tsunami no oceano Índico em 2004 e do furacão Katrina em 2005. Nesses eventos, as pessoas morreram ou caíram gravemente doentes por falta de água potável. Pritchard inventou o filtro portátil LIFESAVER, que transforma água imunda em água potável. Em 2009, Pritchard fez uma apresentação no TED sobre a sua invenção. A palestra foi vista mais de três milhões de vezes, atraindo uma atenção de dar inveja a qualquer empreendedor.

Pritchard abre a apresentação com a foto de um menino, vestido com trapos, coletando uma água suja e repugnante em uma poça enlameada. "Vejo que vocês estão usufruindo da água que lhes foi proporcionada aqui na conferência nos últimos dois dias. E garanto que vocês acham que a água veio de uma fonte segura",[1] ele começou dizendo à plateia. "Mas e se a fonte não fosse segura? E se a água que vocês estão bebendo tivesse vindo de uma fonte como esta? Nesse caso, de acordo com as estatísticas, metade de vocês estaria com diarreia agora." Pritchard começou, desde cedo, chamando a atenção do público (criando um momento surpreendente) com uma foto simples porém evocativa e uma estatística que fez a plateia se contorcer. E ele só estava começando.

Aos três minutos de sua apresentação, Pritchard caminha até um aquário com cerca de três quartos de água que ele pegou do rio Tâmisa, nas proximidades da conferência. A água é quase transparente, só um pouco turva. "Fiquei pensando que, se estivéssemos no meio de uma zona de inundação em Bangladesh, a água não teria essa cara. Então trouxe umas coisinhas para colocar na água." Dito isso, Pritchard se põe a adicionar mais água ao aquário – água de sua lagoa, água de esgoto e, para intensificar ainda mais a vividez emocional da demonstração, um "presentinho do coelho de um amigo meu".

Pritchard coletou um pouco da água imunda com sua garrafa de filtragem, deu algumas bombadas e verteu água potável limpa e segura em um copo. Ele bebeu a água e a ofereceu ao curador do TED, Chris Anderson, que estava perto do palco. A manifestação inteira levou menos de três minutos.

A apresentação de Pritchard consistiu em fotos, estatísticas, e demonstrações. Não foi só *um* elemento que levou sua apresentação a ser especialmente memorável – foram todos os três elementos combinados.

---

1   PRITCHARD, Michael. Michael Pritchard: how to make filthy water drinkable. TED.com, ago. 2009. Disponível em: <http://www.ted.com/talks/michael_pritchard_invents_a_water_filter. html>. Acesso em: 18 maio 2014.

8. CRIE UMA REPRESENTAÇÃO MENTAL COM EXPERIÊNCIAS MULTISSENSORIAIS

SEGREDO Nº 8
CRIE UMA REPRESENTAÇÃO MENTAL
COM EXPERIÊNCIAS MULTISSENSORIAIS

Faça apresentações com elementos que envolvam mais de um dos sentidos: visão, audição, tato, paladar e olfato.

A técnica funciona porque...: lembre-se: o cérebro não presta atenção a coisas enfadonhas. É praticamente impossível ficar entediado se você for exposto a imagens fascinantes, vídeos cativantes, adereços cênicos intrigantes, belas palavras e mais de uma voz dando vida à história. Ninguém pede explicitamente que você incorpore elementos multissensoriais à apresentação, mas, uma vez expostas a uma apresentação como essa, as pessoas simplesmente adoram cada minuto. O cérebro anseia por experiências multissensoriais. E os seus ouvintes podem nem saber explicar por que adoraram tanto a sua apresentação – pode deixar que eu não revelarei o seu segredo.

EXPERIÊNCIAS MULTIMÍDIA REFORÇAM A APRENDIZAGEM

VÁRIOS ANOS ATRÁS, conversei com o doutor Richard Mayer, professor de psicologia da University of California, em Santa Barbara, e um grande defensor da aprendizagem multimídia. Em um estudo intitulado "Uma teoria cognitiva da aprendizagem multimídia", Mayer sugere que é muito mais eficaz explicar conceitos usando vários métodos de estimulação sensorial, como estímulos auditivos, visuais e cinestésicos. Ele está convencido de que uma das áreas de estudo mais importantes da psicologia cognitiva envolve entender como a multimídia pode promover a aprendizagem de um aluno.

Nos experimentos de Mayer, os alunos expostos a ambientes multissensoriais – texto, imagens, animação e vídeo – sempre – não só às vezes, mas *sempre* – apresentaram um nível muito mais elevado de recordação das informações que os alunos que só ouviram ou leram as informações. Mayer disse que o princípio não deveria surpreender ninguém. Quando o cérebro pode elaborar duas representações mentais de uma explicação – um modelo verbal e um modelo visual –, as conexões mentais não são só um pouco mais fortes. Elas são muito, muito mais fortes. Acrescente a isso o sentido do tato e você tem um vencedor!

As diferenças entre os dois tipos de aprendizagem (auditiva e visual) foram ainda mais impressionantes quando o "público", as pessoas que aprenderam a informação, não tinha qualquer conhecimento prévio da matéria. Os alunos com um bom conhecimento prévio do conteúdo conseguem gerar as próprias imagens mentais enquanto apenas ouvem ou leem.[2]

Pense nas suas apresentações mais importantes – elas provavelmente são dadas a pessoas com um "baixo nível" de conhecimento prévio das informações:

- vender uma nova ideia, produto, empresa ou campanha;
- explicar novas regras, processos ou diretrizes;
- ensinar alunos no primeiro dia de aula;
- treinar funcionários ou vendedores em novas ferramentas ou iniciativas de atendimento ao cliente;
- vender um produto para um cliente que nunca o usou ou ouviu falar dele;
- lançar um produto ou serviço inigualável, revolucionário;
- pedir a um investidor que financie o crescimento da sua empresa.

Em cada um desses casos, uma experiência multissensorial costuma levar aos melhores resultados. Esses públicos são formados por seres humanos que podem ser céticos e difíceis de convencer, mas não são imunes à psicologia que orienta o nosso comportamento. Nós naturalmente reagimos a estímulos visuais, auditivos e táteis.

---

2 MAYER, Richard. *Cognitive theory of multimedia learning (Mayer)*. Learning-Theories.com, postado em Cognitive theories, learning theories & models. Disponível em: <http://www.learning-theories.com/cognitive-theory-of-multimedia-learning-mayer.html>. Acesso em: 16 maio 2014.

8. CRIE UMA REPRESENTAÇÃO MENTAL COM EXPERIÊNCIAS MULTISSENSORIAIS

Os melhores oradores sabem disso e elaboram apresentações principalmente em torno de um dos sentidos, mas incorporam pelo menos um ou dois outros: visão, audição, tato, paladar e olfato. É mais difícil incorporar o olfato e o paladar a uma apresentação, mas Pritchard nos deu um exemplo de como estimular esses dois sentidos sem contato físico com o público (se uma pessoa imaginar o cheiro ou sabor da água, ela aciona as mesmas regiões do cérebro que uma pessoa que efetivamente cheirou ou ingeriu a água). Assim, com o olfato e o paladar fora do caminho, vamos nos concentrar na visão, na audição e no tato.

Veja

Nos slides da sua apresentação, use imagens no lugar de texto sempre que possível. A sua plateia terá muito mais chances de recordar informações apresentadas com uma combinação de imagens com texto, e não apenas com o texto. Como a visão supera todos os outros sentidos, dedicarei uma grande parte deste capítulo à técnica de fazer com que a sua apresentação seja mais visual. Levar o seu público em uma jornada com representações multissensoriais é em parte uma arte e em parte uma ciência. Você deve ser criativo ao transferir as suas ideias a imagens visualmente envolventes. Por 30 anos as mentes mais brilhantes do mundo têm cativado plateias do TED em todo o mundo com imagens fortes, cativantes, inspiradoras e memoráveis. Veja como eles espalham suas ideias.

A apresentação multimídia de Al Gore inflama o movimento das mudanças climáticas

Al Gore, ex-vice-presidente dos Estados Unidos, ganhou o Prêmio Nobel da Paz, em 2007, por seu trabalho relativo ao aquecimento global. Gore fora o destaque do TED em Monterey no ano anterior, onde mostrou alguns dos mesmos slides que ganharam fama no documentário vencedor do Oscar *Uma verdade inconveniente*. Quando ele

TED: FALAR, CONVENCER, EMOCIONAR

ganhou o Prêmio Nobel da Paz, a comunidade on-line do TED perguntou aos TEDsters que viram a apresentação de Gore na conferência como a palestra os afetou ou mudou suas vidas. Entre as respostas:

- "A palestra de Al Gore no TED abriu os meus olhos para o que eu precisava fazer pela geração dos meus netos e passei a ponderar o nosso impacto sobre o planeta em todos os empreendimentos que realizo." — Howard Morgan, capitalista de risco;
- "A apresentação de Gore no TED sobre a crise climática foi ao mesmo tempo fascinante e inspiradora. A paixão dele pelo tema foi clara a ponto de me levar a mostrar a palestra aos meus filhos. O nosso primogênito, Charlie, hoje com 11 anos, transformou-se numa verdadeira máquina de marketing no combate ao aquecimento global. Ele criou a própria apresentação de PowerPoint, que mostra a praticamente todas as pessoas que encontra." — Jeff Levy, CEO;
- "A palestra de Al Gore no TED de 2006 foi um momento decisivo na minha vida." — David S. Rose, investidor-anjo[3].

Esses são apenas alguns comentários de pessoas que se sentiram inspiradas depois de assistir à apresentação de Gore sobre a ameaça do aquecimento global, suas causas e o que é possível fazer a respeito.

A apresentação de slides de Al Gore, feita com o software de apresentação Keynote, é um exemplo surpreendente de como informações apresentadas visualmente têm o poder de inspirar a ação. A plateia do TED reunida em Monterey em fevereiro de 2006 viu uma "pré-estreia" dos slides que apareceriam no filme alguns meses depois.

A história por trás de *Uma verdade inconveniente* começa dois anos antes. No dia 27 de maio de 2004, depois da estreia do filme *O dia depois de amanhã*, Gore apresentou uma versão abreviada de dez minutos de sua palestra sobre as mudanças climáticas em um

---

3 McMANUS, Emily. TEDsters Talk about Al Gore's impact. TED.com, 12 out. 2007. Disponível em: <http://blog.ted.com/2007/10/12/i_was_actually/>. Acesso em: 16 maio 2014.

8. CRIE UMA REPRESENTAÇÃO MENTAL COM EXPERIÊNCIAS MULTISSENSORIAIS

encontro na Câmara Municipal de Nova York. A produtora Laurie David estava na plateia. "Nunca tinha visto nada parecido antes e fiquei chocada",[4] ela conta.

Assim que a programação foi concluída, eu o abordei perguntando se ele me deixaria apresentar seu relato dos fatos a líderes e amigos em Nova York e Los Angeles. Eu me encarregaria de toda a organização se ele se comprometesse com as datas. A apresentação de Gore foi a explicação mais incisiva e clara do aquecimento global que eu já tinha visto. E embarquei na missão de fazer com que todo mundo que eu conhecia também a visse.

Pense na observação de Laurie David: a explicação mais incisiva e clara que ela viu. Se Gore não tivesse usado slides apresentando visualmente o tema do aquecimento global, ele teria poucas chances de inspirar David a fazer um filme com base em sua palestra. David se inspirou porque vivenciou um evento multimídia que mais parecia um filme do que uma apresentação típica.

> Tive a oportunidade de entrevistar Sir Richard Branson para a minha coluna na Forbes.com sobre liderança e comunicação. Perguntei a Branson se ele viu alguma apresentação que o surpreendeu. Sua resposta: a apresentação de Al Gore sobre o aquecimento global.
>
> Ele [Al Gore] mostrou os efeitos irreversíveis do nosso método tradicional de fazer negócios sobre o nosso frágil planeta. Tivemos uma conversa construtiva sobre como executivos de empresas que trabalham com combustíveis sujos [como companhias aéreas ou ferroviárias] podem abrir os mercados de tecnologia limpa e lançar novas e melhores maneiras de fazer negócio. A conversa me levou a comprometer 100%

---

4 BLAIR, Elizabeth. *Laurie David: One seriously 'inconvenient' woman*. NPR, Special Series Profiles, 7 maio 2007. Disponível em: <http://www.npr.org/templates/story/story.php?storyId=9969008>. Acesso em: 16 maio 2014.

TED: FALAR, CONVENCER, EMOCIONAR

dos lucros da Virgin no setor de transportes à energia limpa e a encorajar mais empresas a priorizar igualmente as pessoas, o planeta e os lucros."[5]

— Sir Richard Branson, fundador do Virgin Group

Se Gore tivesse se limitado a ler o conteúdo sem recursos visuais de apoio, poucas pessoas ficariam inspiradas ou intrigadas. Suas ideias teriam sido perdidas ou, na melhor das hipóteses, relegadas a um grupo muito pequeno de pessoas excepcionalmente engajadas no tema. A exibição visual de informações complexas fez com que o tema parecesse claro e de fácil entendimento. Na Tabela 8.1, vemos como Gore explica a ciência fundamental do aquecimento global. A coluna da esquerda mostra suas palavras e a coluna da direita descreve a imagem dos slides correspondentes e a animação visual que fez com que os recursos visuais tivessem um impacto tão grande.

TABELA 8.1: As palavras de Al Gore com a descrição dos slides correspondentes em sua apresentação "Uma verdade inconveniente"

PALAVRAS DE GORE	SLIDES DE GORE
A parte mais vulnerável do sistema ecológico da Terra é a atmosfera; vulnerável porque ela é tão fina... fina o suficiente para podermos alterar sua composição. Isso nos leva à ciência fundamental do aquecimento global. A radiação do Sol vem na forma de ondas de luz que aquecem o planeta.*	Imagem da Terra e do Sol emanando raios amarelos animados.
Parte da radiação que é absorvida e aquece a Terra é irradiada de volta ao espaço, na forma de radiação infravermelha.	Animação mostrando linhas vermelhas – representando a radiação infravermelha – saindo da atmosfera da Terra.

CONTINUA

---

5 GALLO, Carmine. *Richard Branson*: if it can't fit on the back of an envelope, it's rubbish (an interview). Forbes.com, 22 out. 2012. Disponível em: <http://www.forbes.com /sites/carminegallo/2012/10/22/richard-branson-if-it-cant-fit-on-the-back-of-an-envelope-its-rubbish-interview/>. Acesso em: 16 maio 2014.

* YouTube. An inconvenient truth (1/10) movie clip – science of global warming (2006) HD. YouTube, 8 out. 2011. Disponível em: <http://www.youtube.com/watch?v=NXMarwAusY4>. Acesso em: 18 maio 2014.

8. CRIE UMA REPRESENTAÇÃO MENTAL COM EXPERIÊNCIAS MULTISSENSORIAIS

CONTINUAÇÃO

Parte dessa radiação infravermelha fica presa por essa camada da atmosfera e é mantida lá.	Algumas linhas vermelhas ficam presas sob a linha fina da atmosfera em vez de sair para o espaço.
Isso é bom, porque mantém a temperatura da Terra dentro de certos limites, relativamente constante e habitável. O problema é que essa fina camada de atmosfera está ficando mais espessa em virtude de toda a poluição que se acumula lá. O que isso faz é engrossar essa camada de atmosfera a ponto de a radiação infravermelha ficar presa e a atmosfera se aquecer por todo o mundo.	Fotos de fábricas cuspindo fumaça.

Gore sabe que o conteúdo complexo requer uma explicação simples e imagens para ajudar o público a entender os conceitos. Você se lembra de Robert Ballard, o explorador do Titanic que conhecemos no Capítulo 4? Sua apresentação no TED de 2008 incluiu 57 slides. E nenhum slide tinha uma única palavra! Ele mostrou fotos e representações artísticas dos fascinantes mundos submarinos que descobriu, mas nenhum texto. Por quê? "Quero contar uma história, não dar uma aula", Ballard me explicou.

> Nancy Duarte, especialista em design de apresentações e autora de *Ressonância*, criou os slides para apresentação de Al Gore sobre o aquecimento global. Conheço Nancy muito bem. Usamos uma estética similar para o design de slides e compartilhamos uma filosofia de como as apresentações podem verdadeiramente transformar o mundo. Como Duarte explicou em uma palestra no TEDx: "Uma única ideia pode dar início a uma grande onda, ser um ponto crítico para todo um movimento e efetivamente transformar o nosso futuro".[6] "Mas uma ideia não tem poder algum se permanecer dentro de vocês... se vocês comunicarem uma ideia de modo a provocar a ressonância, as mudanças ocorrerão."

---

6   DUARTE, Nancy. Nancy Duarte: The secret structure of great talks. TED.com, fev. 2012. Disponível em: <http://www.ted.com/talks/nancy_duarte_the_secret_structure_of_great_talks.html>. Acesso em: 16 maio 2014.

O fim do PowerPoint como o conhecemos

O TED representa o fim do PowerPoint como o conhecemos. Como ninguém mais aguenta o PowerPoint, é hora de matá-lo de vez. Permita-me esclarecer. Não estou defendendo o fim do PowerPoint como uma ferramenta, mas o fim do design tradicional do PowerPoint, repleto de uma barafunda de bullets e texto. Um slide de PowerPoint tem em média 40 palavras. É praticamente impossível encontrar um único slide em uma apresentação do TED contendo algo perto de 40 palavras, e essas apresentações são consideradas algumas das melhores do mundo.

Brené Brown é professora e pesquisadora da Faculdade de Pós-Graduação em Serviço de Assistência Social da University of Houston. Sua apresentação, que comentei antes, "O poder da vulnerabilidade", foi vista mais de sete milhões de vezes. Por sorte, ela aparentemente não sabia que um slide de PowerPoint tem em média 40 palavras. Slides entulhados desviam a atenção da mensagem, ao passo que os slides de Brown complementaram a narrativa. Como? Ela usou imagens para substituir palavras sempre que possível. Em consequência, usou 25 slides antes de atingir a marca das 40 palavras, número de palavras contidas em um único slide de PowerPoint na maioria das apresentações.

Por exemplo, Brown abriu sua apresentação contando uma história pessoal sobre a sua experiência como estudante de doutorado. Seu primeiro professor de pesquisa costumava lhe dizer: "Se você não tem como mensurar o fenômeno, ele não existe". Nos dois minutos seguintes, enquanto ela falava, a plateia viu apenas essa frase – a citação do professor – na tela. Em seguida, ela exibiu a imagem dos dedos de um bebê na mão de sua mãe ao falar de seu estudo sobre "conexões" interpessoais. Brown ganhou pontos com a plateia ao utilizar os slides como pano de fundo para a narrativa e não como um substituto para a história que ela estava contando.

Entre os comentários postados no TED.com, na página de Brown, estão:

8. CRIE UMA REPRESENTAÇÃO MENTAL COM EXPERIÊNCIAS MULTISSENSORIAIS

Apresentação excepcional e cheia de energia. Me agarrei a cada palavra. — Melanie

Uma mensagem poderosa. — Bill

Conteúdo autêntico. Sem encheção de linguiça. — Juliette

Essas pessoas se encantaram com a mensagem, o conteúdo e a estrutura narrativa de Brown. Se ela tivesse forçado os ouvintes a ler slides prolixos enquanto falava, a mensagem teria sido perdida. Por quê? Porque o cérebro não realiza multitarefas tão bem quanto imaginamos.

FIGURA 8.1: Brené Brown em sua apresentação no TED de 2012

Fonte: Cortesia de James Duncan Davidson/TED (http://duncandavidson.com).

A multitarefa é um mito

"A multitarefa, no que se refere a prestar atenção, é um mito",[7] afirma John Medina, biólogo molecular da Faculdade de Medicina da University of Washington. Medina reconhece que o cérebro de fato

---
7   MEDINA, 2008, p. 84.

realiza a multitarefa em algum nível – todo mundo consegue andar e falar ao mesmo tempo. No entanto, no que diz respeito à capacidade do cérebro de prestar atenção a uma palestra, conversa ou apresentação, somos simplesmente incapazes de prestar a mesma atenção a várias coisas diferentes. "Sem meias palavras, pesquisas demonstram que *não somos capazes de realizar a multitarefa*. Somos biologicamente incapazes de processar inputs ricos que demandam muita atenção simultaneamente."

Pense a respeito. Será que não estamos impondo uma carga impossível ao nosso público quando os forçamos a escutar atentamente ao que dissemos e ler um longo slide de PowerPoint ao mesmo tempo? Eles não têm como fazer as duas coisas! Então, como envolver o público, criar uma conexão emocional com eles e levá-los a prestar atenção sem se distrair? Mais uma vez, a neurociência nos dá a resposta: o efeito de superioridade da imagem (ESI).

As imagens são superiores

Os cientistas produziram uma montanha de evidências mostrando que os conceitos apresentados na forma de imagens em vez de palavras têm mais chances de serem lembrados. Em resumo, os recursos visuais importam – e muito. Ao ouvir informações, você provavelmente se lembrará de cerca de 10% do conteúdo três dias depois. Inclua uma imagem e a sua taxa de recordação decolará para 65%. Contextualizando esses dados, uma imagem o ajudará a lembrar seis vezes mais informações do que se você só ouvir as palavras.

"O ESI humano é algo verdadeiramente incrível",[8] escreve Medina.

Testes realizados anos atrás demonstraram que as pessoas eram capazes de lembrar mais de 2.500 fotos com pelo menos 90% de precisão vários dias depois da exposição, mesmo quando os participantes viram cada foto

---

8 MEDINA, 2008, p. 233.

8. CRIE UMA REPRESENTAÇÃO MENTAL COM EXPERIÊNCIAS MULTISSENSORIAIS

por apenas cerca de dez segundos. As taxas de precisão um ano depois ainda giravam em torno dos 63%... alguns desses experimentos também fizeram comparações com outras formas de comunicação, geralmente textos ou apresentações orais. Em geral, o resultado comprovava que o efeito de superioridade da imagem vencia os dois. E ainda vence.

O nosso cérebro é configurado para processar informações visuais – imagens – de maneira bastante distinta do texto e do som. Os cientistas chamam isso de efeito da aprendizagem "multimodal": as imagens são processadas em vários canais em vez de apenas um, dando ao cérebro uma experiência de codificação muito mais profunda e significativa.

Allan Paivio, professor de psicologia da University of Western Ontario, foi o primeiro a apresentar a teoria da "codificação dual". De acordo com essa teoria, as informações visuais e verbais são armazenadas separadamente na nossa memória, como imagens, palavras ou ambos. Conceitos aprendidos na forma de imagens são codificados tanto visual quanto verbalmente. Por sua vez, as palavras só são codificadas verbalmente. Dito de outra forma, as imagens ficam gravadas com mais riqueza de detalhes no nosso cérebro e são mais fáceis de lembrar.

Por exemplo, se eu pedir que você se lembre da palavra *cão*, o seu cérebro registrará a palavra como um código verbal. Se eu lhe mostrar a foto de um cão e pedir para você se lembrar da palavra correspondente – *cão* –, o conceito será registrado visual e verbalmente, aumentando em muito as chances de você recordar o conceito. Todo mundo já viu um cão e, se você estiver familiarizado com o conceito, isso também aumenta a sua capacidade de recordá-lo. Se, entretanto, você não conhecer bem o conteúdo, como costuma ser o caso de uma apresentação do TED, é muito mais eficaz armazenar o conceito na forma de imagens e palavras.

Estudos de ressonância magnética funcional confirmaram a teoria de Paivio. Hoje em dia sabemos que os alunos que aprendem com imagens e palavras recordam as informações com mais vividez do que os alunos que aprendem apenas por meio de textos. Os pesquisadores também usam o termo *princípio multimídia* – a retenção é reforçada com palavras e imagens e não apenas com palavras. Isso tem enormes implicações sobre a melhor maneira de elaborar e fazer apresentações que se destinam a inspirar ou convencer as pessoas a agir.

Bill Gates vira um fã dos recursos visuais

Desde que Bill Gates deixou a Microsoft para se dedicar a iniciativas filantrópicas, ele tem pensado em como comunicar temas complexos com simplicidade. Ele aborda temas que variam da redução de emissões de carbono até a reforma do sistema educacional para ajudar as duas bilhões de pessoas mais pobres do mundo, em sua maioria crianças, a levar uma vida melhor. São problemas complexos com soluções complexas. O que não é nada complexo são os slides de Gates. Pelo contrário, eles são modelos de clareza e excelentes exemplos da superioridade das imagens.

No TED de 2010, Gates fez sua famosa apresentação "Inovando para o zero!". Bono, vocalista do U2, afirmou que a apresentação "me dá esperança" e a inclui nas suas palestras favoritas do TED. Lembra que eu disse que um slide de PowerPoint tem em média 40 palavras? Gates levou 15 slides para chegar a 40 palavras. Em vez de encher os slides de palavras, ele mostrou fotos e imagens. O primeiro slide que usou mostrava uma foto de crianças pobres em uma pequena aldeia africana. "A energia e o clima são extremamente importantes para essas pessoas. Na verdade, mais importantes do que para qualquer outra pessoa do planeta",[9] ele começou.

> Se o clima piorar, as lavouras deles ficarão muitos anos sem crescer. Pode chover demais, pode chover pouco... o frágil ambiente deles simplesmente não tem como suportar mudanças como essas. E isso leva à

---

9 GATES, Bill. Bill Gates on energy: innovating to zero! TED.com, fev. 2010. Disponível em: <http://www.ted.com/talks/bill_gates.html>. Acesso em: 16 maio 2014.

8. CRIE UMA REPRESENTAÇÃO MENTAL COM EXPERIÊNCIAS MULTISSENSORIAIS

FIGURA 8.2: Recriação do slide de Bill Gates mostrando a fórmula do CO_2 em sua apresentação no TED de 2010

Fonte: Criada pela Empowered Presentations @empoweredpres.

fome, que leva à incerteza, que leva à inquietação. Então, as mudanças climáticas serão terríveis para eles.

Gates tem o dom de facilitar a compreensão de um conteúdo complexo. Ele explicou o aquecimento global em sete segundos, usando uma fórmula visual "simples e direta". De acordo com Gates, "o CO_2 é emitido. Isso leva a um aumento da temperatura, que, por sua vez, produz alguns efeitos muito negativos". Enquanto falava, o slide mostrava uma fórmula, tendo ao fundo a foto de um céu. A Figura 8.2 é uma recriação do slide de Gates.

O vídeo dos ovos mexidos que lançou um movimento global

Você deve lembrar que uma das apresentações favoritas de Bill Gates no TED.com foi a palestra "A história do universo em 18 minutos", de

TED: FALAR, CONVENCER, EMOCIONAR

David Christian. A apresentação de Christian brinca com os sentidos, especialmente a visão. Nos primeiros 2,5 minutos de apresentação, nenhum slide que ele mostra tem qualquer texto.

Christian entrou no palco e anunciou: "Para começar, um vídeo".[10] Em seguida, a plateia assistiu ao que parecia ser um ovo sendo mexido. Logo ficou claro que o vídeo estava ao contrário, mostrando um ovo sendo "des-mexido", com a gema e a clara se reconstituindo e subindo para entrar na casca do ovo. Christian disse aos ouvintes que o vídeo deve tê-los deixado um pouco desconcertados, pelo simples fato de não ser natural. Não é assim que o universo funciona.

> Um ovo mexido é uma bagunça. Um ovo é algo belo e sofisticado capaz de criar algo ainda mais sofisticado, como uma galinha. E, no fundo, temos a grande convicção de que o universo vai da bagunça à complexidade. Na verdade, essa intuição se reflete em uma das leis mais fundamentais da física, a segunda lei da termodinâmica, ou a lei da entropia. Basicamente o que essa lei diz é que a tendência geral do universo é passar da ordem e da estrutura à falta de ordem, à falta de estrutura – em outras palavras, à bagunça. E é por isso que o vídeo provoca essa sensação de estranheza.

Pessoas que viram a apresentação no TED.com a qualificaram como "envolvente", "incrível" e "impressionante". No entanto, teria sido muito difícil acompanhar a apresentação sem os slides, as imagens e as animações. Os slides não substituíram a narrativa, mas complementaram a história.

"Use recursos visuais para reforçar a palavras, não duplicá-las."
....
— MANDAMENTO DO TED

---

10 CHRISTIAN, David. David Christian: the history of our world in 18 minutes. TED.com, abr. 2011. Disponível em: <http://www.ted.com/talks/david_christian_big_history.html>. Acesso em: 16 maio 2014.

250

8. CRIE UMA REPRESENTAÇÃO MENTAL COM EXPERIÊNCIAS MULTISSENSORIAIS

Bono faz um espetáculo com os dados

Ninguém melhor que uma estrela do rock para incluir uma alusão sexual em uma apresentação do TED. Foi exatamente o que Bono, vocalista do U2, fez quando apresentou dados demonstrando o progresso feito pela humanidade na redução da pobreza extrema (definida como pessoas que vivem com até US$ 1,25 por dia). "O número de pessoas que vivem em miséria extrema, esmagadora e desalentadora, caiu de 43% da população do mundo em 1990, para 33% em 2000 e 21% em 2010",[11] ele anunciou enquanto as estatísticas eram mostradas em slides atrás dele. A plateia reagiu rindo e aplaudindo:

> Se você vive com menos de US$ 1,25 por dia, isso não são só dados. Isso é tudo. Essa rápida transição é uma estrada para sair do desespero e entrar na esperança... Se essas tendências continuarem, o número de pessoas vivendo com US$ 1,25 por dia chegará a zero em 2030. Para os trituradores de números, a zona zero é o ponto G.

Os slides de Bono foram produzidos por profissionais, algo que recomendo para quem precisa fazer uma apresentação crucial, destinada a vários públicos ou importante o suficiente para atrair novos clientes ou investimentos.

Assista ao desempenho de Bono no TED.com e preste atenção à técnica comum e ao design de toda boa apresentação: um tema por slide. Quando a maioria dos palestrantes apresenta dados, eles bombardeiam o público com uma avalanche de números e gráficos, tudo em um único slide. Sempre que Bono apresentava uma estatística, o número – e só aquele número – era exibido no slide. Bono avançou um slide por ponto de dados.

---

11 VOX. Bono: the good news on poverty (yes, there's good news). TED.com, mar. 2013. Disponível em: <http://www.ted.com/talks/bono_the_good_news_on_poverty_yes_there_s_good_news.html>. Acesso em: 19 maio 2014.

FIGURA 8.3: Bono em sua apresentação no TED de 2013

Fonte: Cortesia de James Duncan Davidson/TED (http://duncandavidson.com).

Quando ele explicou que a pobreza extrema foi reduzida à metade desde o ano 2000, o slide simplesmente dizia: "Pobreza extrema reduzida à metade". A técnica de tornar números e dados visualmente atraentes é eficaz no sentido de fazer com que os seus ouvintes conheçam as impressionantes estatísticas por trás do seu conteúdo e se interessem por elas.

Bono prosseguiu com uma litania de números para demonstrar que a vida de muitas das pessoas mais pobres do mundo estava melhorando:

> Desde o ano 2000, mais de oito milhões de pacientes com aids passaram a receber medicamentos que salvam vidas. Malária. Oito países da África Subsaariana tiveram suas taxas de mortalidade reduzidas em 75%. Para crianças com menos de cinco anos, a mortalidade infantil caiu 2,85 milhões de mortes por ano. Isso representa 7.256 crianças salvas a cada dia. Uau! Vocês leram alguma coisa, em qualquer lugar, na semana passada, que seja remotamente tão importante quanto esse número?

8. CRIE UMA REPRESENTAÇÃO MENTAL COM EXPERIÊNCIAS MULTISSENSORIAIS

De acordo com as descobertas da neurociência, se só leu o parágrafo anterior, você só se lembrará de uns 10% das informações daqui a três dias. Acrescente uma imagem, contudo, e a sua retenção subirá para 65% das informações. Foi exatamente o que Bono fez. Ele comunicou verbalmente o conteúdo e usou a multimídia, principalmente na forma de recursos visuais, para reforçar os dados.

A apresentação multimídia de Bono incluiu gráficos animados, diagramas e fotos. Por mais claros que os gráficos possam ser, a plateia perderá o interesse depois de slide após slide mostrando uma sucessão interminável de gráficos. Por isso, Bono incluiu histórias e fotos para quebrar a sequência de gráficos e dar um descanso aos olhos. Ele também deu vida aos dados incluindo histórias das pessoas por trás dos números.

"Sete mil crianças por dia [têm suas vidas salvas]. Estas são duas delas. Michael e Benedicta. Eles estão vivos hoje em grande parte graças à enfermeira deles, a doutora Patricia Asamoah, e ao Fundo Global." Bono mostrou duas fotos ao enunciar as duas frases anteriores. A primeira foi um close-up de duas crianças sorridentes, Michael e Benedicta. A segunda mostrava a doutora Asamoah em uma pequena aldeia. Essa é a melhor maneira de apresentar dados: uma estatística (ou tema) por slide, seguida de fotos ou imagens para dar ao cérebro uma pausa da monotonia dos gráficos, tabelas e diagramas. Embora fosse empolgante ouvir as histórias de Bono, o verdadeiro impacto de sua apresentação está em seu uso habilidoso dos recursos visuais.

32 mil Barbies

O fotógrafo Chris Jordan brinca com Barbies. Em fevereiro de 2008, Jordan mostrou à plateia do TED uma foto que ele tirou de umas 50 Barbies posicionadas em padrões circulares. Jordan avançou para uma segunda foto – uma visão mais ampla da primeira – que mostrava muitos milhares de Barbies. Quem não sabia que se tratava de bonecas Barbie pensaria que a foto era de uma bela pintura floral.

TED: FALAR, CONVENCER, EMOCIONAR

A terceira e última foto da série se afastava ainda mais, revelando a silhueta dos seios de uma mulher. "Se você se afastar até o fim, verá 32 mil Barbies representando o número de cirurgias plásticas de aumento dos seios realizadas nos Estados Unidos todo mês. A grande maioria dessas cirurgias é realizada em mulheres com menos de 21 anos de idade",[12] ele explicou. "A mamoplastia está se tornando rapidamente o presente de formatura do ensino médio mais popular dado a garotas que estão prestes a ir para a faculdade." Jordan é outro mestre em embalar os dados de maneira visualmente atraente.

Em outra sequência, ele mostrou uma imagem de copos brancos de papel empilhados. Ele explica que os americanos usam 40 milhões de copos de papel por dia para tomar bebidas quentes, principalmente café. "Não tive como retratar 40 milhões de copos numa tela, mas consegui colocar 410 mil. É assim que 410 mil copos se parecem", ele disse, enquanto a plateia via uma foto do que parecia ser uma série de linhas verticais brancas e cinza. "Isso representa 15 minutos do nosso consumo de copos", ele acrescentou. A última imagem da sequência mostrava um dia inteiro de copos de café consumidos. "A altura é de um prédio de 42 andares e incluí a Estátua da Liberdade como uma referência de escala", disse Jordan quando uma imagem da estátua foi incluída à foto, apequenada em comparação com a montanha de copos ao fundo.

Em outra representação artística, ele quis mostrar o número de pessoas que morrem de tabagismo todos os anos. A primeira foto mostrava um close-up de caixas de cigarros empilhadas. À medida que a perspectiva se afastava, as próximas fotos foram revelando a visão geral – Jordan havia recriado, com milhares de maços de cigarros, a pintura de 1886 de Vincent van Gogh, *Caveira com cigarro aceso*.

Jordan acredita que é difícil para uma pessoa comum compreender números de dimensões tão imensas, mas essas estatísticas

---

12 JORDAN, Chris. Chris Jordan: turning powerful stats into art. TED.com, jun. 2008. Disponível em: <http://www.ted.com/talks/chris_jordan_pictures_some_shocking_stats.html>. Acesso em: 16 maio 2014.

8. CRIE UMA REPRESENTAÇÃO MENTAL COM EXPERIÊNCIAS MULTISSENSORIAIS

revelam algumas questões bastante preocupantes da sociedade, problemas que podem evocar uma reação mais visceral das pessoas quando apresentados visualmente com criatividade.

Da mesma forma como Bono cria um show com os dados, Jordan acredita que, ao "sentir" números tão vultosos, podemos fazer algo a respeito.

> Temo que nós, como uma cultura, não sentimos o suficiente nos dias de hoje. A América está meio que anestesiada no momento. Perdemos o nosso senso de indignação, a nossa raiva e o nosso pesar sobre o que está acontecendo na nossa cultura agora, sobre o que está acontecendo no nosso país, as atrocidades que estão sendo cometidas em nosso nome por todo o mundo. Eles se perderam... esses sentimentos se perderam.

A apresentação de Jordan é um profundo exemplo da transformação de estatísticas áridas – algumas das quais já vimos inúmeras vezes – acrescentando um elemento multimídia na forma de recursos visuais para dar vida aos dados. Os recursos visuais reforçam os argumentos e nos ajudam a "sentir" a emoção por trás dos números. Como disse Maya Angelou: "As pessoas vão esquecer o que você disse, as pessoas vão esquecer o que você fez, mas as pessoas jamais esquecerão como você as fez sentir". Não se limite a pensar no que você quer que as pessoas saibam; pense também em como você quer que elas se sintam.

Como o LinkedIn simplificou seu PowerPoint de marketing

Nove meses antes de o LinkedIn abrir o capital, seu vice-presidente de marketing na época me convidou para dar um workshop para 130 colaboradores de vendas e marketing. Ele não estava satisfeito com os slides de PowerPoint de sua equipe. "Eles complicam demais as coisas", ele explicou. O executivo encorajou sua equipe a incorporar alguns dos conceitos dos meus livros anteriores em um conjunto de slides novo e mais atraente para incentivar os clientes empresariais

TED: FALAR, CONVENCER, EMOCIONAR

a anunciar e recrutar no LinkedIn. Eles jogaram o velho PowerPoint no lixo e criaram slides ao estilo do TED, com pouco texto, nenhum bullet e muitas fotografias e recursos visuais. Se um dado estatístico precisava ser destacado, o ponto de dados era o único número mostrado no slide, acompanhado de uma imagem do site do LinkedIn ou alguma outra imagem relevante.

Uma ideia central que salientei no workshop foi a necessidade de representar o conteúdo tanto com as imagens mostradas quanto com as palavras usadas para descrever o slide. Por exemplo, o slide mais importante da apresentação mostrava apenas um dado estatístico: 70 milhões. O número era acompanhado de uma representação artística do logo do LinkedIn composto de pessoas representando os usuários do LinkedIn. O dado representava o número de usuários do LinkedIn na época (hoje a empresa tem mais de 200 milhões de membros). Em resumo, esta foi a narrativa que elaboramos: "Hoje o LinkedIn tem 70 milhões de usuários e estamos acrescentando três milhões a cada mês. Isso equivale a adicionar toda a população de São Francisco à nossa rede a cada 30 dias".

O pessoal de marketing e vendas do LinkedIn adorou o novo design e começou a usar a apresentação nove meses antes do impressionante IPO da empresa (o preço das ações dobrou no primeiro dia, elevando o valor da empresa para US$ 9 bilhões). CEOs e executivos de vendas e marketing de muitas das marcas mais admiradas do mundo estão jogando no lixo suas velhas apresentações de PowerPoint e substituindo-as por apresentações que levam a plateia em uma jornada visual. O velho ditado "É melhor não levar uma espada a um tiroteio" se encaixa muito bem aqui. O velho estilo de PowerPoint é um anacronismo no campo de batalha corporativa atual. Não deixe que seus concorrentes destruam os seus sonhos porque você perdeu o trem da história.

Dica do TED

Visualize o conteúdo. Acrescente fotos ou inclua imagens de fundo a gráficos, tabelas e diagramas. Recomendo restringir os primeiros dez slides

8. CRIE UMA REPRESENTAÇÃO MENTAL COM EXPERIÊNCIAS MULTISSENSORIAIS

a não mais que 40 palavras. Isso o forçará a pensar em maneiras criativas de contar uma história memorável e envolvente em vez de encher o slide de textos desnecessários que só distraem os ouvintes. Elimine os bullets da maioria dos seus slides. Os apresentadores mais populares do TED usam slides completamente livres de bullets. Texto e bullets são as maneiras menos memoráveis de comunicar informações ao seu público. Você pode não conseguir atingir esse objetivo em todos os slides, mas é um bom exercício. Ao se obrigar a eliminar slides prolixos, você verá que é possível se divertir muito mais com a sua apresentação. E a melhor parte: o seu público vai adorar!

Ouça

Embora a visão seja o nosso sentido predominante, é muito mais fácil recordar informações quando vários sentidos são estimulados ao mesmo tempo. A nossa audição é muito importante nesse processo. O modo como você diz algo (tom, velocidade, volume, intensidade, articulação) tem o poder de tocar a alma de seu ouvinte.

A 45 metros de profundidade, em uma mina ilegal

Lisa Kristine passou mais de 25 anos viajando pelos cantos mais remotos do mundo para documentar a beleza e expor as dificuldades da população de diversos lugares. Vamos rever sua palestra no TEDx e nos concentrar em como ela usou suas palavras para comover a plateia.

O público ficou em silêncio, paralisado, enquanto Kristine os levou em uma jornada visual guiada por fotografias. Seu *timing* foi impecável e dramático. Em vez de mostrar as fotos à medida que falava, ela começava a contar a história e só depois de começar a narrativa é que ela exibia a foto. Essa técnica forçou a plateia a ouvir as palavras com atenção antes de ver a foto dos personagens apresentados na história. A Tabela 8.2 apresenta o que Kristine disse para abrir sua apresentação, a descrição das fotos e em que momento elas foram mostradas.

TED: FALAR, CONVENCER, EMOCIONAR

TABELA 8.2: As palavras de Lisa Kristine com a descrição das fotos correspondentes em sua apresentação no TEDx Maui em 2012

AS PALAVRAS DE LISA KRISTINE	DESCRIÇÃO DAS FOTOS
Estou a 45 metros abaixo da superfície, em uma mina ilegal, em Gana. O ar é denso, carregado de calor e pó, e é difícil respirar. Posso sentir o roçar de corpos suados passando por mim na escuridão, mas não consigo ver muito mais do que isso. Ouço vozes, mas o que mais se ouve na mina é a cacofonia de homens tossindo e pedras sendo quebradas com ferramentas primitivas.*	Foto em preto e branco de um mineiro sem camisa segurando uma ferramenta primitiva. Somente a silhueta do mineiro é visível na escuridão, iluminada apenas por uma pequena lanterna afixada à sua cabeça.
Como os outros, uso uma lanterna barata e tremeluzente amarrada à minha cabeça com uma faixa de tecido esfarrapado...	Foto em preto e branco de um mineiro descendo precariamente pela mina.
...e mal posso distinguir os escorregadios galhos de árvores que sustentam as paredes do buraco quadrado de um metro, mergulhando a centenas de metros para dentro da terra.	Close-up extremo do rosto de um mineiro na escuridão; só o reflexo da lanterna afixada à sua cabeça revela seu semblante.
Quando a minha mão desliza, de repente me lembro de um mineiro que conheci dias antes, que escorregou e caiu incontáveis metros até o fundo da mina. Enquanto estou aqui, falando com vocês hoje, esses homens ainda estão no fundo daquele buraco, arriscando a vida, sem qualquer pagamento ou compensação, e muitas vezes morrendo.	Foto de Kristine saindo da mina.
Eu pude sair daquele buraco e pude voltar para casa, mas eles provavelmente • nunca terão essa chance porque estão presos na escravidão.	Foto de mineiros ajudando Kristine a sair da mina.

Os primeiros dois minutos da palestra de Kristine constituíram a abertura mais tocante que já vi em uma apresentação. Nenhum texto nos slides, somente fotos, uma narrativa fascinante e uma enunciação muito bem ponderada. Embora suas fotografias tenham se beneficiado do sentido visual de sua plateia, o modo como ela usou

---

* KRISTINE, Lisa. Lisa Kristine: photos that bear witness to modern slavery. TED.com, ago. 2012. Disponível em: <http://www.ted.com/talks/lisa_kristine_glimpses_of_modern_day_ slavery.html>. Acesso em: 16 maio 2014.

8. CRIE UMA REPRESENTAÇÃO MENTAL COM EXPERIÊNCIAS MULTISSENSORIAIS

a voz foi fundamental para obter o efeito desejado. O impacto obtido ao estimular a audição dos seus ouvintes pode ser tão intenso quanto a utilização de recursos visuais.

Criando imagens com as palavras

A apresentação de Kristine foi extraordinária porque o poder de suas palavras correspondia com as fotos impressionantes que ela mostrava. Leia a evocativa descrição de uma visita de Kristine a uma olaria na Índia:

> Aquela visão estranha e assombrosa foi como entrar no Egito antigo ou no Inferno de Dante. Envoltos em temperaturas de 54 graus, homens, mulheres, crianças, famílias inteiras na verdade, estão cobertos com uma pesada camada de pó, enquanto empilham mecanicamente tijolos na cabeça, até 18 de cada vez, e os levam dos fornos escaldantes a caminhões estacionados a centenas de metros dali. Entorpecidos pela monotonia e exaustão, eles trabalham em silêncio, realizando essa tarefa vez após vez durante 16 ou 17 horas por dia. Não houve intervalos para comer nem para beber água, e a grave desidratação tornava o ato de urinar relativamente irrelevante. O calor e o pó eram tão penetrantes a ponto de a minha câmera ficar tão quente que eu mal conseguia tocá-la e ela parava de funcionar. A cada 20 minutos, eu precisava voltar correndo à nossa van, limpar meu equipamento e deixá-lo um tempo no ar-condicionado para que ele voltasse a funcionar. Sentada na van, pensei que a minha câmera estava recebendo um tratamento muito melhor que aquelas pessoas.

A técnica usada por Kristine é o que o doutor Pascale Michelon chama de "deixar uma marca visual na mente de uma pessoa". Os neurocientistas descobriram que o córtex visual do cérebro é incapaz de diferenciar o real do imaginado. Se você puder pensar em algo com vividez – realmente imaginar a cena –, as mesmas áreas do cérebro são ativadas como se você estivesse de fato testemunhando o

TED: FALAR, CONVENCER, EMOCIONAR

evento. É por isso que as metáforas, as analogias e um imaginário rico são maneiras extremamente eficazes de criar uma imagem mental, em alguns casos até mais eficazes que uma imagem real.

"Para melhorar a sua memória, transforme as informações verbais em informações visuais tanto quanto possível",[13] Michelon recomenda. "Isso pode ser feito com recursos visuais ou usando exemplos para evocar imagens na cabeça dos ouvintes." Pascale recomenda que os comunicadores usem o maior número possível de exemplos concretos. O cérebro não evoluiu para entender abstrações. Mesmo em apresentações de vendas, use exemplos concretos para colocar os clientes em uma situação que eles consigam visualizar. Isso é muito mais eficaz que usar palavras abstratas para descrever a sua estratégia de vendas. "Nós lembramos melhor as imagens do que as palavras, então, se eu ajudar a pessoa a criar imagens visuais enquanto falo, ela vai lembrar a informação muito melhor do que se eu só usasse palavras abstratas", explica Pascale.

Crie uma imagem mental sem usar imagens

O cérebro não consegue saber a diferença entre o que realmente vê e o que imagina. Janine Shepherd, a esquiadora cross-country que conhecemos no Capítulo 3, criou uma imagem para a sua plateia no TEDx sem mostrar um único slide ou foto. Shepherd conta que fazia parte da equipe australiana de esqui e treinava para as Olimpíadas de Inverno quando fez um passeio de bicicleta que mudou sua vida. Usando palavras evocativas e descritivas, ela levou a plateia naquele fatídico passeio de bicicleta.

> Seguimos em direção às espetaculares Blue Mountains a oeste de Sydney, em um dia perfeito de outono: o sol, o cheiro de eucalipto e um sonho. A vida era bela. Fazia umas cinco horas e meia que estávamos nas nossas bicicletas quando chegamos à parte que eu mais gostava, as

---

[13] Pascale Michelon, diretor do The Memory Practice e professor-adjunto da Washington University em St. Louis, conversa com o autor, 22 jan. 2013.

8. CRIE UMA REPRESENTAÇÃO MENTAL COM EXPERIÊNCIAS MULTISSENSORIAIS

colinas, eu adorava as colinas. Eu me levantei do assento da minha bicicleta e comecei a pedalar. Ao respirar o ar frio da montanha, pude senti-lo queimando nos pulmões, e olhei para cima para ver o sol brilhando no meu rosto. E então tudo ficou preto.[14]

Um utilitário tinha atingido Shepherd. Ela ficou gravemente ferida, foi levada de helicóptero a uma unidade de traumatismos medulares em Sydney e foi proferida uma paraplégica parcial. No resto de sua apresentação, ela relatou o longo caminho para a recuperação, sempre amarrando a narrativa ao tema: você não é o seu corpo. Decidida a provar que os médicos estavam errados, Shepherd encontrou um novo sonho: voar. Ela tirou um brevê de piloto um ano depois do acidente e acabou se tornando uma instrutora de acrobacias aéreas.

A apresentação de Shepherd foi vista mais de um milhão de vezes. Ela recebe e-mails de pessoas que se inspiraram a continuar lutando e enfrentar as dificuldades. Uma pessoa chegou a contar que o vídeo salvou sua vida. A pessoa vinha lutando contra uma doença há 19 anos. "A situação piorou tanto nas últimas semanas que cheguei a pensar em suicídio. Mas hoje, depois de ver e ouvir Janine, vi um novo raio de esperança. Minha jornada começa AGORA."

Um segundo por dia

Cesar Kuriyama poupou dinheiro suficiente para largar seu emprego na área da publicidade aos 30 anos e passou o ano seguinte viajando e se envolvendo em projetos que lhe interessavam. Ele também gravou suas experiências diárias em vídeo – apenas um segundo de vídeo por dia. Ele disse à plateia do TED, "A visualização é o melhor jeito de acionar a memória... até este único segundo me possibilita lembrar tudo o que fiz naquele dia".[15]

---

14 SHEPHERD, Janine. Janine Shepherd: a broken body isn't a broken person. TED.com, nov. 2012. Disponível em: <http://www.ted.com/talks/janine_shepherd_a_broken_body_isn_t_a_broken_person.html>. Acesso em: 16 maio 2014.

15 KURIYAMA, Cesar. Cesar Kuriyama: one second every day. TED.com, fev. 2013. Disponível em: <http://www.ted.com/talks/cesar_kuriyama_one_second_every_day.html>. Acesso em: 16 maio 2014.

Imagine... um compositor com jeito com as palavras

O sentido da audição pode ser estimulado com recursos retóricos utilizados em um discurso. Por exemplo, o discurso "Eu tenho um sonho" de Martin Luther King é um dos mais famosos e citados da história contemporânea. King não usou o PowerPoint, o Prezi ou o Keynote da Apple. Em vez disso, ele criou imagens com as palavras... imagens que ficaram gravadas na nossa cabeça por meio século. King usou um recurso de oratória chamado anáfora, repetindo a mesma palavra ou palavras no início de expressões ou frases sucessivas. "Eu tenho um sonho..." é repetido em oito sentenças sucessivas.

Além dos gráficos, animações e fotos mostradas em sua apresentação, Bono, do U2, usou a anáfora com muita eficácia para estimular ainda mais os sentidos de seus ouvintes. Veja dois exemplos:

Os **fatos**, assim como as pessoas, querem ser livres. E, quando os **fatos** são libertados, a liberdade está logo ali, até para os mais miseráveis. Os **fatos** têm o poder de derrubar o ceticismo e a apatia que levam à inércia. Os **fatos** nos dizem o que está ou não dando certo para podermos fazer ajustes. Os **fatos**, se ouvidos e reconhecidos, têm o poder de atender ao clamor feito por Nelson Mandela em 2005, quando nos instigou a sermos a grande geração capaz de superar essa terrível mazela da humanidade, a miséria extrema.

Estou pensando em Wael Ghonim, que criou um dos grupos do Facebook por trás das manifestações na Praça Tahrir, no Cairo. Ele foi jogado na prisão por isso. Eu fiquei com as palavras dele tatuadas no meu cérebro. "**Vamos vencer** porque não entendemos de política. **Vamos vencer** porque não jogamos os jogos sujos deles. **Vamos vencer** porque não temos interesses político-partidários. **Vamos vencer** porque as lágrimas vertidas dos nossos olhos na verdade vêm do nosso coração. **Vamos vencer** porque sonhamos e estamos dispostos a lutar por esses sonhos." Wael está certo. **Vamos vencer**

8. CRIE UMA REPRESENTAÇÃO MENTAL COM EXPERIÊNCIAS MULTISSENSORIAIS

se unirmos as nossas forças, porque o poder do povo é muito maior que o das pessoas no poder.[16]

É importante notar que, ao enunciar o último parágrafo, Bono não mostrou nenhum slide. Ele queria que a plateia se concentrasse no sentido da audição – em suas palavras. Lágrimas encheram os olhos de Bono enquanto ele falava, refletindo sua profunda ligação emocional com o que dizia. Palavras penetrantes, bem elaboradas, têm o poder de provocar profundas emoções em todos nós. Um slide teria diluído o impacto do momento. Bono recebeu aplausos tonitruantes e uma ovação de pé da plateia do TED. Não é de admirar. Com suas palavras, ele despertou os sentidos dos ouvintes.

Três pessoas e um computador amplificam a voz de um homem

Em março de 2011, o crítico de cinema Roger Ebert, que perdeu a voz para o câncer e veio a falecer em abril de 2013, "falou" para uma plateia de mais de mil pessoas no TED. "Estas são as minhas palavras, mas esta não é a minha voz. Este é Alex, a melhor voz de computador que consegui achar, que vem instalado em todos os computadores Macintosh",[17] disse uma voz digitalizada com Ebert sentado em uma cadeira com um Mac no colo.

Na qualidade de crítico de cinema, com décadas de experiência diante das câmeras bem como um profundo conhecimento da arte da produção cinematográfica, Ebert sabia que seria difícil prender a atenção do público e, dessa forma, foi preparado com um truque na manga: uma experiência multissensorial auditiva.

Depois de falar por cerca de um minuto com a voz digitalizada, Ebert anunciou: "Descobri que pode ser chato ouvir uma voz computadorizada por muito tempo, então decidi recrutar alguns dos meus

---

16 BONO, 2013.

17 EBERT, Roger. Roger Ebert: remaking my voice. TED.com, abr. 2011. Disponível em: <http://www.ted.com/talks/roger_ebert_remaking_my_voice.html>. Acesso em: 16 maio 2014.

amigos para ler as minhas palavras em voz alta para mim". Três outras pessoas subiram ao palco e todos se sentaram em cadeiras ao lado de Ebert. Eles incluíram sua mulher, Chaz, Dean Ornish e John Hunter. Foram 18 minutos muito tocantes, especialmente por demonstrar o profundo amor e afeição entre Ebert e sua esposa.

A história de como Ebert recriou sua voz é interessante, mas ele estava absolutamente certo: seria enfadonho ouvir uma voz digitalizada por 18 minutos, de modo que ele escolheu não uma, mas quatro outras vozes (incluindo o computador) para falar por ele. A experiência "multissensorial" inclui várias vozes. Acho irônico que Ebert tenha dito que pode ser enfadonho ouvir uma voz digitalizada, considerando que muitos oradores falam em um tom monótono e soam muito menos vigorosos que a voz gerada pelo seu computador!

No Capítulo 7, afirmei que 18 ou 20 minutos de apresentação é sempre melhor que 60 minutos. No entanto, a maioria das minhas palestras dura cerca de uma hora. Será que estou sendo hipócrita? De jeito nenhum. Como Ebert, eu divido o palco. Nas minhas apresentações, incluo várias vozes usando vídeos de líderes inspiradores. O vídeo me dá a oportunidade de envolver dois sentidos ao mesmo tempo – a visão e a audição.

Sinta

O Santo Graal de uma apresentação é transportar a plateia a outro lugar. A representação visual de informações ajuda os ouvintes a visualizar o conteúdo, mas, se a plateia não puder tocar algo fisicamente, como seria possível completar a jornada? Mais uma vez, pense numa apresentação como um espetáculo da Broadway. Um espetáculo premiado tem uma história maravilhosa, personagens intrigantes e adereços cênicos relevantes. As melhores apresentações usam todos esses elementos, incluindo adereços cênicos simples que dão ao público uma ideia de como seria participar da cena.

8. CRIE UMA REPRESENTAÇÃO MENTAL COM EXPERIÊNCIAS MULTISSENSORIAIS

Uma musicista é ovacionada de pé sem tocar uma única nota

Você deve se lembrar de Amanda Palmer, a cantora e compositora punk rock, que conhecemos no Capítulo 3. Mencionei que o vídeo da apresentação de Palmer no TED de 2013 recebeu mais de um milhão de visualizações uma semana depois de ser postado na internet. O tema de Palmer foi simples e direto – as vantagens de não obrigar as pessoas a pagarem pela música. Como o conteúdo digital já está disponível e já é compartilhável, Palmer sugere que os artistas deveriam pedir ajuda diretamente aos fãs. A maioria das pessoas que veem a apresentação dela provavelmente nunca foi um músico tocando na rua e suando a camisa para ganhar uns trocados, mas Palmer leva a plateia a sentir essa situação na pele.

Sem dizer uma palavra, Palmer entrou no palco e colocou um engradado de leite no chão. Ela subiu na caixa, envolveu seu braço esquerdo em um véu e estendeu uma flor com a mão direita. Ela respirou lenta e profundamente duas vezes, passou alguns segundos imóvel e disse:

> Então, eu nem sempre ganhei a vida com a música. Depois de me formar em artes liberais, passei uns cinco anos fazendo isso como meu ganha-pão. Eu era uma trabalhadora autônoma, uma estátua-viva chamada "A noiva de 2,5 metros", e adoro contar às pessoas que ganha a vida fazendo isso porque todo mundo quer saber: Quem são esses malucos na vida real? Oi. Eu me pintava de branco, subia numa caixa, deixava um chapéu ou uma lata aos meus pés e, quando alguém passava e me dava um trocado, eu lhe estendia uma flor acompanhada de um intenso contato visual. E, se a pessoa não pegava a flor, eu lançava um gesto de tristeza e anseio em sua direção enquanto ela se afastava.[18]

Palmer apresentou os primeiros três minutos de sua palestra em cima da caixa, revivendo suas experiências e lembrando as pessoas que lhe deram dinheiro. "Eu não fazia ideia de que estava

---

18 PALMER, Amanda. Amanda Palmer: The art of asking. TED.com, mar. 2013. Disponível em: <http://www.ted.com/talks/amanda_palmer_the_art_of_asking.html>. Acesso em: 16 maio 2014.

recebendo, em cima desta caixa, o treinamento perfeito para atuar na indústria da música." Com o tempo, sua banda conseguiu ganhar dinheiro suficiente para que ela abandonasse sua carreira de artista de rua. Assim que Palmer contou à plateia que deixou de ser uma estátua-viva, ela desceu da caixa. A caixa permaneceu no palco enquanto Palmer fez sua apresentação, com sua presença atuando como uma metáfora para a narrativa:

> Decidi que disponibilizaria a minha música de graça na internet sempre que possível... Que eu encorajaria o download, o compartilhamento, mas que pediria ajuda, porque vi isso dando certo na rua. Passei a minha carreira musical tentando encontrar pessoas na internet do mesmo jeito que encontrei pessoas em cima da minha caixa. Então decidi blogar e tuitar não só sobre as datas das minhas turnês e sobre o meu novo vídeo, mas também sobre o nosso trabalho e a nossa arte, sobre os nossos temores e as nossas ressacas, os nossos erros e como nós vemos uns aos outros. Acho que, quando realmente vemos uns aos outros, nós queremos ajudar uns aos outros.

Palmer concluiu sua apresentação com o seguinte clamor: acho que as pessoas são obcecadas com a pergunta errada, que é: "Como podemos fazer com que as pessoas paguem pela música?". E se a gente começasse a perguntar: "Como podemos deixar que as pessoas paguem pela música?". Enquanto agradecia, Palmer tirou a flor que usou para abrir sua apresentação, a estendeu aos ouvintes e a lançou para a plateia. A plateia se levantou e a aplaudiu intensamente por 15 segundos. Palmer, a musicista, teve a performance de sua vida sem tocar uma única nota.

A página do TED.com onde o vídeo de Palmer foi postado recebeu mais de 500 comentários em uma semana. Jody Murray comentou: "Uma voz dentro de mim ficou o tempo todo tentando não gostar desta palestra, mas, no final, ela não conseguiu. Uma apresentação impressionante com exemplos da concretização de belas ideias".

8. CRIE UMA REPRESENTAÇÃO MENTAL COM EXPERIÊNCIAS MULTISSENSORIAIS

Você consegue se lembrar de ter visto uma apresentação de negócios "impressionar" com "exemplos da concretização de belas ideias"? Esse tipo de apresentação não é visto com muita frequência nas salas de reunião corporativas, não é mesmo? No entanto, Amanda Palmer apresentou um verdadeiro business case para dar músicas de graça, um tema bastante controverso na indústria fonográfica, e fez isso de uma maneira que seus ouvintes realmente puderam sentir e vivenciar.

Sentindo a dor dos downloads lentos

Palmer subiu em um objeto cênico – um engradado de leite – para ajudar as pessoas a "sentir" a dor de ser um músico lutando para sobreviver. Objetos cênicos e demonstrações são bons recursos multissensoriais para ajudar o público a entender, de forma tangível e concreta, a sua ideia e o problema que ela resolve.

Por exemplo, trabalhei com executivos de uma empresa de tecnologia que estava lançando um dispositivo USB extremamente rápido para computadores. O produto tinha uma "velocidade de leitura/escrita de 190/170 megabytes por segundo". A descrição em si não é muito interessante e nem um pouco "tátil", mas, com uma demonstração simples, encontramos uma maneira de fazer os ouvintes "sentir" sua dor atual e comparar essa dor com o deleite que sentiriam ao usar o novo produto.

Depois de uma breve introdução e explicação do produto, o palestrante caminhou para o lado esquerdo do palco, onde havia um laptop em uma mesa na altura do peito. Ele tirou o novo produto – um drive USB – do bolso, o inseriu no computador e entregou um cronômetro para uma pessoa da plateia. Ele pediu que o ouvinte acionasse o cronômetro no momento em que ele começasse a transferir um arquivo de vídeo de 1,5 GB do computador ao novo dispositivo USB da empresa. O tempo total transcorrido foi de 10,5 segundos. Depois, ele repetiu o experimento, mas dessa vez transferindo o mesmo arquivo ao produto de um concorrente. Sem dizer uma palavra, o executivo e o público assistiram à transferência. Eles esperaram. E esperaram. E esperaram um pouco mais. Mais de 40 segundos depois, a transferência foi concluída. "Nem todos os drives USB são criados iguais", ele concluiu. Se o executivo tivesse falado durante a demonstração, o tempo teria passado mais rápido para a plateia. No entanto, ele ficou em silêncio, estendendo a dor dos downloads lentos.

A pena e o maçarico

"Sou um pediatra e um anestesista, de modo que ganho a vida botando crianças para dormir. E sou um acadêmico, de forma que boto os ouvintes para dormir de graça."[19] Foi assim que o doutor Elliot Krane, que administra o centro de dor do hospital infantil Packard Children's Hospital da Stanford, abriu sua apresentação no TED de 2011. A dor costuma ser um sinal de que algo está errado, mas, para algumas crianças, a dor não passa e se transforma na própria doença.

Ele anunciou que, antes de mostrar à plateia como esse tipo de dor acontece e como é tratada, ele queria mostrar como essa dor é *sentida*.

Imagine que eu esteja acariciando o seu braço com esta pena [Krane passa uma pena amarela suavemente para cima e para baixo em seu braço esquerdo]. Agora quero que vocês imaginem que eu esteja acariciando o seu braço com isto [Ele acende um maçarico e o coloca perto do braço. As pessoas dão risadas nervosas, imaginando a sensação]. O que isso tem a ver com a dor crônica?

Imagine como seria a sua vida se eu acariciasse o seu braço com esta pena, mas o seu cérebro continua lhe dizendo que o que vocês estão sentindo é isto [ele pega o maçarico]. Essa é a minha experiência com pacientes que sofrem de dor crônica. Agora imaginem uma coisa ainda

---

19 KRANE, Elliot. Elliot Krane: the mystery of cronic pain. TED.com, maio 2011. Disponível em: <http://www.ted.com/talks/elliot_krane_the_mystery_of_chronic_pain.html>. Acesso em: 16 maio 2014.

8. CRIE UMA REPRESENTAÇÃO MENTAL COM EXPERIÊNCIAS MULTISSENSORIAIS

pior. Imaginem que eu esteja acariciando o braço do seu filho com esta pena e o cérebro dele diz que ele está sentindo esta chama quente.

Nem sempre é fácil incorporar o sentido cinestésico (toque) a uma apresentação, especialmente se o tema for uma ideia (ou, como no caso de Krane, um estado clínico) e não um produto físico. Mas, como Krane demonstra, isso pode ser feito com um pouco de imaginação.

Ao largar o maçarico, ele passou para o sentido da visão, mostrando a foto de uma paciente, uma aspirante a dançarina de 16 anos que torceu o pulso e, depois de curada, continuou a viver com uma dor insuportável no braço lesionado. Chandler sofria de alodinia, um distúrbio no qual o mais leve toque provoca uma sensação de queimação indescritível.

As conferências médicas são famosas por algumas das apresentações mais maçantes imagináveis. E eu não sou o único que pensa assim. Basta perguntar a qualquer médico. Eles lhe dirão que a maioria

FIGURA 8.4: Elliot Krane usando um maçarico em sua apresentação no TED de 2011

Fonte: Cortesia de James Duncan Davidson/TED (http://duncandavidson.com).

TED: FALAR, CONVENCER, EMOCIONAR

das apresentações é enfadonha e mal preparada. Eu sei muito bem disso. Afinal, eu trabalho com muitos médicos e executivos de companhias farmacêuticas, fabricantes de dispositivos médicos e organizações de saúde. Curiosamente, mas nada pouco surpreendente, se você buscar no Google "How to give a better medical presentation", o primeiro resultado leva ao TED.

Resumindo, as pessoas se lembram de informações com mais vividez quando mais de um sentido é estimulado. Na próxima vez que elaborar uma apresentação, seja criativo e tente "tocar" os cinco sentidos por meio de histórias (audição), fotos ou slides (visão) e adereços cênicos (tato).

Não é bem o que você esperaria de uma caixa de presente da Tiffany

Stacey Kramer sobreviveu a um tumor cerebral cancerígeno. Um palestrante qualquer teria aberto a apresentação com essa revelação. Em vez disso, ela usou uma abordagem multissensorial criativa em sua palestra. A plateia viu a foto de uma bela caixa azul de presente da Tiffany enquanto Kramer dizia:

> Imaginem, por assim dizer, um presente. Eu gostaria que vocês visualizassem o presente na sua mente. Ele não é muito grande, quase do tamanho de uma bola de golfe. Então imaginem como seria esse presente, em um belo embrulho. Mas antes de eu lhes mostrar o conteúdo da caixa, devo dizer que esse presente fará coisas incríveis para você. Ele unirá toda a sua família. Vocês vão se sentir amados e valorizados como nunca se sentiram antes e voltarão a se conectar com amigos e conhecidos que não via há anos. Vocês serão cobertos de adoração e admiração. Esse presente vai recalibrar o que há de mais importante na vida de vocês.[20]

---

[20] KRAMER, Stacey. Stacey Kramer: the best gift I ever survived. TED.com, out. 2010. Disponível em: <http://www.ted.com/talks/stacey_kramer_the_best_gift_i_ever_survived.html>. Acesso em: 16 maio 2014.

8. CRIE UMA REPRESENTAÇÃO MENTAL COM EXPERIÊNCIAS MULTISSENSORIAIS

Kramer narrou a história do presente antes de fazer a surpreendente revelação.

Imagino que a esta altura vocês estejam morrendo de vontade de saber que presente é esse e onde vocês podem comprar um. Será que ele está à venda na Amazon? Será que ele tem o logo da Apple? Será que tem uma lista de espera? Pouco provável. Recebi esse presente uns cinco meses atrás. Todo embrulhado, ele tinha esse aspecto... não é nada bonito [foto de um saco de plástico vermelho com as palavras *risco biológico*]. E assim, e assim [fotos de um raio x mostrando o tumor e a longa cicatriz na parte de trás de sua cabeça, de onde os médicos o removeram]. Era uma joia rara – um tumor cerebral chamado hemangioblastoma –, um presente que nunca se esgota.

O contraste entre a bela caixa da Tiffany no início da apresentação de Kramer e as fotos desagradáveis no final criou uma experiência sensorial marcante para a plateia. Kramer concluiu sua apresentação com uma mensagem positiva e uma lição que aprendeu com o evento que quase lhe tirou a vida:

Embora eu esteja bem agora, eu não desejaria esse presente para nenhum de vocês. Nem sei se vocês iriam querer. Mas eu não mudaria a minha experiência. Ele transformou profundamente a minha vida de uma maneira que eu não esperava, de todas as maneiras que eu relatei a vocês. Então, da próxima vez que se depararem com algo inesperado, indesejado e incerto, pensem que pode ser só um presente.

Dica do TED

Ajude a plateia a "sentir" a sua apresentação. Abandone os slides de vez em quando. Incorpore demonstrações, mostre produtos, peça a participação do público. Se você estiver lançando um produto, é relativamente fácil de fazer isso porque as pessoas poderão vê-lo e tocá-lo. Mas e se o seu tema for uma ideia ou conceito? Você ainda pode criar experiências multissensoriais. Em uma das minhas palestras sobre atendimento ao cliente, falo de uma cadeia de lojas de sabonetes e cosméticos chamada Lush. Os sabonetes são caros. Costumo mostrar um sabonete em barra e pergunto quantas pessoas pagariam US$ 13,95 por ele. Ninguém levanta a mão. Caminho pela plateia e peço que um voluntário pegue o sabonete e sinta seu aroma. Repito a pergunta. Se o voluntário continuar dizendo que não pagaria pelo sabonete, eu lhe dou a barra "de graça". Continuo contando a história e dando sabonetes de graça. Logo a plateia percebe que, quanto mais eles sabem sobre o sabonete, mais se sentem propensos a pagar pelo produto. É um jeito divertido de envolver os ouvintes e ao mesmo tempo ajudá-los a melhorar as comunicações de sua marca e a experiência de seus clientes.

SEGREDO Nº 8
CRIE UMA REPRESENTAÇÃO MENTAL
COM EXPERIÊNCIAS MULTISSENSORIAIS

É preciso ter muita coragem para fazer o que Kramer fez e é por isso que não vemos excelentes apresentações como essa todos os dias. É preciso ter muita coragem para simplificar uma história a ponto de uma criança de 7 anos ser capaz de entender. É preciso ter muita coragem para criar um slide com uma só palavra, como Bono fez. É preciso ter muita coragem para mostrar fotos em vez de encher seus slides com bullets e texto. É preciso ter muita coragem para usar uma pena e um maçarico como o doutor Krane fez sem se sentir envergonhado. Metaforicamente, é preciso ter muita coragem para ficar três minutos em cima de uma caixa de leite como Amanda Palmer fez.

A coragem se sobressai. A coragem é notada. A coragem conquista o coração e a mente dos ouvintes. É de coragem que você precisa para fazer a apresentação da sua vida. Eu sei que você tem coragem. Encontre-a, celebre-a e use-a. Uma apresentação corajosa transformará a sua vida e a vida dos seus ouvintes. Você tem ideias que devem ser vistas, sentidas e ouvidas. Use a sua voz para surpreender as pessoas, para inspirá-las e para mudar o mundo.

9

SEJA VOCÊ MESMO

Não penso em trabalho como trabalho e em
diversão como diversão. Isso é tudo parte da vida.

— SIR RICHARD BRANSON

Em dezembro de 2010, Sheryl Sandberg, diretora de operações do
Facebook, estava nos bastidores esperando para se dirigir a uma plateia do TED.

No dia anterior, levei a minha filha ao jardim da infância e contei que
viajaria para a Costa Leste, então não a veria naquela noite. Ela se
agarrou à minha perna e me implorou para não ir. Eu simplesmente
não consegui tirar aquela imagem da minha cabeça e, no último minuto, perguntei a Pat [CEO do Paley Center] se eu poderia incluí-la na
minha palestra. "Claro que sim, conte a história", foi a resposta.[1]

Sandberg percebeu que poderia ajudar outras mulheres falando
com sinceridade sobre as próprias dificuldades e sentimentos.

---

1 SANDBERG, Sheryl. *Lean in:* women, work, and the will to lead. New York: Alfred A. Knopf,
2013. p. 139 [*Faça acontecer*. São Paulo: Companhia das Letras, 2013].

Respirei fundo e entrei no palco. Tentei ser autêntica e contei a verdade. Anunciei à sala – e, basicamente, a todas as pessoas na internet – que estou muito longe de conseguir fazer tudo. Foi muito bom não só admitir isso para mim mesma, mas também desabafar com os outros.[2]

SEGREDO Nº 9
SEJA VOCÊ MESMO

Seja autêntico, aberto e transparente.

A técnica funciona porque...: a maioria das pessoas consegue detectar um impostor. Se você tentar ser algo ou alguém que não é, não conseguirá conquistar a confiança do seu público.

A oratória é considerada uma forma de arte. Espero que este livro tenha demonstrado que o lado artístico da persuasão também é sustentado pela ciência. Agora eu proponho que deixe um pouco de lado a ciência e as técnicas e fale do coração. É isso mesmo, tudo o que discutimos até agora será inútil se você só estiver tentando representar um papel.

Você pode aprender com os outros e estudar as técnicas de oratória deles, mas jamais deixará uma impressão duradoura se não encontrar a sua própria marca. Lembro-me de ouvir a Oprah Winfrey responder a uma jovem que disse que queria ser a próxima Oprah. "Não, você não quer isso", Oprah retrucou. Ela explicou que as pessoas devem encontrar o próprio caminho e permanecer nesse caminho. Disse que as pessoas de sucesso identificam o propósito central de sua vida e buscam incansavelmente atingir o objetivo de se tornar a melhor representação possível de si mesmas.

É preciso ter muita coragem para ser você mesmo. Quando a doutora Jill trabalhava na elaboração de sua famosa palestra "A poderosa revelação pelo derrame", ela teve de tomar uma decisão. Embora os 12

---

2 SANDBERG, 2013, p. 139.

9. SEJA VOCÊ MESMO

primeiros minutos de sua apresentação fossem fascinantes, ela não revelava nada de "vulnerável" ou "pessoal". A doutora Jill me contou que precisava de uma conclusão que pudesse "transformar o universo".

Uma semana antes de sua apresentação no TED, sua melhor amiga disse que a apresentação ainda não estava boa. "Jill, você nos leva a este espaço incrivelmente vulnerável e nos conduz nesta jornada. Nós embarcamos com você, nos escancaramos, ficamos completamente abertos, ficamos nas suas mãos e você vem falar [sobre o AVC]? Acho que você deveria usar melhor esse espaço."[3] A amiga sugeriu que a doutora Jill se mantivesse vulnerável, expressando todas as emoções decorrentes do derrame e contando as lições que aprendeu com a experiência.

Ela entendeu a mensagem e alterou sua conclusão uma semana antes da conferência. Veja como ela concluiu sua apresentação:

> Meu espírito flutuou livre, como uma grande baleia deslizando pelo mar de euforia silenciosa. Nirvana. Encontrei o nirvana... e, se eu encontrei o nirvana e ainda estou viva, todo mundo que está vivo pode encontrar o nirvana. E imaginei um mundo repleto de pessoas belas, compassivas, pacíficas, amorosas, que sabem que podem vir a este espaço quando quiserem... então percebi que esta experiência poderia ser um tremendo presente, que poderia ser uma poderosa revelação sobre o modo como vivemos a vida.

A maioria dos cientistas não se atreveria a entrar no espaço ao qual a doutora Jill levou sua plateia. Mesmo se o espírito deles flutuasse "livre, como uma grande baleia deslizando pelo mar de euforia silenciosa", eles jamais ousariam contar isso a alguém.

A doutora Jill percebeu que a história de sua transformação espiritual era muito mais importante que a história de um derrame.

---

3 Jill Bolte Taylor, presidente da Greater Bloomington Affiliate da NAMI em Bloomington, Indiana, e representante nacional do Harvard Brain Tissue Resource Center, conversa com o autor, 19 mar. 2013.

Quando o seu hemisfério esquerdo – a parte de seu cérebro relativa ao ego – parou de funcionar, ela teve uma iluminação espiritual. Ela não se sentia mais separada do universo, mas sim uma parte dele. Em sua palestra, ela informou o público e o instruiu sobre o AVC. Se tivesse terminado por ali, ela teria feito uma boa apresentação. Mas foi mais além. Ela também inspirou e iluminou. E, com isso, sua apresentação foi de boa a notável. A doutora Jill precisou de muita coragem para ser ela mesma, mas isso fez toda a diferença.

Em um episódio da série *Grey's Anatomy*, a personagem doutora Callie Torres se preparava para dar uma palestra no TED. Torres, uma cirurgiã ortopédica, não estava satisfeita com a apresentação que tinha preparado e que parecia enfadonha em comparação com as outras palestras que viu sendo apresentadas no palco do TED. "Quem é que vai querer ouvir sobre cartilagem?", ela se perguntou. Devido às demandas do hospital, Callie perdeu o voo para o TED e achou que se safaria. Mas, no último instante, seus colegas configuraram um canal de comunicação remota por satélite para que Callie pudesse fazer sua apresentação ao vivo para a plateia do TED (tudo é possível em uma série televisiva de sucesso).

Callie sentou-se, segurando nervosamente uma pilha de cartões cheios de anotações. "É só falar", disse outro médico. "Só seja você mesma." Seguindo o conselho, Callie deixou as anotações de lado, respirou fundo e disse: "Oi. Sou a doutora Callie Torres e tive um péssimo ano. Quase morri em um acidente de carro... um acidente ceifou a vida do meu melhor amigo e pai da minha filha. Sou uma cirurgiã ortopédica e trabalho com cartilagens, então passei muito tempo pensando sobre o que nos mantém unidos quando tudo parece desabar...".

Apesar de *Grey's Anatomy* ser um drama médico fictício, ocorreu-me que, quando os roteiristas da série quiseram criar uma história em torno do TED, eles perceberam que a verdadeira magia de uma apresentação memorável do TED envolve o palestrante deixando

9. SEJA VOCÊ MESMO

suas anotações de lado e falando diretamente do coração, permitindo que a plateia tenha um vislumbre de sua alma. Roteiristas são contadores de histórias e sabem intuitivamente que a magia do TED é mais profunda que o tema de uma apresentação. Um palestrante inspirador deve levar seus ouvintes a pensar de uma perspectiva diferente sobre a vida, carreira ou empresa. Um bom orador faz você querer ser uma pessoa melhor.

Escolhi a citação de Richard Branson para abrir este capítulo porque acho que muitos oradores separam seu verdadeiro eu da persona que revelam aos outros. Branson, que conheci e entrevistei mais de uma vez, não finge ser alguém que não é. Ele é verdadeiro. Ele é a mesma pessoa no palco e fora dele. O trabalho não é distinto da diversão e a diversão não é distinta do trabalho. "É tudo parte da vida", Branson afirma.

Muitos executivos que conheço se portam e falam de um jeito na privacidade de uma conversa e parecem se transformar quando fazem uma apresentação. Eles agem, soam e se portam como duas pessoas diferentes. Eles não se sentem à vontade sendo eles mesmos. Eles querem ser outra pessoa.

Já perdi as contas de quantas vezes conheci líderes apaixonados, bem-humorados, entusiasmados e inspiradores só para descobrir que, assim que pisam no palco, eles se transformam em pessoas sem alma, rígidas, chatas e sem graça. Quando pergunto por que isso acontece, alguns respondem: "Porque estou fazendo uma apresentação".

Por favor, jamais se esqueça disto: ao fazer uma apresentação, o seu objetivo jamais deve ser "fazer uma apresentação". O objetivo deve ser inspirar o seu público, comovê-los e encorajá-los a sonhar mais alto. Não é possível sensibilizar as pessoas, se elas não acreditam que você está sendo autêntico. Você jamais vai convencer a sua plateia se ela não confiar em você, se não o admirar e se não simpatizar com você.

TED: FALAR, CONVENCER, EMOCIONAR

> **Dica do TED**
>
> Apresente o seu conteúdo para um público diferente. Uma técnica que costumo usar para ajudar meus clientes a serem mais autênticos quando estão no palco é recomendar que eles apresentem o conteúdo a um amigo ou companheiro antes de apresentá-lo ao público-alvo. Eles são mais propensos a revelar um pouco mais de seu "verdadeiro eu" ao mostrar as informações a amigos do que a um grupo de ouvintes que não necessariamente os conhecem bem.

Na palestra de Sheryl Sandberg, "Por que temos tão poucas líderes", ela diz que as mulheres tendem a subestimar sua capacidade no trabalho. Eu diria que a mesma falta de confiança afeta muitas pessoas – tanto mulheres quanto homens – no que se refere à sua capacidade de fazer apresentações inspiradoras. Já ouvi todas as desculpas possíveis: sou tímido; não sou bom em falar em público; fico nervoso; meus coleguinhas zombavam de mim na escola; meu conteúdo é muito complexo etc. Essas justificativas – ou alguma variação delas – podem muito bem explicar a sua falta de confiança em fazer uma apresentação, mas de maneira alguma definem o seu potencial como um orador.

Posso garantir que muitas pessoas, até os melhores comunicadores, são inseguras quanto à sua capacidade de falar em público. O pastor internacionalmente famoso Joel Osteen contou que estava "morrendo de medo" antes de seu primeiro sermão em outubro de 1999. Dez anos depois, ele fez um *home run* ao pregar a uma multidão que lotou o novo estádio de beisebol dos Yankees. Ele levou dez anos e centenas de sermões para dominar a arte de falar em público, mas hoje Osteen é considerado um dos líderes espirituais mais inspiradores do mundo.

Richard Branson disse que quase passou mal quando foi convidado para dar uma palestra no início de sua carreira. "Me deu um branco quando peguei o microfone. Murmurei algumas palavras

9. SEJA VOCÊ MESMO

sem sentido por um tempo antes de deixar o pódio. Foi um dos momentos mais vergonhosos da minha vida, e meu rosto ficou vermelho como o logotipo da Virgin",[4] ele contou.

Branson decidiu que seria um orador melhor. Ele praticou incansavelmente. "Os bons oradores não são apenas sortudos ou talentosos, eles dão duro." Branson também aprendeu a ser ele mesmo, a ser autêntico.

"Para ser um orador público impressionante, você precisa acreditar no que diz. E, se falar com convicção e se for empolgado com o tema, o público não dará muita atenção aos seus erros porque eles sabem que você está dizendo a verdade. Prepare-se e depois dê um tempo e relaxe. Fale do coração."

O investidor bilionário Warren Buffett tinha terror de falar em público. Ele ficava tão nervoso que chegava a escolher as disciplinas que fazia na faculdade para evitar ter de falar na frente das pessoas. Ele chegou a se matricular em um curso de oratória, mas desistiu antes mesmo de começar. "Não tive coragem", ele contou. Aos 21 anos, Buffett entrou no negócio de títulos financeiros em Omaha e decidiu que, se quisesse atingir seu pleno potencial, teria de superar seu medo de falar em público.

Buffett se matriculou em um curso de Dale Carnegie com 30 outras pessoas que, como ele, "tinham terror de se levantar e se apresentar dizendo o próprio nome". Ele revelou sua insegurança inicial em uma entrevista para um site destinado a ajudar jovens mulheres a atingir o sucesso profissional. O entrevistador perguntou a Buffett, "Quais hábitos o senhor cultivou entre os 20 e 30 anos que considera a base do seu sucesso hoje?",[5] Buffett respondeu: "É extremamente importante ser capaz de se comunicar na vida. As instituições de

---

4 BRANSON, Richard. Richard Branson on the art of public speaking. *Entrepreneur,* 4 fev. 2013. Disponível em: <http://www.entrepreneur.com/article/225627>. Acesso em: 16 maio 2014.

5 LEPORE, Meredith. *6 essential tips for work and life from warren buffet.* Levoleague.com, 8 maio 2013. Disponível em: <http://www.levo.com/articles/career-advice/warren-buffett-life-tips>. Acesso em: 16 maio 2014.

TED: FALAR, CONVENCER, EMOCIONAR

ensino, em certa medida, não dão muita ênfase a isso. Se não conseguir se comunicar, conversar com as pessoas e transmitir suas ideias, você estará abrindo mão do seu potencial".

Até as melhores faculdades de administração deixam a desejar quando se trata de incorporar as habilidades de comunicação como uma parte vital de seus programas. Perdi a conta de quantos executivos brilhantes treinei em grandes corporações que me dizem: "Nunca me ensinaram essas coisas na faculdade nem no MBA, apesar de serem importantíssimas para o meu trabalho".

Dica do TED

Pratique. Por acaso você se lembra de ter trancado seu carro na última vez que o usou? Você pode não lembrar, mas é claro que trancou. Você precisa praticar a comunicação do seu conteúdo todos os dias, em todas as oportunidades que tiver, para que a mecânica de dar a apresentação não monopolize a sua atenção e foco. Você não quer ser o dançarino que conta os passos em voz alta. A repetição livra a sua mente para contar a sua "história" de um jeito interessante, dinâmico e, o mais importante, autêntico.

Trabalho com líderes corporativos que valem milhões de dólares e comandam algumas das maiores marcas do mundo, incluindo produtos e serviços que você usa todos os dias. Muitos me confessaram em particular que não são oradores confiantes. Meu trabalho é trazer à tona a confiança deles para que consigam cativar o público. Faço isso ajudando esses líderes a descobrir quem eles realmente são e qual é a verdadeira paixão deles. Então, depois que elaboramos, visualizamos e ensaiamos a apresentação, é hora de relaxar e, como Branson sugere, falar do coração. Essa abordagem é infalível.

9. SEJA VOCÊ MESMO

SEGREDO Nº 9
SEJA VOCÊ MESMO

Da próxima vez que fizer uma apresentação, você será comparado com os palestrantes do TED. Sua plateia saberá que está diante de um estilo original e arrojado de transmitir informações; um estilo que eleva o espírito dela, enche sua alma e os inspira a ver o mundo e seu lugar no mundo de um jeito diferente.

Pessoas do mundo inteiro viram as apresentações do TED mais de um bilhão de vezes na internet no site do TED, no YouTube ou em incontáveis blogs. Os próprios apresentadores do TED melhoram a cada ano que passa, como observou Chris Anderson, curador da conferência no TED de 2013.

O estilo do TED permeia grande parte da nossa cultura popular. Quando o ex-presidente Bill Clinton participou do programa de Stephen Colbert no Comedy Central, Colbert sugeriu que Clinton combinasse sua conferência, a Clinton Global Initiative, com o TED, rebatizando-a de "A Excelente Iniciativa do Bill e do Ted!". A ideia fez a plateia rolar de rir, mas a piada não teria a menor graça se o público desconhecesse o TED ou o tipo de apresentação que deu fama à conferência.

Enquanto o estilo do TED imbui a nossa cultura – e, como vimos nos oito capítulos anteriores, os oradores do TED de fato têm algumas técnicas em comum –, cada um de nós deve encontrar a própria paixão pelo tema para poder formar uma conexão autêntica com a plateia. E, não importa o que você fizer, não tente ser Tony Robbins, a doutora Jill, Bono, Sheryl Sandberg, Richard Branson ou qualquer uma das pessoas sobre as quais leu neste livro. Eles descobriram quem são, encontraram o próprio caminho e o trilharam de maneira excepcional. Seja você mesmo. Use melhor o seu espaço. Seja fiel ao seu eu autêntico: a melhor representação de si mesmo que você pode ser.

OBSERVAÇÃO DO AUTOR

Se você for como a maioria das pessoas, saiba que é capaz de fazer muito mais do que pode imaginar. Você tem a capacidade de mobilizar as pessoas, inspirá-las, dar esperança aos desesperançados e mostrar um caminho aos perdidos. Você tem a capacidade de instruir e eletrizar, informar e inspirar, *mas só se acreditar na sua capacidade.*

Não permita que rótulos negativos o impeçam de chegar ao seu destino. Podem lhe dizer que você não é bom o suficiente, que não saberia fazer uma apresentação de vendas convincente ou dar uma excelente palestra ou um discurso envolvente. Normalmente os piores rótulos são os que nós mesmos nos damos. Descobri que os líderes que ficam mais nervosos com a ideia de falar em público são os que dizem as coisas mais terríveis a si mesmos – palavras que eles jamais diriam a qualquer outra pessoa. Ouvi líderes dizendo:

- Sou péssimo em apresentações.
- Fiquei nervoso uma vez e isso acabou comigo. Sou um orador terrível.
- Ninguém vai querer me ouvir. Sou chato demais.

TED: FALAR, CONVENCER, EMOCIONAR

Se você diz esse tipo de coisa para si mesmo dia após dia, não é de se admirar que fique nervoso! Você não tem como controlar o que os outros dizem de você, mas pode controlar como decide interpretar esses comentários e sem dúvida tem o poder de controlar as coisas que diz a si mesmo. Em vez de repetir os pensamentos negativos incontáveis vezes na sua cabeça, mude a perspectiva desses pensamentos e substitua esses rótulos negativos por palavras de incentivo, encorajamento e força.

Lembre que as ideias são a moeda do século 21. As suas ideias mudarão o rumo da sua vida e podem até mudar o mundo. Não permita que nada – inclusive os rótulos negativos – fique no seu caminho.

Ao final da minha entrevista com o orador do TED Larry Smith, ele se despediu de mim dizendo: "Desejo-lhe muito sucesso". Smith não diz "Boa sorte", porque a sorte tem pouca relação com o sucesso. Você não precisa de sorte para ser um palestrante inspirador. Você só precisa de exemplos, técnicas, paixão e prática. Você também precisa de coragem para seguir a sua paixão, articular as suas ideias com simplicidade e expressar o que faz o seu coração bater mais forte.

Desejando a você muito sucesso.

CARMINE GALLO

AGRADECIMENTOS

Qualquer boa apresentação requer um grupo de pessoas dispostas a dar conselhos, fazer recomendações e contribuir com diferentes habilidades. O mesmo se aplica a escrever e publicar um livro, que é uma tarefa, em grande medida, realizada em equipe.

Posso dizer que a equipe da editora é simplesmente excepcional. Meu editor, Matt Martz, se empolgou com o tema desde o início e percorremos o processo todo no mesmo barco. As orientações, os *feedbacks* e as opiniões dele me ajudaram a amarrar este livro em uma narrativa que espero que o leitor considere informativa, instrutiva, inspiradora e divertida. Também gostaria de agradecer às muitas outras pessoas da editora que compartilharam do meu entusiasmo por este projeto. Sei que essa lista não é exaustiva, mas gostaria de estender meus agradecimentos especiais a: Sally Richardson, Dan Weiss, Laura Clark, Michelle Cashman, Mariann Donato, Michael Hoak, Kerry Nordling, Christy D'Agostini, Robert Allen e à equipe da Macmillan Audio.

TED: FALAR, CONVENCER, EMOCIONAR

Roger Williams, meu agente literário e diretor-geral da New England Publishing Associates, é mais que um colega. Ele é um grande amigo, conselheiro e mentor. Roger, obrigado por toda a orientação e inspiração.

Tom Neilssen e Les Tuerk, meus agentes do BrightSight Group, empresa de representação de palestrantes, merecem um reconhecimento especial. Eles me inspiraram a divulgar minhas ideias dando palestras em uma ampla variedade de conferências, encontros e eventos. Serei eternamente grato pela maravilhosa amizade e orientação. O BrightSight conta com uma equipe excepcional de *experts* entusiasmados e sou grato a cada um deles: Cynthia Seeto, Christine Teichmann, Jeff Lykes, Michele DiLisio e Marge Hennessy.

Carolyn Kilmer, gerente de comunidades da Gallo Communications, é uma grande fã do TED e mergulhou entusiasticamente nas pesquisas. Ela viu inúmeras apresentações para ajudar a categorizar as palestras, os temas e as técnicas. O trabalho de Carolyn ajudou a estruturar a montanha de conteúdo que tivemos de analisar.

Eu me orgulho muito da profunda ciência que fundamenta cada uma das técnicas apresentadas neste livro. A eficácia de cada uma dessas técnicas se deve ao fato de elas se fundamentarem no funcionamento do cérebro e em como ele processa e lembra informações. Meu amigo Danny Mourning é um advogado que atuou como assistente de pesquisa de pós-graduação em comunicação. Danny foi uma rica fonte de opiniões e sugestões e, em várias ocasiões, me apontou o caminho certo, colocando-me em contato direto com professores-pesquisadores ou me apresentando as mais recentes pesquisas acadêmicas sobre temas relacionados. Danny tem um enorme entusiasmo pela comunicação de ideias e sou muito grato por sua ajuda.

O agradecimento mais importante é reservado à minha esposa, Vanessa Gallo. Vanessa trabalhou incansavelmente para melhorar o conteúdo deste livro. Ela conduziu pesquisas exaustivas, editou o manuscrito antes de ser submetido e assistiu a horas de apresentações do

AGRADECIMENTOS

TED. Sua *expertise* em produção e edição de textos foi de enorme valor para este projeto. A experiência de Vanessa lecionando psicologia na San Francisco State Universtiy também nos ajudou a analisar os palestrantes em sua linguagem corporal, gestos e expressividade verbal. A convicção inabalável de Vanessa no tema e no valor das ideias apresentadas aqui alimentou minha paixão e entusiasmo todos os dias. Não faço ideia de como ela consegue ao mesmo tempo administrar o nosso negócio e cuidar das nossas filhas, Josephine e Lela, mas faz tudo com maestria. Ela é a minha maior inspiração.

Um agradecimento especial à minha família, por todo o apoio que recebi: Tino, Donna, Francesco, Nick, Ken e Patty. Minha mãe, Giuseppina, sempre terá um lugar especial no meu coração junto com o meu falecido pai, Franco, que me ensinou sobre a fé, a coragem e a determinação.